中国教育国际交流协会来华留学质量保障研究专项课题资助

亚洲各国教育证书评估研究

魏建华 孙 岚 陶 健 著

Study on Credential Evaluation in Asian Countries

内容提要

世界各地来华留学生的教育证书纷繁复杂，各国成绩评价制度五花八门，给中国高校来华留学生招生部门带来诸多困惑。本书主要从国家概况、教育概况、教育体系、考试升级与证书制度、成绩评价制度等维度对亚洲45个国家教育概况与教育证书进行评估研究，并对这些国家的常见证书进行系统梳理。本书可以作为来华留学教育的工作参考用书，以解决教育工作者对亚洲留学生教育证书识别和鉴定的困惑。

图书在版编目(CIP)数据

亚洲各国教育证书评估研究 / 魏建华，孙岚，陶健著. — 上海：上海交通大学出版社，2024.5

ISBN 978-7-313-30418-6

Ⅰ.①亚… Ⅱ.①魏… ②孙… ③陶… Ⅲ.①学历教育-资格认证-评估-研究-亚洲 Ⅳ.①G530.2

中国版本图书馆CIP数据核字(2024)第052537号

亚洲各国教育证书评估研究
YAZHOU GEGUO JIAOYU ZHENGSHU PINGGU YANJIU

著　　者：魏建华　孙　岚　陶　健
出版发行：上海交通大学出版社　　地　　址：上海市番禺路951号
邮政编码：200030　　电　　话：021-64071208
印　　刷：上海万卷印刷股份有限公司　　经　　销：全国新华书店
开　　本：710mm×1000mm　1/16　　印　　张：19.75
字　　数：373千字
版　　次：2024年5月第1版　　印　　次：2024年5月第1次印刷
书　　号：ISBN 978-7-313-30418-6
定　　价：78.00元

前　言

1950 年，中华人民共和国接收了首批来自社会主义国家的 30 余名留学生，这对刚刚成立的中华人民共和国打破西方封锁，逐步摆脱外交孤立状况有着极其重大的意义。随着国际形势的变化，我国外交形势逐渐好转，留学生招生范围也逐步扩大到亚洲、非洲以及与中国建立外交关系的国家。1963 年 8 月召开的第一次全国外国留学生工作会议，明确了接收外国留学生工作要为中国政治与外交工作大局服务，为各国文化交流及增进中国与世界各国的了解和友谊服务的方针。进入 21 世纪后，来华留学成为新时期公共外交和人文交流的重要内容，成为国家整体外交工作的有机组成部分。2010 年，中国教育部发布《留学中国计划》，制定了到 2020 年全年外国留学人员达到 50 万人次的目标。随着《留学中国计划》的发布与改革开放的不断深入，来华留学工作快速发展，来华留学规模不断创历史新高。2018 年有来自 196 个国家和地区的 492 185 名各类外国留学人员在全国 31 个省（自治区、直辖市）的 1 004 所高等院校学习。

虽然来华留学教育事业蓬勃发展，但我国对世界各国教育证书的评估研究相对滞后，至今未见中国学者公开发表过对世界各国教育证书进行系统性评估的研究成果。绝大多数高校把高中成绩和高中毕业证书考试成绩作为本科招生的主要依据。然而世界各国教育体系、教育证书考试的成绩评价制度与中国教育体系和教育证书考试的成绩评价制度存在较大差异。2018 年招收来华留学生的 1 004 所高校及机构中，人数超过 500 人的仅为 200 余所。这就意味着，国内很大一部分高等院校和机构的来华留学教育工作仍处于起步阶段，招收的来华留学生生源国并不广泛，对世界各国的教育证书认知有限。与此同时，高校行政系列员工换岗频繁，面对非洲各国五花八门的教育证书以及形式各异的成绩评价制度，中国高校来华留学教育招生部门面临着诸多挑战。因此，加强世界各国教育证书评估研究，深入了解世界各国成绩评价制度等对来华留学教育事业的健康发展具有重要的现实指导意义。

基于此，作者于2015年就着手世界各国教育证书的评估研究工作，希望出版一套系列丛书，供国内同行及教育工作者参考。2020年出版了教育证书评估研究非洲国家专辑，本次出版的为亚洲国家专辑。在研究过程中，由于国家众多，受语言限制，部分国家相关研究文献较少，给查询资料带来诸多不便。但幸运的是，随着来华留学教育的发展，浙江科技大学来华留学生数量不断增长，国别也不断增加，在校的各国优秀留学生也积极参与了课题研究。在研究过程中，留学生充分发挥其地域优势和语言优势，积极与各国驻中国使领馆教育处、各国的教育主管部门工作人员及自己本国老师等取得联系，不厌其烦地确认各种细节，为本书的顺利出版付出了大量的时间和精力。在此特别感谢吉尔吉斯斯坦 ABDUVAPOVA PERIZAT、越南 PHAM THI THANH NHAN、老挝 YAIYASANE MANGKONE、乌兹别克斯坦 USMANOV FIRDAVS、尼泊尔 AAKASH RATNASHAKYA、格鲁吉亚 NELI AKHOBADZE、伊朗 GHASEMI SOLEIMAN、伊拉克 AL-HAFFAR RUSUL LOAY SAAD、斯里兰卡 SAVINDI KAUSHALYA EDIRISINGHE、泰国 BOONPHROMON PANUMAS、韩国 KIM JUHO，JEON GYUBI，斯里兰卡 SHEHAN THUSHANTHA PUNCHAPPURALAGE，日本 HAYAMA KIKUE，蒙古 GERELSAIKHAN BATKHUU，柬埔寨 SAM SOPHOAN，尹语涵、张澳、魏晨曦、张绮等同学，他们为本书出版花费了大量时间和精力。此外，本书的出版得到了中国教育国际交流协会翟金鸣，浙江省教育厅领导舒培东、蓝晶晶、杜健的指导，以及同事孙岚、陶健、胡诗漪、朱祷青、唐欢、陈虹羽、刘凌琳、芦繁繁、陈艳的倾心帮助，在此特别感谢！

因篇幅有限，本书成绩评价制度部分仅限于各国中小学成绩评价制度。因语言限制，错误在所难免，敬请读者批评指正，联系邮箱 weijianhua@zust.edu.cn。本书的出版得到了中国教育国际交流协会“来华留学质量保障研究专项”委托课题、浙江科技大学国际教育研究中心与浙江科技大学国际教育学院的经费资助，在此特别感谢中国教育国际交流协会翟金鸣主任、浙江科技大学国际教育学院院长童芸芸与书记夏俊锁的鼎力支持！本书集浙江科技大学国际教育研究中心资助课题（2022IERC002）、浙江省高等教育学会2021年度高等教育研究课题（KT2021387）、中国教育国际交流协会“来华留学质量保障研究专项”委托课题“‘一带一路’沿线国家高中证书评价比较研究”、浙江省高等教育学会外国留学生教育管理分会课题（FHKT202207）与浙江省新苗计划项目（2021R415021）（2022R415A003）的研究成果于一体。

魏建华

2024年3月于杭州

目　录

东亚国家

蒙古的教育证书评估研究

一、国家概况

蒙古国是位于亚洲中部的内陆国，东、南、西与中国接壤，北与俄罗斯相邻。国土面积 156.65 万平方公里，全国划分为首都和 21 个省。人口约 340 万人，其中首都乌兰巴托常住人口约 150 万（2022 年 6 月）。喀尔喀蒙古族约占全国人口的 80%，此外还有哈萨克等少数民族。主要语言为喀尔喀蒙古语。国民主要信奉藏传佛教。

畜牧业是蒙古国的传统产业，是国民经济的基础，也是蒙古国加工业和生活必需品的主要原料来源。农业（主要指种植业）并非蒙古国国民经济的支柱产业，但关系国计民生，历来受到政府的重视。矿产资源丰富，部分大矿储量在国际上处于领先地位。蒙古国人口少、地域辽阔，自然风貌保持良好，是世界上少数保留游牧文化的国家之一，旅游业发展前景广阔。国民经济对外依存度较高，曾长期实行计划经济，1991 年开始向市场经济过渡。1997 年 7 月，政府通过“1997—2000 年国有资产私有化方案”，目标是使私营经济成分在国家经济中占主导地位。

蒙古国是拥有主权的独立国家。历史上，虽然蒙古国未曾被苏联殖民，但十分依赖邻国，从苏联获得大量补贴，有时高达其国内生产总值的三分之一。

二、教育

（一）教育概况

蒙古国普及免费普通教育制度。该国教育部规定，17 周岁以下蒙古国公民必须接受蒙古普通教育。新时期的蒙古国义务教育办学对学校学习空间、教学设备、玩具、教材等都提出了非常详细的要求。虽然国家要求全国学校都要达到实施 12 年制义务教育办学条件，但由于地方差异和教育经费等各种原因，只有乌兰巴托市内的学校可以达到要求，牧区的学校无法达到12年制办学条件要求。全国有全日制普通教育学校近800所，专业培训中心63所。高校113所，其中国立高校16所，主要有蒙古国立大学、蒙古科学技术大学、蒙古教育大学等；私立高校92所，主要有伊赫扎萨克大学、奥特根腾格尔大学等；国外高校分校5所。根据政府间文化教育科学合作协定，蒙古国与50多个国家开展学生交换项目。

（二）教育体系

蒙古国的基础教育大量模仿俄罗斯，包括模仿俄罗斯的基础教育制度和基础教育内容。2003年以前蒙古国一直实施4—4—2教育体系，2003年实行的《基础教育法》规定初等教育学习年限为5年，开始推行5—4—2教育体系，基础教育为9年，义务教育年限从9年增加到11年，变成11年制的公共普通教育。2008年蒙古国开始新一轮的《教育法》修订，根据2008年《义务教育转变12年制政策及计划》和2009年的《义务教育转变12年制总体方案标准建设》中的相关规定，蒙古国正处在国家试行12年制义务教育课程阶段。蒙古国教育主要分为学龄前教育、普通教育和专业教育。学龄前教育指进入小学之前的教育，如幼儿园等，普通教育指小学教育、初中教育、高中教育和技术职业教育，专业教育指高等教育。一学年2个学期，第一学期一般9月开始，次年1月结束；第二学期3月开始，6月结束。蒙古国教育体系见图1。

（三）详述

1. 初等教育

在接受学龄前教育后，学生从6周岁开始进入小学学习阶段。该阶段主要课程包括蒙古语、数学、历史、社会和自然研究、音乐、美术和体育。从2008年起，蒙古国教育部规定将小学学制由5年改为6年，但是新规定的学制并未彻底实行。

2. 中等教育

中学教育分为2个周期：初中和高中。初中4年，高中2～3年，高中是义务教育的最后阶段。初中和高中毕业生都有资格进入技术和职业培训学校。

高中分为普通教育和职业/技术教育。学生可以选择普通教育学校或职业/技术学校，进入普通教育学校的学生需再学习2～3年，才有资格进入大学。

3. 职业教育

蒙古职业培训网络效率低下，职业教育结构兼容性低，内容较为陈旧，教学质量也较低，不能有效满足教学大纲的实施，缺少符合用人单位需要的既懂技术又有能力的人力资源。蒙古国自独立以来，政府开支的削减以及高等教育部门数量的增长导致职业技术教育机构的入学人数有所下降。针对此现象，政府已经开始着

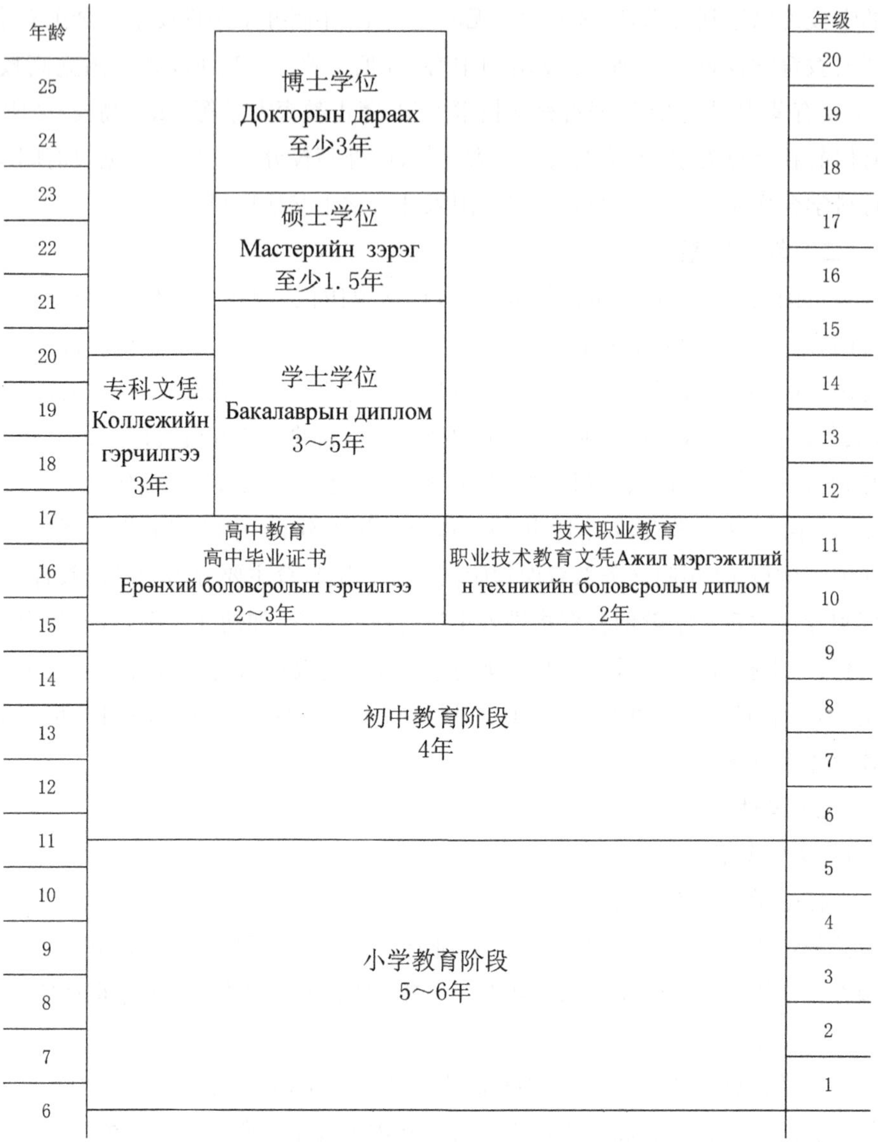

年龄

25 24 23 22 21 20 19 18 17 16 15 14 13 12 11 10 9 8 7 6

博士学位
Докторын дараах
至少3年

硕士学位
Мастерийн зэрэг
至少1.5年

专科文凭
Коллежийн гэрчилгээ
3年

学士学位
Бакалаврын диплом
3～5年

高中教育
高中毕业证书
Ерөнхий боловсролын гэрчилгээ
2～3年

技术职业教育
职业技术教育文凭Ажил мэргэжилийн техникийн боловсролын диплом
2年

初中教育阶段
4年

小学教育阶段
5～6年

年级

20 19 18 17 16 15 14 13 12 11 10 9 8 7 6 5 4 3 2 1

图1 蒙古国教育体系

手应对，试图出台政策，扶持职业技术教育，并努力与欧洲机构合作，引进较多工业技能教育，以期弥合这一差距，但效果仍有待观察。

4. 高等教育

学生对高等教育的需求持续增长，高等教育发展迅速。政府建立了多层次高等教育，目的在于尽可能地满足个人和社会对文化与教育多样化的需求，根据变化的经济和劳动市场需求提高对人才基本文化、科学和职业培养的灵活性。

高等教育伴随着私有化的发展而发展。在蒙古所有高等教育机构中，近 3/4 是私立学校，但私立学校的招生人数只占高校总招生人数的三分之一。许多优质私立学校在人才培养质量上可以与公共机构媲美，甚至超越公共机构。但近年来随着越来越多的年轻男子返回农村地区帮助其家庭放牧，大学生的辍学率不断上升。根据蒙古统计局的数据，蒙古国女大学生的数量远远超过男生。

（四）考试、升级与证书制度

学生在完成普通高中学业后，可以获得高中毕业证书（Ерөнхий боловсролын гэрчилгээ），但如果要升入大学，则必须参加由高等教育机构组织的竞争性入学考试。2002 年蒙古国改革大学入学考试制度，实行新的国家统一考试。2005 年，该考试全国普及，每年一次，通常在 6 月底或 7 月初举行。由国家组织人员统一命题，在指定地点、规定时间同时进行，考试以笔试为主，实行百分制。考试科目有数学、文学、蒙语、生物、地理、化学、社会学、蒙古国历史、物理、外语，考生根据所报考的专业，选择相应的科目，考生考试总分为 800 分。根据国家统一考试制度改革，高等院校招生时对报考自己学校的学生提出最低成绩要求。2007 年，蒙古国立大学的最低入学成绩要求是 705 分，经济金融大学的最低入学成绩要求是 700 分，蒙古科技大学和蒙古农业大学的最低入学成绩要求分别为 686 分和 630 分。学生根据自己的考试成绩来选择学校，每人只能选择一所大学和专业。如果学生大学入学考试的成绩相同，再根据普通教育证书的平均成绩、高中毕业考试成绩等做出录取决定。

高等教育第一阶段学制一般为 4 年，学生必须完成至少 120 个学分才能获得学士学位。口腔医学、药学和兽医学专业学制一般 5 年，而医学专业学制一般 6 年。蒙古技术大学等一些机构授予的专科文凭，或称副学士学位，相当于学士学位的前 2 年。

蒙古国没有统一的研究生招生制度，每所高等院校根据学校特点编制研究生招生制度。一般来说，每年 8 月下旬进行报名，9 月中上旬各高校组织研究生入学考试。每所院校对研究生入学提出的要求各有不同。研究生招生考试由专业考试（60 分）、外语考试（40 分）两部分组成。大学期间 GPA 在 2.5 以上的学生才有资格报考硕士研究生，GPA 在 3.5 以上的硕士研究生有资格报考博士研究生。

蒙古国文凭格式因机构而异。但所有文凭都必须包含以下信息：学生全名、所完成的课程、学位名称、机构名称以及每门课程的名称、学分和等级，期末考试以及论文成绩。

（五）成绩评价制度

蒙古国采用百分制和字母等级相结合的方式来评价学生成绩。蒙古国中学阶段成绩评价制度见表1。

表1 蒙古国中学阶段成绩评价制度

百分制	字母等级	对应中文意义
90～100	A	优秀
80～89	B	良好
70～79	C	中等
60～69	D	及格
59及以下	F	不及格

（六）常见教育证书

蒙古国常见教育证书见表2。

表2 蒙古国常见教育证书

序号	证书名称	证书描述
1	Ерөнхий боловсролын гэрчилгээ	高中毕业证书，学生完成11～12年基础教育获得该证书
2	Ажил мэргэжилийн техникийн боловсролын диплом	职业技术教育文凭，学制2年，准入条件为获得初中毕业证书
3	Коллежийн гэрчилгээ	专科文凭，学制3年，准入条件为获得高中毕业证书
4	Бакалаврын диплом	学士学位，一般专业为期4年，口腔学、药学和兽医学5年，医学6年，准入条件为获得高中毕业证书
5	Мастерийн зэрэг	硕士学位，学制至少1.5年，准入条件为获得本科学士学位
6	Докторын дараах	博士学位，学制一般至少为3年，准入条件为获得硕士学位

朝鲜的教育证书评估研究

一、国家概况

朝鲜民主主义人民共和国，位于亚洲东部朝鲜半岛北半部。北部与中国为邻，东北与俄罗斯接壤。国土面积 12.3 万平方公里，平均海拔高度 440 米，山地约占国土面积的 80%。人口约 2 500 万(2022 年 10 月)。单一民族，通用朝鲜语。实行计划经济，主要贸易伙伴为中国、俄罗斯、韩国等。

1910 年至 1945 年，朝鲜半岛沦为日本殖民地。1945 年 8 月日本投降，苏美军队分别进驻半岛北南部。1948 年 9 月 9 日朝鲜民主主义人民共和国宣告成立。金日成长期担任朝鲜最高领导人。1994 年金日成逝世后，金正日担任朝鲜最高领导人。2011 年 12 月金正日逝世后，金正恩担任朝鲜最高领导人。

二、教育

(一) 教育概况

实行 12 年义务教育制。有大专院校 300 多所，中专 570 多所。著名高等学府有金日成综合大学、金策工业综合大学、金亨稷师范大学和人民经济大学等。大学生和专科学校学生享受国家助学金。全国有知识分子 170 多万。

朝鲜的教育制度是由国家负责全体人民学习的社会主义教育制度，免费教育社会全体成员，切实平等地保障全体成员受教育的权利，帮助全民终生接受教育。朝鲜全面贯彻由国家完全负责全民教育的原则，宣布自 1959 年 4 月 1 日起实行普遍免费教育制度。

(二) 教育体系

2012 年 9 月，朝鲜第 12 届最高人民会议第六次会议通过了关于实施普遍的 12 年制义务教育的法令，决定普及 12 年制义务教育，包括 1 年制学前教育、5 年制小学教育、3 年制初中教育和 3 年制高中教育，系统教授普通基础知识和现代基础技术知识，从而完成普通义务教育。对象为 5 岁至 17 岁的儿童和青少年。

国家教育系统由 3 类学校组成：普通学校、继续教育学校和特殊教育学校。1975 年党的主要政策进行了调整，教育体系也进行了重大改革，此后教育体系一直保持着原有的结构。朝鲜教育体系见图 1。

（三）详述

1. 初等教育

初等教育分为 2 个阶段，含 1 年制学前教育和 5 年制小学教育。第一阶段从 4～5岁开始，第二阶级从 6 岁开始，属于免费义务教育。小学也被称为人民学校（인민학교 Inmin hakkyo），学制 5 年。

2. 中等教育

中等教育一共 6 年，分为 2 个阶段：初中为期 3 年，学生年龄在 11～13 岁；高中为期 3 年，学生年龄 14～16 岁。中等教育集中在政治教育、基础科学和技术、体育以及音乐和艺术。各学科的时间分配占比为：政治教育占 12.5%，语言占 15.8%，数学占 18.6%，科学占 18.5%。这四个科目占全部教学时间的 65.4%（Han Man-Kil，1997）。

3. 继续教育及特殊教育学校

继续教育学校附属于农场、工厂和渔业合作社。朝鲜非常重视对所有公民的继续教育，成人继续教育获得了国家的很多支持，所有人都要参加教育活动，通常以学习小组的形式进行。

特殊教育学校面向天才少年以及社会精英阶层的孩子。第一类是由革命学校（又称为精英学校）组成，学生们从 5 岁起入学，学习 10 年。第二类是供 6～18 岁学生就读的艺术和体育学校。第三类是外国语学校，学生年龄为 10～18 岁。最后一类是理科学校，学生年龄为 10～21 岁。

4. 高等教育

中学毕业后，学生可以继续接受高等教育，朝鲜的高等教育体系由全日制高等教育和非全日制高等教育组成。

全日制高等教育形式有两种，即大学和专科学校。大学分为综合大学与中心大学、单科大学。综合大学与中心大学是培养社会科学及自然科学各个领域民族干部的大学，学制为 4～6 年（医科大学为 7 年）。综合大学有金日成综合大学（김일성종합대학）、金策工业综合大学（김책공업종합대학）等。中心大学有平壤外国语大学（평양외국어대학）、金亨稷师范大学（김형직 사범대학）等。这些大学设有预

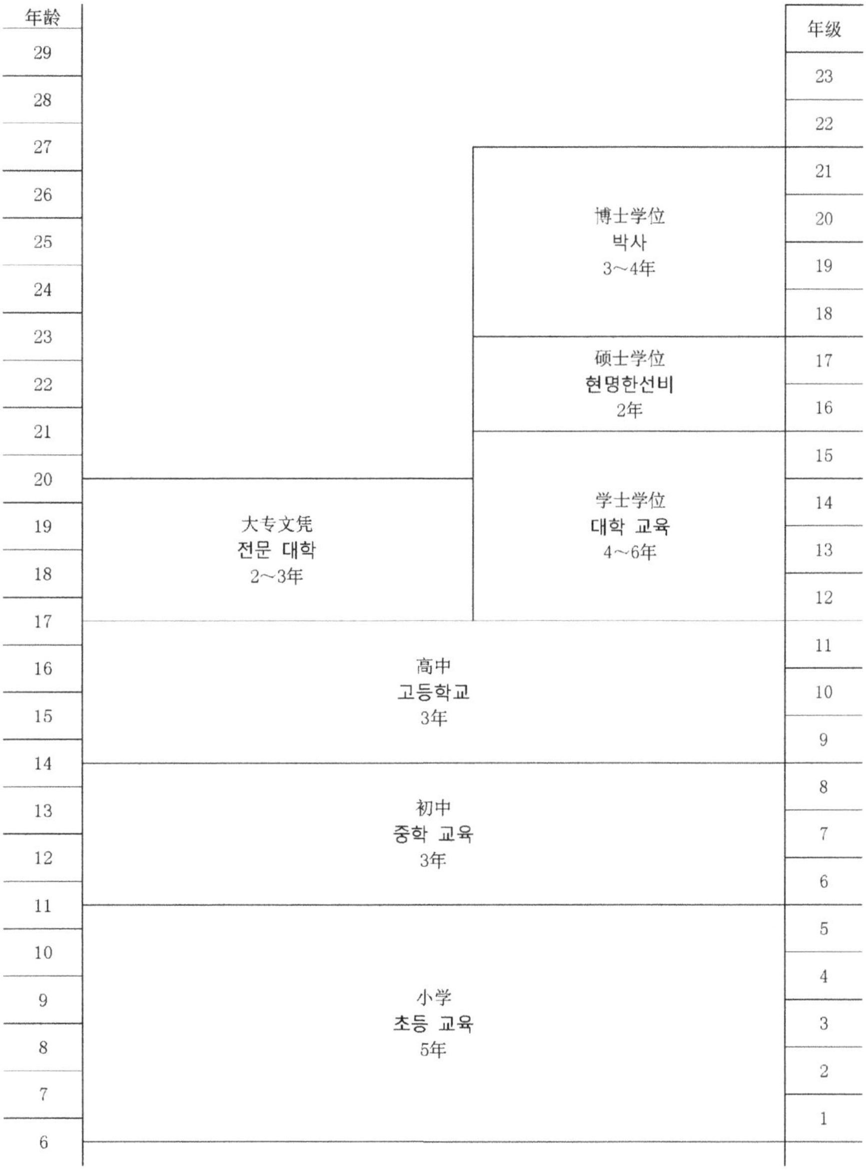

年龄

29 28 27 26 25 24 23 22 21 20 19 18 17 16 15 14 13 12 11 10 9 8 7 6

博士学位
박사
3～4年

硕士学位
현명한선비
2年

大专文凭
전문 대학
2～3年

学士学位
대학 교육
4～6年

高中
고등학교
3年

初中
중학 교육
3年

小学
초등 교육
5年

年级

23 22 21 20 19 18 17 16 15 14 13 12 11 10 9 8 7 6 5 4 3 2 1

图 1　朝鲜教育体系

科班和博士院。学生本科毕业后，可以继续攻读硕士和博士学位。博士院招收大学毕业生中成绩优秀者和机关企业选拔的人员，经过考试入学。博士项目的学制为 3～4 年，学生论文通过审议后获得相应学位。

单科大学是培养特定领域专业技术人员的大学，学制为 3～4 年。朝鲜的大多数大学是这种专业领域比较细分的单科大学。这类学校虽规模较小，但特色鲜明。

高等专科学校主要培养生产一线的技术人才，学制为 2～3 年。完成专科学校课程一般需要 3 年时间。各个地区根据本地区特点与需求，成立当地经济发展所需要的高等专科学校。这些高校专业灵活、配置合理，能够很好地为地方经济建设服务。

金日成综合大学(김일성종합대학)成立于 1946 年 10 月，是朝鲜的综合性高等教育机构，具有本科、硕士和博士招生资格。该大学被视为朝鲜顶级教育机构，入学竞争非常激烈，设有外语、经济学、计算机科学、历史、文学、数学、哲学、化学、法律、核电、地理和物理学等学科。学校有 3 000 余名教职人员，包括研究和教学人员。所有设施都位于平壤北部地区的校园中。高中成绩是大学录取的衡量标准，但政治标准也是影响选拔结果的主要因素。

其他著名的高等教育机构中，自然科学研究所(자연과학연구소)和金策工业综合大学(김책공업종합대학)主要关注与核研究有关的自然科学和计算机科学；平壤外国语大学(평양외국어대학)侧重于培养贸易官员和外交官；金亨稷师范大学(김형직 사범대학)则侧重培养教师。

朝鲜所有大学都必须招募一部分从军队中退伍的士兵，这些士兵一般服役 3 年以上，另外这些大学还接纳已经工作 5 年以上的工人。任何希望获得高等教育机构录取的人都必须先经过当地"学院推荐委员会"的推荐，然后才能获得县和省级委员会的批准，最终获得接受高等教育的机会。

(四) 考试、升级与证书制度

从 2015 年，朝鲜开始逐步实行学士、硕士、博士 3 级学位制度，与国际通行的高等教育学位制度一致。朝鲜各个高校仅有颁授学士学位的权利，硕士和博士学位则全部由内阁直辖的国家学位学职授予委员会颁授。

朝鲜的中学为"六年制中学"，顾名思义，中学提供六年教育。中学有 2 个层级:第一层级 3 年，第二层级 3 年，学生需要经过选拔才可以升学。

朝鲜的高考由朝鲜教育部组织，每年举行一次，通常在 6 月进行。考试分为语文、数学、外语、物理、化学、生物等七个科目，考试时间为 3 天。考试成绩是朝鲜高中生升入大学的重要依据之一，同时也是发放奖学金的重要参考。由于朝鲜的名牌大学主要集中在平壤，外地学生想进入平壤的大学非常困难，因此平壤的重点中学，像平壤一中、牡丹峰第一中学的学生升学率很高，能够进入名牌大学的学生比例也很高。但是，即使是在这些重点中学里，学生们也要经过激烈的竞争，才能够考取到好的大学。总的来说，朝鲜的高考制度相对比较严格和封闭，注重对学生的全面考察和选拔，同时也鼓励学生注重自身的综合素质和实际应用能力的提高。

（五）成绩评价制度

朝鲜中学一般采用十分制成绩评价制度。具体见表1。

表1 朝鲜中学成绩评价制度

成绩	成绩等级	对应中文意义
9～10	Chyeoudong 최우등	优秀
7～8	Oudong 우등	良好
5～6	Botong 보통	一般
＜5	Rarkze 락제	较差

（六）常见教育证书

朝鲜常见教育证书见表2。

表2 朝鲜常见教育证书

序号	证书	证书描述
1	주간대학	大专文凭，学制2～3年，准入条件为高中毕业或同等学历
2	학사	学士学位，在完成4～6年本科学业后获得
3	석사	硕士学位，在完成2年硕士学业（或同等学历）后获得
4	박사	博士学位，学制3～4年，准入条件为获得硕士学位

韩国的教育证书评估研究

一、国家概况

韩国全称大韩民国，位于亚洲大陆东北部朝鲜半岛南半部，东、南、西三面环海，西濒临黄海，东南是朝鲜海峡，东边是日本海，北面隔着三八线非军事区与朝鲜相邻。国土面积 10.329 万平方公里。人口约 5 162 万（2022 年 10 月），为单一民族，通用韩国语，50%左右的人口信奉佛教、基督教、天主教等宗教。

自 20 世纪 60 年代以来，韩国政府实行了“出口主导型”开发经济战略，推动了韩国经济的飞速发展，缔造了举世瞩目的“汉江奇迹”。韩国是二十国集团成员，世界主要经济体，亚太经合组织（APEC）和东亚峰会的创始国，是拥有完善市场经济制度的发达国家。同时，韩国是亚洲四小龙之一。2022 年韩国国内生产总值按国际汇率计算在世界排名第 11 位，按相对购买力指标计算，在世界排名第 13 位，人均国内生产总值约 27 600 美元，名列世界银行、国际货币基金组织和美国中央情报局《世界概况》发达国家名录。

二、教育

（一）教育概况

韩国已基本消除文盲，成为世界识字率最高的国家之一。在韩国，教育被称为促进经济发展的第二经济。“教育立国”战略正是 20 世纪 60 年代韩国“汉江奇迹”的重要推动力。在 2014 年英国培生集团（Pearson）第二次实施的“全球教育强国”调查中，韩国超越 2012 年排名第一的芬兰，综合排名第一，成为世界教育强国。

韩国 1953 年起实行小学六年义务教育，从 1993 年起普及九年义务教育。80%的高等教育机构为私立性质。2022 年教育预算约 89.6 万亿韩元，较上年增长 17%。全国各类学校（公立、私立）近 2 万所，学生 1 100 多万人，教师 50 多万人。

被誉为韩国大学一片天(S. K. Y.)的首尔大学(서울대학교, Seoul National University)、高丽大学(고려대학교, Korea University)、延世大学(연세대학교, Yonsei University)和历史最为悠久的成均馆大学(성균관대학교, Sungkyunkwan University),均是享誉全球的著名高校。

(二) 教育体系

韩国教育的学制为6—3—3—4制,即小学6年,初中3年,高中3年,大学本科4年。基础教育包括小学6年,初中3年,高中3年,共12年。小学和初中是免费义务教育。韩国教育体系见图1。

年龄			年级
24–27	博士学位 박사 3年		19–21
22–24	硕士学位 석사 학위 증서 2年		17–18
18–22	学士学位 학사 학위 증서 4年	专科文凭 전문대학 졸업장 2~3年 (年龄 18–20, 年级 13–14)	13–16
15–18	普通高中 高中毕业证书/일반 고등학교졸업장 3年	职业高中 职业高中毕业证书/실업 고등학교 졸업장 3年	10–12
12–15	初中阶段 3年		7–9
6–12	小学阶段 6年		1–6

图1 韩国教育体系

（三）详述

1. 初等教育

韩国小学学制为 6 年。小学教育以公立学校为主体，6 岁儿童就近入学。小学期间主要学科科目有伦理学、国语、社会学、算术、科学、体育、音乐、美术。从小学三年级起增设英语为必修课。从小学四年级开始增设实业科，对学生进行基础性的科学技术教育和简单的职业训练。韩国的小学教育主要由韩国国民学校（即小学）实施，作为义务教育向国民免收学费，虽然私立学校也有一席之地，但比例甚微。

2. 中等教育

韩国的中等教育分为初中和高中 2 个阶段：初中 3 年，高中 3 年。小学毕业后，12 岁到 14 岁学生允许进入初中学习七年级到九年级的课程。自 1969 年废除初中入学考试以来，学生择校的招生方式改为按区域或抽签分配制度，学生不能自主选择学校。这一改变旨在消除重点中学和普通中学之间的差别，从而使所有的初级中学都能给学生提供同等质量的教育，并免除学生入学考试的压力。

根据办学主体的不同，韩国高中分为国立高中、公立高中和私立高中。根据学校类型，韩国高中分为普通高中、职业高中和特殊高中（如外语高中、艺术高中、科学高中）。按照教育部大纲要求，韩国高中课程包括学科课程和创造性活动课程两部分，学科课程又分为通识课程和专业课程两类。通识课程由基础课（包含国文、数学、英语）、社会与科学课、艺术课程和文化研究概论构成。学生可以根据学分要求在不同模块中选择课程。因为升学考试的关系，韩国的学科科目中，国文、英文、数学是最重要的。在韩国，第一外语是英语，从小学开始学习，高中开始可以选择第二外语，男孩子选德语较多，女孩子选法语较多，也有学校开设日语、中文等。2019 年 11 月，韩国教育部宣布将废除精英高中，统一转为普通高中，以消除入学不平等问题。

3. 职业教育

韩国的职业教育分为高中阶段和大学阶段两个层次。高中阶段分为职业高中、职业专门学校两种形式。职业高中由教育部门主办，而职业专门学校由韩国产业人力公团（国家劳动部所属的培养产业技术公民的机构）、地方自治团体、公共团体和事业主主办。职业高中以讲授专业课为主，注重实际技能的学习，以培养中级技术人才为目的，学生毕业时颁发技能等级证书的同时，还颁发学历证书。职业高中的学生毕业后大部分直接就业，只有少数人升入大学。职业专门学校以培养中级技术人才为目标，学生毕业后只颁发技能等级证书而不发学历证书。

4. 高等教育

韩国的高等教育机构根据设立主体和经费来源渠道，分为国立、公立、私立三种，其中私立大学数量占80%以上。除个别公立学校可以由设立的地方政府自行批准外，其他学校都必须经教育科学技术部批准，国家认可的高等教育机构都必须接受教育科学技术部的监督和管理。根据韩国教育法及有关法令，不论公立或私立的高等院校都必须接受教育部的监督，教育部负责处理控制学生名额、审核师资、课程设置、批准学位授予条件以及规定统一课程等事务。

韩国的高等教育机构根据学校类型分为专科大学、教育大学、师范大学、综合大学、医科大学等，以实施全日制教育为主。大学一年分为两个学期，学费按学期支付，韩国大学都实行学分制。专科大学的教育目的是教授和研究社会各领域的专业知识和理论，实践教育是各类职业专科大学的教育重点，以培养掌握技术理论及基本技能的技术人员为目标。专科大学是培养专业技术人才的短期高等职业教育机构，对就业的重视高于升学。希望继续接受教育的学生可进入四年制综合大学、工业大学、广播通信大学等深造。

研究生教育由研究生院实施，课程分为硕士学位课程、博士学位课程和硕博连读课程。一般研究生院的职责分为深层学术研究、专业领域人才培养理论的推广和研发、成人继续教育等。政府将研究生院的基本教育目标定位为培养推动未来产业和专门领域发展的高级专门人才。

（四）考试、升级与证书制度

韩国的升学考试很难，中学虽然已经不存在重点学校，但重点大学依然存在。韩国的大学考试制度是在不断改革、不断完善、不断健全中建立起来的。1994年，韩国对高校招生制度进行了一次大改革，引入新的招生考试制度，这次改革是一次较为彻底的大学招生制度改革。“大学修业能力考试”(대학수학능력시험，College Scholastic Ability Test，简称CSAT)替代了原来的“大学入学学力考查”(대학입학학력고사)。而高等学校根据学生高中在校成绩、大学修业能力考试成绩和各大学考查成绩择优录取学生，其中学生高中在校成绩为必查部分，其他两种考试和考查成绩由各个大学自由选择。

每年年底，即11月份至12月份韩国都会迎来高考季，牵动无数家长和学子的心。韩国高考“大学修业能力考试”分文科和理科，分别设必选考试科目和任选考试科目，即“修学能力I”和“修学能力II”两部分。“修学能力I”以国语、英语、数学等必修科目为主,“修学能力 II”以选修科目为主,包括社会研究、科学、职业教育、第二外语(包括汉语在内的 8 种语言)等。除国语、英语、数学等必考科目外,考生可以根据自身情况选择文科或理科。这样的设计旨在考察学生的一般学力和大学学习能力,强调跨学科的知识渗透,具有学科测验与升学适应性测验统合的性质。其特点为:一是考试日程非常紧凑,只考一天,考生需要在一天连续考完 5 门科目(见表 1)。上午 8:10 考生入场完毕,先考国语和数学;短暂午休后,下午再考英语、社会研究(文科)/科学(理科)/职业教育(职业)、第二外语三门科目。二是考题非常“活”,出题风格往往是结合生活实例来考查考生对知识的实际运用能力。三是题型基本都是选择题。各科考卷中,只有数学包括选择和解答两种题型,每道题 2 分至 4 分,其他各科题型全部为选择题,每道题 2 分至 3 分。

表 1　韩国 CSAT 考试科目、分数及时间安排

科目	满分分数	时长(分钟)	时间段	备注
韩文	100	80	08:40—10:00	文理必考
数理	100	100	10:30—12:10	文理必考
英语	100	70	13:10—14:20	文理必考
社会研究	50	62	14:50—15:52	文科必考
科学	50	62	14:50—15:52	理科必考
职业教育	50	62	14:50—15:52	职业必考
第二外语	50	40	16:20—17:00	部分必考

韩国《亚洲经济》刊文称,近年来,韩国 CSAT 的考生规模持续缩小。2017 年度报名参加 CSAT 考试的考生人数为 593 527 人,较 2016 年减少 10 246 人,是 1993 年以来的最低值(见表 2)。韩国考生中复习生所占比例逐年增加。近些年,在考试次数上,为了切实减轻考试偶然性给学生带来的压力,韩国教育人力资源部决定由原来的每年 1 次考试,增加为每年 2～3 次考试。

表 2　历年韩国参加 CSAT 人数

年份	2014 年	2015 年	2016 年	2017 年	2018 年
报名人数	640 619	631 184	605 988	593 527	594 924
实考人数	594 617	585 332	552 297	531 327	530 220

韩国高等教育专科大学的入学资格为高中毕业或同等学历,高中成绩、大学入

学考试成绩、面试成绩和体检都必须符合专科大学规定的招生办法。学制2～3年，由学生所选科目决定。专科毕业生获得毕业证书的同时，还可以获得相应学位。

大学本科项目学制一般为 4 年，医科（含韩医、牙医）项目为 6 年，师范学院各专业学制为 4 年，神学院、护士学院及其他各类学院等学制为 2 年或 4 年。大学一年分为 2 个学期，学费按学期支付，私立大学学费明显高于公立大学。韩国大学都实行学分制，学生修够学分后获得学位。对完成本科学业的学生，学校颁发本科学历证书的同时，还颁发学士学位证书。6 年制医科项目毕业的学生，可以直接申请攻读博士学位。

韩国奉行“宽进严出”的教育理念，因此在韩国大学毕业后想继续深造获得更高的硕士或博士学位，入学相对比较容易，但对硕士或博士学位学生的毕业论文质量审核严格。硕士研究生项目学制一般为 2 年，博士研究生项目学制一般为 3 年。

（五）成绩评价制度

自 1994 年，韩国“大学修业能力考试”代替“大学入学学力考查”，其采用 1 到 10 的数字成绩评价制度。具体见表 3。

表 3　韩国大学修业能力考试成绩评价制度

成绩	等级描述	学生占比	中文描述
1.00	1 级	4%	优秀
2.00～2.99	2 级	7%	
3.00～3.99	3 级	12%	良好
4.00～4.99	4 级	17%	
5.00～5.99	5 级	20%	合格
6.00～6.99	6 级	17%	
7.00～7.99	7 级	12%	不合格
8.00～8.99	8 级	7%	
9.00～9.99	9 级	4%	

因高中平时成绩反映学生高中三年的真实学习情况，相较于单次考试的“大学修业能力考试”可信度更高。韩国高校一般结合考生高中成绩、参加大学单独组织的考试成绩择优录取新生。高中一般采用百分制，平均成绩 90～100 分为优秀，80～89分为良好，70～79 分为中等，60～69 分为合格。若使用与韩国“大学修业能力考试”相同的评分体系，则 1～2 等级为优秀，3～4 等级为良好，5～6 等级为

合格。

（六）常见教育证书

韩国常见教育证书见表 4。

表 4　韩国常见教育证书

序号	证书	证书描述
1	일반 고등학교 졸업장	普通高中毕业证书，完成 3 年高中学业后获得该证书
2	실업 고등학교 졸업장	职业高中毕业证书，完成 3 年职业高中学业后获得该证书
3	전문대학 졸업장	专科文凭，完成 2～3 年高等职业教育后获得该证书
4	종합대학 졸업장	综合大学毕业证书，完成 4 年大学本科学业后获得该证书
5	학사 학위 증서	学士学位，完成 4 年大学本科学业后获得该学位
6	석사 학위 증서	硕士学位，完成 2 年硕士研究生学业、通过论文答辩后获得该学位
7	석사 학위 증서	博士学位，完成 3 年博士研究生学业、通过论文答辩后获得该学位

日本的教育证书评估研究

一、国家概况

日本全名日本国，位于太平洋西岸，是一个由东北向西南延伸的弧形岛国。西隔东海、黄海、朝鲜海峡、日本海与中国、朝鲜、韩国、俄罗斯相望。陆地面积约 37.8 万平方公里，包括北海道、本州、四国、九州四个大岛和其他 6 800 多个小岛屿。属温带海洋性季风气候，终年温和湿润。人口约 1 亿 2 505 万(2022 年 5 月)。主要民族为大和族，北海道地区约有 1.6 万阿伊努族人。通用日语。主要宗教为神道教和佛教。首都东京，截至 2019 年 10 月，人口约 1 392 万。

日本是世界第三大经济体，亦为七国集团成员，是世界发达国家之一。2021 年国内生产总值(GDP)约 541.9 万亿日元，实际增长率为 1.6%。连续 28 年为全球最大债权国，外汇储备达 1.39 万亿美元。2022 年 10 月，日本完全失业率为 2.5%。现在日本的科研能力、工业基础和制造业技术均位居世界前列，是世界第四大出口国和进口国。

二、教育

(一) 教育概况

日本非常重视教育，每年的科研经费约占 GDP 的 3.7%，位居发达国家榜首。在整个日本，教育系统高度集中，有明确的国家标准和统一的学校系统。大学有国立大学、公立大学和私立大学。著名的国立综合大学有东京大学、京都大学等，著名的私立大学有早稻田大学、庆应义塾大学等。日本重视社会教育，函授、夜校、广播、电视教育等较普遍。

(二) 教育体系

日本教育结构以美国 6—3—3—4 系统为模型，6 年基础教育，3 年初中教育，3

年高中教育和 4 年制大学本科教育，其中小学到初中为 9 年义务教育(6～15 岁)。学年一般为 4 月至次年 3 月。日本教育体系见图 1。

年龄			年级
28		博士学位 博士学位記 3～5年	23
27			22
26			21
25			20
24			19
23		硕士学位 修士学位記 2年	18
22			17
21	本科学位 学士学位記 2～4年	本科学位 学士学位記 4～6年	16
20			15
19	专科学校 高等専門学校卒業証書 短期大学卒業証書 2～3年		14
18			13
17	高中 高等学校卒業証書 3年		12
16			11
15			10
14	初中 中学校卒業証書 3年		9
13			8
12			7
11	小学 小学校卒業証書 6年		6
10			5
9			4
8			3
7			2
6			1

图 1　日本教育体系

(三) 详述

1. 初等教育

日本所有年满 6 岁的儿童都必须上小学，小学旨在为 6 至 12 岁的儿童提供适合其心理和身体发展的普通初等教育。小学入学需要考试，内容不只有国语、数学,还有作文、手工和折纸,父母也要参加面试。儿童在过完6周岁生日后的第一个4月进入小学学习阶段。学校分为公立和私立,公立小学基本上不需要缴纳学费。大多数小学采用三学期体制,4～7月为第一学期,9～12月为第二学期,第二年的1～3月为第三学期。三学期之间分别为暑假、寒假和春假。日本小学的课程按照《学校教育法》的规定来开设,各个学校都要遵守教学大纲,教育课程由学科、道德和特别活动三部分组成。一、二年级开设的课程有语文、算数、生活(由理科和社会综合而成)、音乐、图工、体育、道德和特别活动。三、四年级时,生活课由理科和社会代替。五、六年级会增加家庭课(烹饪和缝纫)。小学四年级以后,学校重视学生兴趣爱好的培养,常常组织开展电脑、羽毛球、游戏、舞蹈等课外活动。日本公立小学擅长培养学生的创新精神和实践能力,重视传统文化的学习,重视音、体、美课程教育,重视课堂外学习,重视在各种活动中发挥学生的主体作用,真正做到了素质培养。同时,日本的特长班也让学生在校外丰富自己的兴趣爱好、拓展知识。

2. 中等教育

完成6年小学学业后,紧接着进入3年的初中教育。在初中阶段,大部分学生会选择继续就读公立学校。初中教育内容由各学科课程、道德和特别活动构成。课程包括必修课和选修课。必修课包括国语、社会、数学、理科、音乐、美术、保健体育、技术与家庭等8门。

接下来是3年的高中教育。日本学生初中升高中,要通过考试进行录取,按照分数划线,类似于我国的中考。考试科目包括国语、数学、科学、社会研究和英语。除了统一考试外,部分学校还设有自主招生考试。高中教学内容主要分为三类:通识课程、专业课程和综合课程。通识课程指除专业教育之外的基础教育课程。专业课程旨在为选择特定职业领域作为未来职业的学生提供职业或其他专业教育,可以进一步分为农业、工业、商业、渔业、家庭经济学、护理、科学数学、体育、音乐、艺术、英语等。综合课程于1994年推出,涉及的科目多种多样,旨在充分满足学生的不同兴趣、能力及对未来职业规划等。

3. 职业教育

日本政府始终把建立完整的职业教育体系作为发展职业教育的战略方针。当前日本的职业教育由三个部分组成:学校职业教育、公共职业教育、事业主职业教育。日本学校职业教育包括以下几种教育制度:初中的技术、家政课教育,高中的综合学科教育,高中的职业技术教育、专修学校教育;高等专门学校教育,短期大学教育,科学技术大学教育,专门在职研究生教育等。

4. 高等教育

日本的高等教育机构根据设立主体不同，可以分为国立、公立、私立三种。考试分数最高的学生进国立和公立大学，大多数学生是可以获得奖学金的，而私立学校需要交学费。日本国立大学和公立大学的区别主要体现在设立主体、资金来源、学校数量等方面。一是设立主体。国立大学是由日本中央政府直接设置的大学，由国家全额出资建立，而公立大学则由地方政府设立，可以理解为省（市）立大学，接受当地政府管辖。二是资金来源。国立大学的经费直接来自国库，而公立大学的经费则来源于地方财政。三是学校数量。日本国立大学的数量多于公立大学，国立大学数量在 90 所左右，而公立大学在 70 所左右。此外，国立大学的专业设置比较倾向于研究性，以科研成果为宗旨来开设专业；而相比国立大学的总体研究水平，公立大学略微处于下风，但其专业设置也较倾向为学术性。

短期大学和高等专门学校只能实施大学专科教育，大多数为家政、人文、教育及社会相关专业。学部是实施本科教育的机构，大学里的“大学院”是实施研究生教育的机构。日本的高等教育机构大多用日语授课，少数课程用英语授课。外国人进入日本的高等教育机构学习，要求口语国际能力考试至少达到二级。

（四）考试、升级与证书制度

学生完成从 6 岁开始的 6 年小学教育后，将获得小学毕业证书（小学校卒業証書，しょうがっこうそつぎょうしょうしょ）。

3 年的初中教育完成时，学生成绩合格可获得初中毕业证书（中学校卒業証書，ちゅうがっこうそつぎょうしょうしょ）。日本也有中考，高中录取学生时，不仅要看学生的中考成绩，还要参考其他评价材料，对学生进行综合考量。考试分为一般入学考试、推荐入学、特别入学、特色选拔等多种形式，其中一般入学考试（即学力考试）和推荐入学（保送）为主要方式。两种方式都需要学生提供“调查书”，“调查书”由初中校方填写，包括学生初中 3 年的综合表现、各科成绩、考勤、是否参加课外活动、生活习惯等情况。公立高中的入学考试分为“前期招生”和“后期招生”，名额招不满的高中会进行“再次招生”。“前期招生”阶段不进行学力考试，但是要进行面试、作文等考查，同时校方会参考初中 3 年的成绩和表现来决定录取结果；“后期招生”阶段需要进行学力考试，包括国语、社会、数学、理科、英语，还要进行面试；“再次招生”的考察内容主要为学力考试。

顺利完成 3 年高中学业的学生可获得高中毕业证书（高等学校卒業証書，こうとうがっこうそつぎょうしょうしょ）。获得高中毕业证书和通过大学入学考试是升入大学的必要条件。日本每年夏天举行一次高考，日本家长和中国家长一样，

望子成龙。为了提高高考分数，也会送小孩参加社会上举办的各种升学考试辅导班。

国家公立大学的入学原则上要求学生必须首先参加国家大学招录中心的考试，性质与我国高考相似。该考试在每年 1 月 13 日之后的第一个周六与周日举行。考试内容原则上由 5 科 7 项(国语、外语、数学 1、数学 2 和地理历史、公民、理科)构成。学生如果报考文科，基本是要求在国语、外语、数学 3 个科目中选择 2 项，地理历史、公民 2 个科目中选择 2 项，理科科目中选择 1 项，该考试考查考生整体的学习能力。公立大学的选拔方法基本和国立大学相同。但是，很多公立大学采用减少课程数目的选拔方式，也就是说允许考生报考 4 个科目及以下。

通过第一次选拔后，考生还要面临第二次选拔，即多数大学(院系、专业)实施的个别能力考查(为与国家大学招录中心的考试区别，俗称二次考试，一般以叙述题为主)，在每年 3 月中上旬举行。

大学会根据国家大学招录中心考试和个别能力考查的总分决定是否录取。录取时国家大学招录中心考试和个别能力考查所占分值比例不同，但竞争较为激烈的国立大学一般都倾向于重视个别能力考查。

私立大学的一般入学考试基本在中心考试结束后的 1 月下旬左右依次开始，到 2 月下旬、3 月上旬左右结束。考试机会一般只有 1 次，但考生可同时报考同一学校的不同院系或专业。有的学校把所有院系通用的考试和各院系的单独考试安排为先后进行，这样考生可参加至少两次第一志愿专业的考试。另外，还有的学校实施好几次考试，例如 1 月下半月～2 月上半月第一次，2 月中旬到下旬第 2 次，3 月第 3 次，采用这种方式的学校在不断增加。考试名称也多种多样，如“A 方式”“AS 方式”“B 方式”“C 方式”“前期”“中期”“后期”等。也有的学校采用“考试日期自由选择制”，允许考生任意选定日期内的 1 次或 2 次以上考试，其中也有交纳 1 次考试费可参加任意次考试，或第 2 次以后的考试减免考试费。关于考试科目，文科类一般为“英语＋语文＋1 门选修科目”模式，有的大学选择英语以外的德语、法语等，一般来说，私立大学文科类的选修科目从日本史、世界史、地理、政治、经济、数学等科目中选择 1 门。理科类一般为“英语＋数学＋1 门理科科目”模式。

日本学生为获得优异的考试成绩，无论在小学阶段，还是在中学阶段，学习都非常努力。要获得著名大学的录取资格并非易事，竞争非常激烈。例如早稻田大学，2020 年度总共招生 5 415 人，申请者则超过了 10 万。但一旦被名校录取，学生通常可以轻松地完成其专业课程，并在最后一年进行工作实习。每年 4 月学生会收到国家大学招录中心考试的成绩通知书，学生需根据成绩偏差值来确定适合报考的学校。所谓“偏差值”，是指相对平均值(平均值通常视为50)的偏差数值，是日本人对于学生智力、学力的一项计算公式值。偏差值＝50＋10×(得点－平均点)/标准偏差。通常50为平均值，100为最高值，25为最低值，50以上成绩较好，数字越高则成绩越好，60以上可以选择较好的大学，而综合成绩能够达到70的话，则有可能考取东京大学。2022年日本各大学录取学生的偏差值对照表见表1。

表1　2022年日本各大学录取学生的偏差值对照表

国(公)立文科					
大学	**偏差值**	**大学**	**偏差值**	**大学**	**偏差值**
东京大学	67.5～65	京都大学	67.5	国际教养大学	67.5～62.5
东京外国语大学	67.5	一桥大学	65.0～57.5	大阪大学	65.0～57.5
神户大学	65.0～60.0	筑波大学	65.0	横滨国立大学	62.5～57.5
私立文科					
庆应义塾大学	70.0～65.0	早稻田大学	67.5	国际基督教大学	67.5～57.5
上智大学	65.0～60.0	青山学院大学	65.0～57.5	同志社大学	65.0～57.5
法政大学	65.0～57.5	立教大学	62.5～55.0	关西学院大学	62.5～57.5
国(公)立理科					
京都大学	67.5	东京大学	65.0～60.0	大阪大学	65.0
东京工业大学	65.0～60.0	北海道大学	62.5～52.5	大阪府立大学	62.5～55.0
筑波大学	62.5～57.5	名古屋大学	62.5～55.0	横滨国立大学	60.0～55.0
私立理科					
庆应义塾大学	70.0～62.5	早稻田大学	62.5～55.0	青山学院大学	62.5
上智大学	62.5～42.5	东京理科大学	62.5～55.0	明治大学	60.0～50.0
芝浦工业大学	60.0	津田塾大学	60.0～55.0	同志社大学	57.5～52.5
国(公)立医科					
京都大学	72.5～67.5	东京大学	70.0～62.5	大阪大学	70.0～60.0

（续表）

东京医科齿科大学	70.0	奈良县立医科大学	67.5	大阪市立大学	67.5～57.5
金泽大学	67.5～57.5	九州大学	67.5	京都府立医科大学	67.5～55.0
私立医科					
庆应义塾大学	70.0	关西医科大学	67.5～55.0	东京慈惠会医科大学	70.0～36.5
东北医科药科大学	70.0	日本医科大学	67.5	大阪医科大学	67.5
近畿大学	67.5～65.0	久留米大学	67.5～52.5		

日本专科教育学制一般为2～3年，颁发专科毕业证书，但不授予学位。本科一般4年，医学专业一般6年（含口腔医学、兽医学，毕业后可直接报考4年制博士研究生课程）。硕士项目学制一般2年，博士项目学制一般3年。有些学校的硕士课程和博士课程分别设立，有些学校是合在一起设立，博士课程前期2年、后期3年，前期课程2年被视为硕士课程。在学部和大学院里，除攻读学位的正规学生外，还有旁听生、履修生和进修生，但这三类学生都不能获得毕业证书或学位证书，只有履修生修读的学分被承认。学部不招收研究生。

（五）成绩评价制度

日本中学阶段成绩评价采用5分制，分数越高，越优秀。具体见表2。

表2　日本中学阶段成绩评价制度

等级	描述	对应中文意义
5	優上	优秀
4	優	良好
3	良	中等
2	可	及格
1	不可	不及格

（六）常见教育证书

日本常见教育证书见表3。

表 3　日本常见教育证书

序号	证书	证书描述
1	小学校卒業証書	小学毕业证书，完成 6 年小学学业后获得该证书
2	中学校卒業証書	初中毕业证书，完成 9 年教育（小学＋初中）后获得该证书
3	高等学校卒業証書	高中毕业证书（学历或职业类），学生在普通高中或技术学校完成 12 年教育后授予该证书。在日本的标准教育中，六年“全程”中学教育涵盖初中和高中，提供该教育的学校包括全日制，非全日制和函授学校，所有这些学校都可以授予高中毕业证书
4	高等専門学校卒業証書	技术文凭，完成 2 年的高等专科教育后获得该文凭
5	短期大学卒業証書	大专文凭，完成 2～3 年的高等专科教育后获得该文凭
6	学士学位記	学士学位证书，完成 4 年高等教育后获得该学位
7	大学卒業証書	“大学校”文凭，在完成 4 年的高等教育后获得该文凭，这些课程不是由大学提供的，而是由教育部以外的部委批准的机构提供
8	大学専攻科修了証書	大学课程结业证书，获得学士学位 1 年后可获得该证书
9	学士（教育学）学位記	教育学学士学位证书，完成 4 年高等教育后获得
10	博士（法学）学位記	法学第一专业学位，我国教育部留学服务中心将国外 Juris Doctor 统一称为“职业法律博士文凭”，相当于中国的法律硕士学位，获得本科学位后，再完成 3 年法律教育后获得该学位
11	医学学位	医学学位，完成 6 年医学学业获得该学位
12	薬医学位	药学学士学位，完成 6 年药学学业获得该学位
13	口腔医学学位	口腔医学学士学位，获得学士学位再完成 2 年口腔医学学业获得该学位
14	学士（獣医学）学位記	兽医学学士学位证书，获得学士学位 2 年后获得该学位
15	修士学位記	硕士学位证书，获得学士学位后，继续 2 年硕士学习后获得该学位

（续表）

序号	证书	证书描述
16	修士(教育学)学位記	教育硕士学位证书，获得学士学位后，继续 2 年硕士学习后获得该学位
17	博士学位記	博士学位证书，在学士学位或“大学校”文凭获得后，至少再学习 5 年后，或在硕士学位获得后，至少再进行 3 年学习后颁发，要求提交论文和口头综合审核
18	博士(医学)学位記、博士(歯学)学位記、博士(獣医学)学位記	医学博士/口腔医学博士/兽医学博士证书，取得医学、口腔医学或兽医学学士学位后，再继续学习 4 年后获得该学位

东南亚国家

菲律宾的教育证书评估研究

一、国家概况

菲律宾位于亚洲东南部。北隔巴士海峡与中国台湾遥遥相对，南和西南隔苏拉威西海、巴拉巴克海峡与印度尼西亚、马来西亚相望，西濒南海，东临太平洋。面积29.97万平方公里，共有大小岛屿7 000多个，其中吕宋岛、棉兰老岛、萨马岛等11个主要岛屿占全国总面积的96%。人口约1.1亿(2022年)，马来族占全国人口的85%以上。国语是以他加禄语为基础的菲律宾语，英语为官方语言。国民大部分信奉天主教。

1521年，麦哲伦率领西班牙远征队到达菲律宾群岛。此后，西班牙逐步侵占菲律宾，并统治长达300多年。1898年6月12日，菲律宾宣告独立，成立菲律宾共和国。同年，美国依据对西班牙战争后签订的《巴黎条约》占领菲律宾。1942年，菲律宾被日本占领。第二次世界大战结束后，菲律宾再次沦为美国殖民地。1946年7月4日，美国同意菲律宾独立。

菲律宾为出口导向型经济，对外部市场依赖较大。第三产业在国民经济中地位突出，农业和制造业也占相当比重。20世纪60年代后期采取开放政策，积极吸引外资，经济发展取得显著成效。80年代后，受西方经济衰退和自身政局动荡影响，经济发展明显放缓。90年代初，拉莫斯政府采取一系列振兴经济措施，经济开始全面复苏，并保持较高增长速度。1997年爆发的亚洲金融危机对菲律宾冲击不大，但其经济增速再度放缓。杜特尔特总统执政后，加大对基础设施建设和农业的投入，推进税制改革，经济保持高速增长，但也面临通货膨胀、企业与政府财力不足、腐败严重影响经济等问题。

二、教育

（一）教育概况

菲律宾的正规教育是在16世纪被西班牙殖民后，由罗马天主教传教士开启的。当时的教会学校在之后发展成为遍地开花的私立教育体系。1898年西班牙美国战争后，美国的教育体系被引入菲律宾。之后初等教育覆盖范围不断扩大，中等教育、高等教育和职业教育得到了增强。

现在菲律宾的中小学实行义务教育。初、中等教育以政府办学为主。政府重视教育，鼓励私人办学，为私立学校提供长期低息贷款，并免征财产税。高等教育主要由私人控制。全国共有高等教育机构1 599所，在校生约244万人。著名高等院校有菲律宾大学、雅典耀大学、德拉萨大学和阿特尼奥大学等。

（二）教育体系

菲律宾现行的教育体系延续了美国殖民期间的教育体系，因此与美国的教育体系相似。现行的K12教育制度来自北美国家，是Kindergarten Through Twelfth Grade的简写，一共有四个阶段：学前教育1年，初级（小学）6年，中级（初中）4年，高级（高中）2年。

菲律宾的公立学校开学时间一般在6月3日，第一个学期是6月～10月，第二个学期是11月～次年3月。私立学校一般不会按照国家规定的时间开学，但开学时间不能早于6月第一个星期，不能迟于8月最后一天。菲律宾教育体系见图1。

（三）详解

1. 初等教育

菲律宾的初等教育一共6年。其间，学生们一共需要学10门课程，每科起止时间有所不同。数学、菲律宾语、社会研究、MAPEH（音乐、艺术、体育和健康的英文缩写）、人格教育贯穿整个小学阶段，本地语言在前三年开设，英语从一年级第二学期开始开设，科学从三年级开始开设，家庭与经济教育、技术与民生教育从四年级开始开设。

除作为单独科目外，在菲律宾公立小学的1～3年级，本地语言是除菲律宾语和英语外的其他科目使用的教学语言。但是从4年级开始，使用菲律宾语和英语作为教学语言。

尽管小学阶段是义务教育，但相关数据显示，截至2010年，有27.82%的菲律宾适龄学生从未上过学或没有完成小学教育，通常是由于他们所在地区没有任何

年龄

26
25
24
23
22
21
20
19
18
17
16
15
14
13
12
11
10
9
8
7
6

博士学位
Doctor of Philosophy
3年

硕士学位
Master
1～2年

医师专业学位
Doctor of Medicine (MD)
4年

证书或文凭
Certificate/Diploma
1～4年

副学士学位
Associate's Degree
2年

学士学位
Bachelor's Degree
4年

中学毕业证书
High School Diploma
6年

小学毕业证书
Certificate of Primary Studies
6年

年级

21
20
19
18
17
16
15
14
13
12
11
10
9
8
7
6
5
4
3
2
1

图 1　菲律宾教育体系

学校或家庭经济状况不佳导致。

2. 中等教育

根据K12教育体制，7～10年级为初中教育阶段。学生在完成6年小学教育后自动升入初中。初中的核心课程与小学一样，英语和菲律宾语为教学语言。菲律宾的初中没有期末考试和毕业考试。学生各科的最终成绩由平时的书面作业成绩、平时表现和小考成绩组成，单科及格分为75分。成绩较低的学生必须参加补习班，待成绩及格后，才能升入下一年级。

11～12年级为高中教育阶段。菲律宾的高中实行分科教学，共有四个方向：学术方向、职业技术方向、体育方向、艺术和设计方向。学生需要在入学前就决定自己要修的方向。

学术高中主要面向准备接受高等教育的学生，又分为普通学术，会计、商务和管理，人文和社会科学，以及科学、技术、工程和数学4个方向。

职业技术高中面向那些计划高中毕业后直接就业或去接受职业技术培训的学生，主要分为家政、农业与渔业、工艺美术、信息与通信4个方向。

体育高中、艺术和设计高中旨在为学生教授体育和创意产业相关领域的中级技术技能。但这两类高中的入学人数相对较少。

3. 职业教育

菲律宾的职业技术培训旨在提升菲律宾的劳动力水平，并为毕业生提供各种中级职业技能培训。这些培训包括农业技术、自动化技术、簿记、商务服务、计算机维护、信息技术、卫生服务、烹饪、旅游接待等。尽管职业技术培训的入学人数较少，但是近几年发展较为迅速。

4. 高等教育

菲律宾的高等院校数量在东南亚国家中最多，其中大部分为私立院校。由于菲律宾高等教育系统的能力有限且缺乏资金，私立院校为那些无法被公立院校录取的学生提供接受高等教育的机会。然而，除了少数几所私立大学外，大部分私立院校招生人数少于1 000名，且教育水平参差不齐。虽然私立大学数量众多，但是仍然有超过三分之一的大学生就读于菲律宾的公立大学。

公立大学大致可以分为三类：

(1)州立大学或具有独立理事会并由国家政府资助的大学。这类大学具备硕士点以及一定数量的本科专业。

(2)由地方政府部门建立和资助的地方高等院校。

(3)其他类高等院校，包括提供公共服务相关培训的专业高等院校。例如菲律宾国家警察学院或菲律宾军事学院。

（四）考试、升级和证书制度

在小学六年级结束的时候，学生们会参加全国能力考试（National Achievement Test，简称 NAT）。该考试旨在考核学校的教学能力，并不作为小升初的升学考试。私立中学会自行组织入学考试。

菲律宾没有类似于中国中考和高考的大型统一升学考试。学生在 3 年级、6 年级、10 年级和 12 年级时分别参加全国能力考试。该考试通常在每年 3 月进行，旨在考查学生的学业水平。学校的校长和老师会参考考试结果，制订和改进教学计划。NAT 考试 75 分为及格，低于 75 分的学生需要补课，直到通过考试后才能升入下一个年级。

此外，菲律宾还有一个全国性的考试，叫作国家职业评估考试（National Career Assessment Examination）。该考试是菲律宾高中生参加的一项考试，于 2007 年 1 月首次举行，旨在确定学生在不同职业领域的优势，为高中毕业生选择大学专业提供参考，而不是“以分数论成败”。该考试对学生今后能否上哪所大学不起任何作用，学生还是要参加各大学单独组织的考试。菲律宾的大学会单独组织入学考试，只有通过考试的学生才能入学。

（五）成绩评价制度

菲律宾中学阶段成绩评价制度采用百分制，具体见表 1。

表 1　菲律宾成绩评价制度

百分制	描述	对应中文意义
95～100	excellent	优秀
90～94	very good	良好
85～89	good	中等
80～84	satisfactory	一般
75～79	fairly satisfactory	及格
低于 75	needs special help	需要补课

（六）常见证书

菲律宾常见教育证书见表 2。

表 2　菲律宾常见教育证书

序号	证书	证书描述
1	Certificate of Primary Studies	小学毕业证书，完成 6 年小学学习后获得该证书并自动升入初中
2	High School Diploma	中学毕业证书，完成 6 年中学教育后获得该证书，从 2012—2013 学年开始实施 K12 教育体系
3	Certificate/Diploma	证书或文凭，完成 1～4 年高等教育后获得该证书
4.	Associate's Degree	副学士学位，完成 2 年高等教育学业后获得该学位，可视为完成相应专业正规学士学位的前 2 年
5	Bachelor's Degree	学士学位，学制一般为 4 年，建筑、工程等专业为 5 年
6	Doctor of Medicine/MD	医师专业学位，学制 4 年，准入条件为获得学士学位
7	Master's Degree	硕士学位证书，因专业不同，菲律宾的研究生学制在 1～2年不等
8	Doctor of Philosophy	博士学位，获得硕士学位后再至少学习 3 年，完成指定课程、科研、论文以及答辩后获得该学位

柬埔寨的教育证书评估研究

一、国家概况

柬埔寨王国，通称柬埔寨，旧称高棉，位于中南半岛南部，与越南、泰国和老挝毗邻。柬埔寨领土为碟状盆地，三面被丘陵与山脉环绕，中部为广阔而富庶的平原，占全国面积四分之三以上。柬埔寨人口约 1 600 万(2022 年 6 月)，高棉族占总人口 80%。华人华侨约 100 万，其中广东潮汕人占了约 70%。多数居民信奉佛教，一些少数民族信奉伊斯兰教。通用柬埔寨语。

柬埔寨是个历史悠久的文明古国，早在公元 1 世纪建立了统一王国。20 世纪 70 年代开始，柬埔寨经历了长期战争。1993 年，随着国家权力机构相继成立和民族和解的实现，柬埔寨进入和平与发展的新时期。

柬埔寨是东南亚国家联盟成员国，经济以农业为主，是传统农业国，工业基础薄弱，依赖外援外资，贫困人口约占总人口的 17.8%。实行对外开放和自由市场经济政策。2016 年 7 月 1 日，世界银行宣布柬埔寨正式脱离最不发达国家行列，成为中等偏下收入国家。

二、教育

(一) 教育概况

1970 年后，因连年战争和越南入侵，柬埔寨经济受到极大破坏，生产率低下，文化教育等工作不能正常进行。1981 年首次创办 211 所学前教育机构，聘请了 630 位教师，招收了 1.5 万名 3～6 岁儿童。中等教育实行双轨制，除普通中学外还有职业学校，以及招收受过两年中等教育学生的四年制专业学校和旨在培养小学教师的师范学校。1981 年底又开设了中等教育水平的技术学校和农业学校，重点培养工农业方面的技术员和工程师。中、小学的课程设置及所用教科书均由教育部统一规定。中小学校舍简陋，数量不足，教师合格者不多。1980 年小学各年级平均师生比为 1∶50，中学师生比为 1∶25。1983 年小学情况有所改善，平均师生比为 1∶37.2。1980 年底，重新开办四年制高等教育机构。高等学校通常设有教育系、工程系、医学系和外语系，培养高水平的技术人员、工程师和中学教师。1988 年，各级各类学校在校学生 161 万人，其中小学生 132.2 万人，中学生 23.1 万人，大学生 6 698 人。为提高在职教师水平，还举办 5～20 周的短期培训。成人教育主要任务是为因战争不能就学的 14～20 岁青年开办短期训练班。全国的文化教育工作由政府专设的文教委员会负责。

（二）教育体系

柬埔寨实施 9 年义务教育。现行的教育体制规定儿童满 6 岁开始上小学，小学学制 6 年，中学学制 6 年，其中初中 3 年，高中 3 年。虽然 21 世纪以来，柬埔寨的基础教育得到迅速发展，政府对教育的财政预算也优先于其他项目，但是全国还没能普及基础教育，毕业率很低。小学入学率很高，性别分化在缩小，但是很多儿童留级，平均要 10 年才能读完小学，能够完成学业的学生不到一半。初中的入学率低，而且性别差距很大。中学适龄青少年的就读率男生为 30%，女生为 10%。柬埔寨教育体系见图 1。

（三）详述

1. 初等教育

根据国家课程规定，小学阶段的课程可分为两个阶段：1～3 年级的课程重点是培养小学生的识字和算数能力，并加强对小学生的健康教育、道德教育以及学习方法和生活技能的教育。4～6 年级的课程重点是进一步巩固学生的高棉语语言能力和算数能力。小学课程主要包括高棉语、数学、科学、社会研究、体育和健康教育。

2. 中等教育

6 年的小学学习结束后，紧接着进入 3 年的初中教育。初中教育为义务教育，主要为学生提供高棉语、外语（英语或法语）、数学、科学、社会研究、体育和健康教育、生活技能项目（包括艺术教育）等课程。

高中教育不属于义务教育范畴，该阶段学习要求学生进一步拓展和巩固基础教育阶段所学习的知识，并为将来进入大学深造打下基础。学生在 10 年级所学科目包括高棉语、数学、科学、社会研究、外语（英语或法语）、体育和健康教育及运动、生活技能项目（包括艺术教育）。在 11 年级和 12 年级必修科目包括高棉文学、体育和健康教育、数学（基础/高等）、外语（英语或法语），选修科目包括科学（在物理、

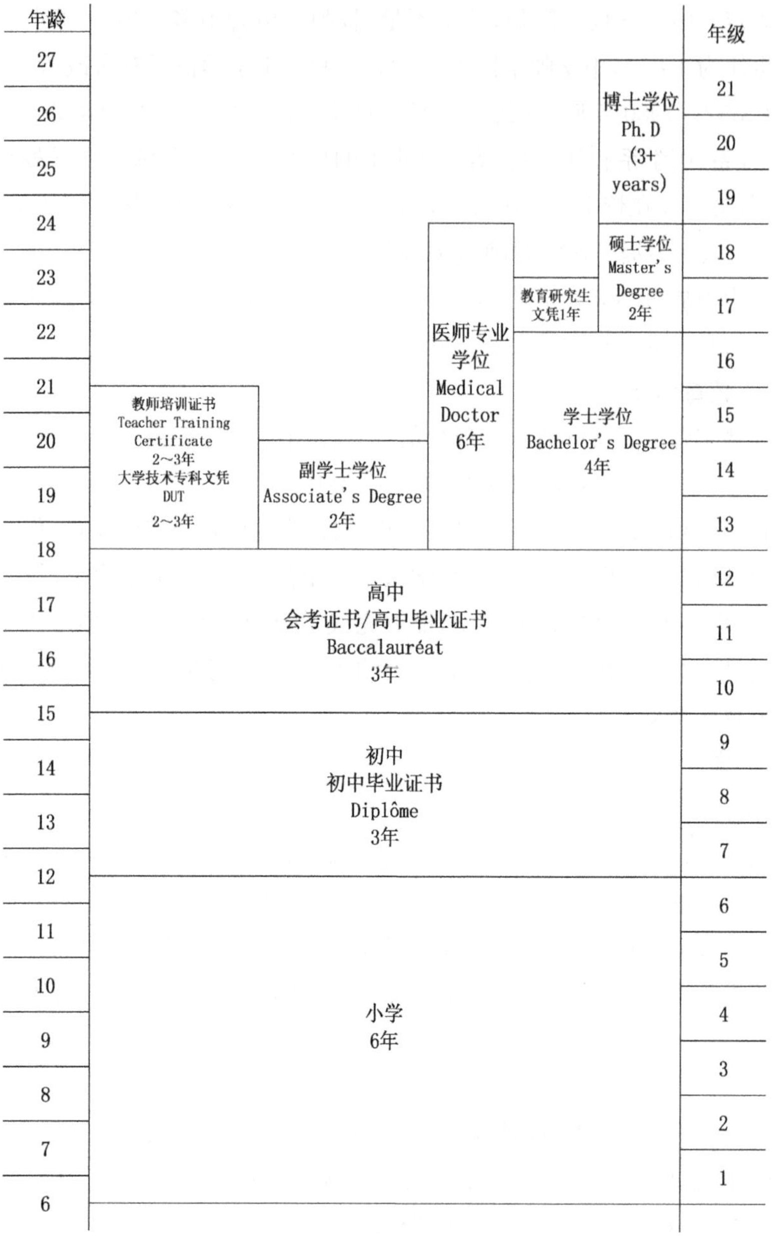

年龄 27 26 25 24 23 22 21 20 19 18 17 16 15 14 13 12 11 10 9 8 7 6

年级 21 20 19 18 17 16 15 14 13 12 11 10 9 8 7 6 5 4 3 2 1

博士学位
Ph.D
(3+
years)

硕士学位
Master's
Degree
2年

教育研究生
文凭1年

医师专业
学位
Medical
Doctor
6年

学士学位
Bachelor's Degree
4年

教师培训证书
Teacher Training
Certificate
2~3年
大学技术专科文凭
DUT
2~3年

副学士学位
Associate's Degree
2年

高中
会考证书/高中毕业证书
Baccalauréat
3年

初中
初中毕业证书
Diplôme
3年

小学
6年

图1　柬埔寨教育体系

化学、生物、地球和环境研究中选取)、社会研究(在道德/公民学、历史、地理、经济中选取)、职业教育(在ICT技术、财会/商务管理、当地职业技术科目、旅游学、艺术教育和其他科目中选取)。

3. 职业教育

为改善毕业生的就业前景，适应就业市场的需求，柬埔寨于 2016 年将职业技能培训纳入高中课程。高中开设 5 种专业技能培训，包括计算机、农业、机械等。完成 3 年职业教育的学生，将获得高中毕业文凭同等学历。

4. 高等教育

柬埔寨高等教育分为学术教育和职业技术教育两种不相同但又互相关联的类型，从高到低，分为三个层次：皇家科学院、大学、独立专科学校(2 年制课程)。柬埔寨的高等院校类型涵盖了文科、理科、工科、医学、农业、管理、外国语、工艺美术、经济与法律和教师培训。此外，还有一些专门的职业技术院校。20 世纪 90 年代中期以前，柬埔寨只有公立高校，随着柬埔寨由一党制转向多党制，经济体制也由计划经济转向市场经济。受其影响，柬埔寨于 1997 年开始对高等教育进行改革。公立大学开始收取费用，并允许兴建私立大学。近年来新建立的私立大学数量已经达到公立大学的 2 倍，已成为柬埔寨高等教育的主流。所有私立大学、学院和独立学校均由教育、青年和体育部负责监管。

(四) 考试、升级与证书制度

柬埔寨从 6 岁开始的 6 年小学教育，分为两个阶段。第一个阶段(primary school first cycle)是 1～3 年级，第二个阶段(primary school second cycle)是 4～6 年级。中学也包括两个阶段，初中 3 年，高中 3 年。学完初中课程，学生必须参加全国统一考试，凡通过初中毕业考的学生可获得教育部门颁发的基础教育毕业文凭(Diplôme)，即初中毕业证书，并自动升入高中或进入职业院校学习。学生按计划修完高中课程，参加全国统一考试(高考)，成绩合格者将被授予会考证书(Baccalauréat)。大学招生参照高考成绩。

高等教育阶段的副学士学位项目，一般需要 2 年学习时间，学士学位项目通常需要全日制 4 年，但工程类专业、建筑学、药剂学、医学和口腔医学专业则分别需要 5 年、6 年、7 年和 8 年。

(五) 成绩评价制度

柬埔寨中学阶段采用字母 A、B、C、D、E、F 来评价学生学业成绩。柬埔寨成绩评价制度见表 1。

表 1　柬埔寨成绩评价制度

字母等级	描述	对应中文意义
A	excellent	优秀

（续表）

字母等级	描述	对应中文意义
B	very good	良好
C	good	中等
D	satisfactory	一般
E	pass，limited achievement	及格
F	failure	不及格

（六）常见教育证书

柬埔寨常见教育证书见表 2。

表 2　柬埔寨常见教育证书

序号	证书名称	证书描述
1	Diplôme	初中毕业证书，完成 3 年初中学业获得该证书
2	Baccalauréat	会考证书，即高中毕业证书，完成 3 年高中学业获得该证书，准入条件为获得初中毕业证书
3	Teacher Training Certificate	教师培训证书，小学教师一般需要 2 年培训，中学教师一般需要 3 年培训，准入条件为完成高中学业，会考证书不是进入项目的必要条件
4	Diplôme Universitaire de Technologie/DUT	大学技术专科文凭，在高等教育阶段完成 2～3 年学业获得该文凭，准入条件为获得会考证书
5	Associate's Degree	副学士学位，学制 2 年，准入条件为获得会考证书
6	Bachelor's Degree	学士学位，学制一般为 4 年，准入条件为获得会考证书
7	Medical Doctor/MD	医师专业学位，学制 8 年，准入条件为获得会考证书
8	Postgraduate Diploma in Education	教育研究生文凭，学制 1 年，准入条件为获得学士学位
9	Master's Degree	硕士学位，学制 2 年，准入条件为获得学士学位
10	Doctor of Philosophy	博士学位，学制至少 3 年，准入条件为获得硕士学位

老挝的教育证书评估研究

一、国家概况

老挝人民民主共和国，简称老挝，内陆国家，位于中南半岛北部，北邻中国，南接柬埔寨，东临越南，西北毗邻缅甸，西南毗邻泰国，国土面积 23.68 万平方公里，首都万象。人口 733.8 万(2021 年)，分为 50 个民族，分属老泰语族系、孟—高棉语族系、苗—瑶语族系、汉—藏语族系，统称为老挝民族。通用老挝语。居民多信奉佛教。华侨华人约 7 万多人。

老挝历史上曾是真腊王国的一部分，约在 14 世纪建立澜沧王国(中国称“南掌”)，18 世纪初分裂，遭受暹罗和越南入侵，后来又受法国入侵，1893 年沦为法国殖民地。1945 年独立，1975 年废除君主制成立共和国。1997 年 7 月加入东南亚国家联盟，已同 138 个国家建交。实行社会主义制度，老挝人民革命党是老挝唯一政党。

二、教育

(一) 教育概况

老挝教育基础薄弱，但近年来有所提升。2008—2012 年统计数据表明全民识字率为 72.7%，2022 年识字率达到了 79.86%。老挝教育面临着教学资料缺乏、教师数目不足等问题。居住在贫困地区的许多学童难以参加定期学习。老挝是世界上高等教育最不发达的国家之一。根据世界银行的数据，2020 年老挝的高等教育入学率为 13.481%。

(二) 教育体系

老挝现行教育体系为 5—4—3。小学教育为义务教育，学制 5 年。中学教育分为初中和高中，初中 4 年，高中 3 年。老挝教育体系见图 1。

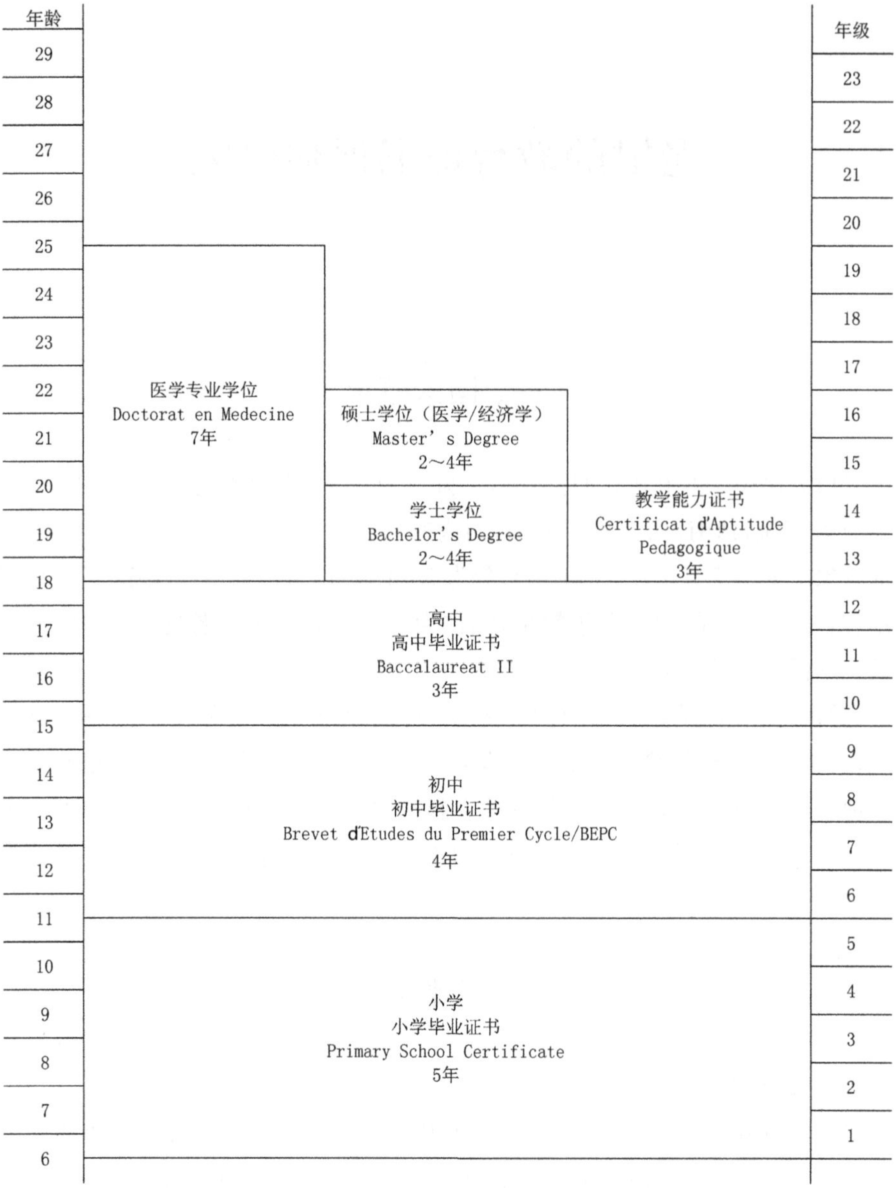

年龄 29 28 27 26 25 24 23 22 21 20 19 18 17 16 15 14 13 12 11 10 9 8 7 6

年级 23 22 21 20 19 18 17 16 15 14 13 12 11 10 9 8 7 6 5 4 3 2 1

医学专业学位
Doctorat en Medecine
7年

硕士学位（医学/经济学）
Master' s Degree
2～4年

学士学位
Bachelor's Degree
2～4年

教学能力证书
Certificat d'Aptitude
Pedagogique
3年

高中
高中毕业证书
Baccalaureat II
3年

初中
初中毕业证书
Brevet d'Etudes du Premier Cycle/BEPC
4年

小学
小学毕业证书
Primary School Certificate
5年

图 1　老挝教育体系

（三）详述

1. 初等教育

老挝的小学教育规定为义务教育，入学年龄为 6 周岁。课程有算术、作文、练字、听写、画画、体育、品德等。小学 5 年，大约 71% 的适龄儿童入学。其中大约

15%的学生升入初中学习，3%的学生升入高中学习。

2. 中等教育

老挝中等教育初中阶段课程设有自然科、社会科、综合科，学生必须学1门外语，如英语或法语。高中阶段开设的课程分为自然科和社会科，自然科有数学、物理、化学、生物，其中数学为主科；社会科有文学、老挝语法、地理、历史，其中文学是主科。此外，还设有政治课、国防课和选学课，选学课为外语。

3. 职业教育

老挝的职业教育有三个层次，分别是初级职业教育、中级职业教育和高级职业教育。不同的职业教育层次招收的对象和培养的时间不同。初级职业教育招收的对象主要是初中毕业生，培养时间一般是6个月到3年；中级职业教育主要是面向高中毕业生，培养时间为2～3年，是外国援助资金投向的重要领域；高级职业教育主要招收中职毕业生或是高中毕业生，教育机构往往是高校或者高校级别的教育培训中心和研究所。老挝的职业教育以提高受培训者技能本领和谋生本领为目的，开设的专业涵盖农业、机械和工业等领域。但是，由于课程设置欠合理，教学内容浅易，培养出来的职业教育毕业生素质不能满足社会经济发展需要。为了改变这种状况，近年来，老挝政府日益注重发展职业教育。老挝教育部针对职业教育与培训进行资助和扶持之后，2012/2013学年职业教育入学率上升了11.3%，其中三分之一学员是女性。

4. 高等教育

老挝高等教育有大学教育、师范教育、职业教育等类型，数量分别为大学5所，师范学院10所，职业院校22所。此外，有私立高校90所。培训层次有专科、本科、硕士研究生和博士研究生4个层次。老挝在发展高等教育事业过程中，在遵循本国国情的基础上积极进行国际合作办学，借鉴国外办学经验，争取国际金融机构和教育组织的援助和贷款，但总体来说，其在东南亚各国中属于高等教育国际化程度比较低的国家。

位于首都万象的老挝国立大学前身为东都师范学院，1995年6月与其他10所高等院校合并设立国立大学，有8个学院。近年来，老挝南部占巴塞省、北部琅勃拉邦省的国立大学分校相继独立，被正式命名为“占巴塞大学”和“苏发努冯大学”。另有卫生部直属的医学院。各类专业学院154所（主要为私立学院），学生5.9万人。

（四）考试、升级与证书制度

完成5年小学学业的学生会获得小学毕业证书（Primary School Certificate）。

中学包括两个阶段：中学第一阶段 4 年结束后获得初中毕业证书(Diploma of First Cycle National Studies 或 Certificate of First Cycle Studies)；第二阶段 3 年中学预备教育是为学生继续高等教育或接受专业教育而做准备，完成高中学业的学生会获得高中毕业证书(Baccalauréat II)，这是进入大学的敲门砖。

老挝教育部会针对不同的省份设立配额制度，根据学生高中每学年的成绩以及高中毕业证书考试的成绩来设立标准。不符合配额标准的学生可以选择参加老挝大学统一入学考试来替代。大约 7 000 名高中生中有 700 名可以进入大学学习，3 000 名毕业生会进入职业技术院校或者师范学校就读。在正式进入本科学习之前，所有项目都要求学生在老挝大学先进行为期两年的基础学习。这两年的基础学习国家不予颁发证书。本科四年学习结束之后，学生可以选择继续深造。

（五）成绩评价制度

老挝采用数字 0～10 分的成绩评价制度，9～10 分为优秀，5 分为及格。

（六）常见教育证书

老挝常见教育证书见表 1。

表 1　老挝常见教育证书

序号	证书	证书描述
1	Primary School Certificate	小学毕业证书，完成 5 年小学学业后获得该证书
2	Diplôme đEtudes du Premier Cycle đEtudes Nationales /DEPCEN	初中毕业证书，学制 3 年，准入条件为小学毕业证书
3	Brevet đEtudes du Premier Cycle/BEPC	初中毕业证书，学制 4 年，准入条件为小学毕业证书
4	Baccalaureat II	高中毕业证书，完成 3 年高中学业后获得该证书，准入条件为获得初中毕业证书
5	Certificat đAptitude Pedagogique/CAP	教学能力证书，完成 3 年师范教育学业后获得该证书（师范类），准入条件为获得初中毕业证书
6	Completion of Study at the School of Foundation Studies	预备教育证书，在老挝大学完成 2 年预备课程后获得该证书，不是学位证书
7	Bachelor of Science (B.Sc.), Bachelor of Arts (BA)	学士学位，完成 2～4 年本科学业后获得该学位

（续表）

序号	证书	证书描述
8	Master's Degree	硕士学位，学制 2～4 年（只有医学和经济学方向），准入条件为获得学士学位
9	Doctorat en Medecine	医学专业学位，学制 7 年，准入条件为获得高中毕业证书

马来西亚的教育证书评估研究

一、国家概况

马来西亚位于东南亚，国土被南海分隔成东、西两部分。西马位于马来半岛南部，北与泰国接壤，南与新加坡隔柔佛海峡相望，东临南中国海，西濒马六甲海峡。东马位于加里曼丹岛北部，与印尼、菲律宾、文莱相邻。面积约 33 万平方公里，海岸线总长 4 192 公里。人口 3 270 万（2022 年 7 月），其中马来人 69.1%，华人 23%，印度人 6.9%，其他种族 1.0%。马来语为国语，通用英语，华语使用较广泛。伊斯兰教为国教，其他宗教有佛教、印度教和基督教等。属热带雨林气候。内地山区年均气温 22～28℃，沿海平原为 25～30℃。

20 世纪 70 年代前，马来西亚经济以农业为主，依赖初级产品出口。70 年代以来不断调整产业结构，大力推行出口导向型经济，电子业、制造业、建筑业和服务业发展迅速，2019 年马来西亚国内生产总值 14 205 亿林吉特，人均国内生产总值 43 467林吉特。

二、教育

（一）教育概况

马来西亚独立几十年来，历届政府都极为重视教育发展，实行教育开放政策，积极把马来西亚发展成为亚洲教育中心。马来西亚教育沿袭欧美教育体系，近年来发展迅速，教育水准被欧美等国知名学府所承认。马来西亚马、华、印各族都有自己独特的文化。政府努力塑造以马来文化为基础的国家文化，推行“国民教育政策”，重视马来语的普及教育。华文教育比较普遍，有较完整的华文教育体系。

马来西亚教育部负责国立小学和国立中学事务，高等教育部则负责中学以上的公立以及私立高等教育事务。马来西亚政府提倡“强化马来语，提倡英语，掌握母语”的教育制度，因此马来西亚人通常轻松掌握三种基本语言。

实施小学免费教育。2018 年马来西亚教育经费预算为 616 亿林吉特。截至 2017 年底，马来西亚共有小学 7 901 所，中学 2 586 所。全国有马来亚大学、国民大学等 20 所公立高等院校，近年来私立高等院校发展很快，有私立学院 500 多所。2017 年在校大学生 67.2 万人。

（二）教育体系

马来西亚国立学校采用 6—5—1(2)—3 教育体系，政府和法律明文规定所有马来西亚国民必须接受 6 年小学、5 年中学的义务教育。华人学校采用 6 年小学、6 年中学的教育体系，最后出国留学或以外部考生的身份参加全国统一考试——马来西亚高级教育文凭考试。马来西亚的教育结构大部分基于英国模式或改版的马来西亚模式，这种教育模式非常稳固，也适合马来西亚国情。然而，在过去二十年中，“美式”教育植入许多“社区学院”，这些“社区学院”最初为非马来人提供高等教育，此后在各种族的民众中越来越受欢迎。马来西亚教育体系见图 1。

（三）详述

1. 初等教育

马来西亚儿童首先接受 1 年学前教育和 6 年小学教育。马来西亚小学主要有三种类型：以国语为主要教学媒介语的国民小学（国小）、以华语为主要教学媒介语的华文独立小学（华小）、以淡米尔语为主要教学媒介语的国民型淡米尔小学（淡小），所有小学均采用共同的教学纲要，学制均为 6 年。国文和英文是华小和淡小的必修必考科目。很多马来西亚的华裔会选择进入华文独立小学学习。

2. 中等教育

中学教育包括 5 年强制性教育和 1 年非强制性教育。在中学阶段，学生可自由选择进入政府设立的国民中学或民间开办的华文独立中学。两者间的最大差别在于国民中学使用马来语作为教学媒介语，而独立中学则以华语为主要教学媒介语，兼授马来语和英语。

独立中学是在马来西亚《1961 年教育法令》实施下，华人坚持华语教学，拒绝改制为国民型中学而被迫自行筹措经费办学的学校。没有得到政府一分一毫的资助，因此称之为“独立中学”。2022 年底，马来西亚共有 63 所独立中学。独立中学的办学经费来自马来西亚华人、华社及民间，且独立中学的学生要自行付学费。独立中学的运作由董教总负责，即马来西亚华校董事联合会总会（简称董总）和马来西亚华校教师会总会（简称教总）。

年龄				年级
23～25	博士学位 Doctor of Philosophy 2～5年			18～19
22～23	硕士学位 Master' s Degree 1～2年			17
19～22	大学/学院 学士学位 Baccalaureate Degree 3～5年		海外大学 Foreign University	13～16
17～19	马来西亚高级教育文凭 Sijil Tinggl Persekolahan Malaysia/STPM 1.5～2年	学院/理工学院 Colleges Polytechnics 2年		
15～17	马来西亚教育文凭证书 Sijil Pelajaran Malaysia/SPM 2年	非大学技术/职业证书或文凭 Non-University Technical/Vocational Certificates or Diplomas 1～3年	华文独立高中 马来西亚华文独立中学统一考试证书United Examination Certificate 3年	10～12
12～15	国中初中教育 初中评估证书 Pentaksiran Tingkatan 3 3年		华义独立初中 Lower Secondary Independent Chinese School 3年	7～9
6～12	国小 National School 6年		华文独立小学 Independent Chinese School 6年	1～6

图1　马来西亚教育体系

3. 职业教育

马来西亚职业教育面临诸多挑战，主要包括：职业教育的社会地位和认可度较低，究其原因是传统观念作祟，且职业教育学生、学校数量少，职业教育缺乏发展前景；马来西亚的职业教育受多个政府部门多元管理，缺乏一个协调所有参与方的机构，职业培训重叠，证书得不到认可；职业教育与培训机构不特别强调培训内容、课程与产业需求的匹配,加之政府经费不足,职业教育质量不高。

4. 高等教育

马来西亚教育部是高等教育主管部门,对高校的设立行使行政审批权。高校所开设课程需经教育部以及国家学术鉴定局(The Malaysian Qualifications Agency,简称 MQA)双重核准,国家学术鉴定局还负责对课程质量的监督审查。

马来西亚高等教育体系包括公立和私立两部分。公立高校包括公立大学、公立学院和技术职业学院,私立高校包括私立大学、私立大学学院、私立学院和外国大学分校。公立大学、私立大学、私立大学学院和部分公立学院具有颁发大专及以上文凭的资格。

马来西亚大多私立大学的课程是英语授课,而公立大学除了科学和数学学科外,主要以马来语授课。部分私立大学学院和私立学院设立了与国际接轨的双联教育,引进英、美、加、澳、新西兰等国高等教育课程。所谓双联教育即由马来西亚高等学院与欧美名校共同招生,联合办学。学校全部采用国外院校教材,学生可以在两地学习,学分可以转换,毕业后学生获取国外院校同等文凭。在学习进程中学生可以任意选择 2+1 或者 3+0 的方式进行。2+1 即在马来西亚修完 2 年学业之后,再到欧美院校修读最后一部分课程;3+0 即在马来西亚修完全部课程而无须前往外国院校,仍可获得国外院校毕业文凭,具有同等地位,为国际承认。

(四) 考试、升级与证书制度

在马来西亚,国民小学考试制度依据马来西亚教育部所颁布和规定的考试制度执行。每位国立小学毕业生在学年结束前都必须参加全国统一化考试——小六鉴定考试(马来语:Ujian Pencapaian Sekolah Rendah,简称 UPSR;英语:Primary School Achievement Test,简称 PSAT)。如果考生在两份马来语试卷(国语书写 BM Penulisan 和国语理解 BM Pemahaman)中有一份试卷不及格,考生下一年将被编入中学预备班,无法升入初中一年级。

国立中学初中三年级学生在学年结束前都必须参加全国统一化考试——中三评估(马来语:Pentaksiran Tingkatan 3,简称 PT3),考生在该考试中的成绩将直接影响到考生未来两年的学习生涯被编入文科班还是理科班。

国立中学初中五年级学生在学年结束前都必须参加全国统一化考试——马来西亚教育文凭证书(马来语:Sijil Pelajaran Malaysia,简称 SPM)考试。学生必须在 SPM 考试中获得历史与马来语两个科目及格的成绩,如果其中一个科目不及格,学生将无法获得该文凭,且不能留级。考生可在下一年度通过教育部申请重考。

通过马来西亚教育文凭考试的学生,可以继续学习,参加中学延修班(简称中六)和大学先修班教育,即预科教育。中六的课程主要有学术、技术和宗教三方面的主要内容。学习时间为1年半至2年。学成后需参加12月举行的中学延修班课程全国通考,即马来西亚高级教育文凭(马来语:Sijil Tinggi Persekolahan Malaysia,简称STPM)考试(相当于A Level)。该项考试由马来西亚考试委员会主办,其文凭获英国剑桥大学地方考试特别管理委员会(UCLES)的认证。马来西亚高级教育文凭不但在马来西亚是大学入学录取资格文凭,也被国际上大多数外国大学和专业考试机构广泛接受。大学先修班课程特别为土著学生进入大学而设计。学生完成这一阶段的教育后,须参加指定大学的有关考试,及格者可被该大学录取。

独立中学学制为6年,3年初中,3年高中。学习结束后,学生须于10月25日参加"统考",即马来西亚华文独立中学统一考试,获得统一考试证书(Unified Examination Certificate,简称UEC)。董总负责为马来西亚华文独立中学举办统一考试。独中统考分为初中统考、高中统考及技术科统考。高中统考共设22个考科,计有华文、马来西亚文、英文、数学、高级数学、高级数学(I)、高级数学(II)、历史、地理、生物、化学、物理、商业学、簿记与会计、会计学、经济学、电脑与资讯工艺、美术、电学原理、电子学、数位逻辑及电机学。UEC考试由马来西亚华文独立中学系统提供,分为三个级别:职业统一考试(UEC-V)、UEC初中(UEC-JML)和高中(UEC-SML)。初中成绩与SPM水平相当,高中成绩与STPM水平相当。

(五)成绩评价制度

马来西亚中等教育阶段考试分为马来西亚教育文凭(SPM)考试、马来西亚高级教育文凭(STPM)考试和马来西亚独立中学统一考试(UEC),采用字母A、B、C、D、E、F来评价学生学业。马来西亚成绩评价制度见表1、表2、表3和表4。

表1　马来西亚国立中学初中成绩评价制度

评级	分数要求	成绩描述	对应中文意义
A	85～100	cemerlang	卓越
B	70～84	kepujian	优良
C	60～69	baik	良好
D	50～59	memuaskan	满意
E	40～49	menguasai tahap mininum	达到最低标准/及格
F	0～39	belum menguasai tahap minimum	未达到最低标准/不及格
TH	TH	tidak hadir	缺席

表 2　马来西亚国立中学高中成绩评价制度

评级	分数要求	成绩描述	对应中文意义
A+	90～100	cemerlang tertinggi	优秀
A	80～89	cemerlang tertinggi	优秀
A−	70～79	cemerlang	优秀
B+	65～69	kepujian tertinggi	良好
B	60～64	kepujian tinggi	良好
C+	55～59	kepujian atas	中等
C	50～54	kepujian	中等
D	45～49	lulus atas	通过
E	40～44	lulus	通过
F	0～39	gagal	未通过
TH	TH	tidak hadir	缺席

表 3　马来西亚高级教育文凭(STPM)考试成绩评价制度

评价等级	对应分数
A	4.00
A−	3.67
B+	3.33
B	3.00
B−	2.67
C+	2.33
C	2.00
C−	1.67
D+	1.33
D	1.00
F	0.00

表 4　马来西亚独立中学成绩评价制度

成绩评级	分数	成绩描述
A1	85～100	特优
A2	80～84	特优
B3	75～79	优等
B4	70～74	优等
B5	65～69	优等
B6	60～64	优等
C7	55～59	及格
C8	50～54	及格
F9	0～49	不及格

（六）常见教育证书

马来西亚常见教育证书见表 5。

表 5　马来西亚常见教育证书

序号	证书	证书描述
1	Pentaksiran Tingkatan 3	初中评估证书，中学三年级结束时参加评估考试后获得该证书
2	Sijil Pelajaran Malaysia/SPM	马来西亚教育文凭证书，在完成初中教育基础上再学习 2 年，通过考试后获得该证书
3	United Examination Certificate for Independent Chinese Schools in Malaysia/UEC	马来西亚华文独立中学统一考试证书，完成小学 6 年、中学 6 年学业，参加董教总统一考试委员会组织的华文独立中学统一考试获得该证书
4	Sijil Tinggi Pelarajan Malaysia/STPM	马来西亚高级教育文凭，学制 1.5～2 年，准入条件为获得马来西亚教育文凭证书，有意向进入大学阶段学习的学生均需通过马来西亚高级教育文凭考试

（续表）

序号	证书	证书描述
5	Non-University Technical/Vocational Certificates or Diplomas	非大学技术/职业证书或文凭，学制 1～3 年不等，在国家认可的非大学高等教育机构获得的技术或职业学习证书或文凭，准入条件不尽相同
6	Diploma Perguruan Malaysia	教学文凭，完成 3 年相关学业，该文凭获得者具有在公立中小学任教的资格，准入条件为获得马来西亚教育文凭证书
7	Post Diploma Certificate in Teaching	教学资格证书，学制 1 年，准入条件为持有大学或理工学院大专文凭，毕业后可从事教师职业
8	Baccalaureate Degree	学士学位，一般学制 3 年，工程和教育学制 4 年，医学、兽医学、口腔医学、建筑学等专业学位学制 5 年
9	Postgraduate Diploma	研究生文凭，一般学制 1 年，准入条件为获得学士学位
10	Master's Degree	硕士学位，一般学制 2 年，准入条件为获得学士学位
11	Doctor of Philosophy	博士学位，最高学位，学制至少 2 年，学生需通过论文答辩，准入条件为优秀的硕士学位获得者，并且需要有很强的科研能力，口试和面试成绩优异
12	Higher Doctorate	高级博士，不属于学术学位，相当于中国的博士后，由大学授予，以表彰在某研究领域的突出贡献者，不与以往的学位挂钩，尽管大多数时候授予博士学位拥有者

缅甸的教育证书评估研究

一、国家概况

缅甸位于中南半岛西部。东北与中国毗邻，西北与印度、孟加拉国相接，东南与老挝、泰国交界，西南濒临孟加拉湾和安达曼海。首都为内比都，但同缅甸有外交关系的国家将使馆设在仰光。全国人口 5 458 万，共有 135 个民族，主要有缅族、克伦族、掸族、克钦族、钦族、克耶族、孟族和若开族等，缅族约占总人口的 65%。官方语言为缅甸语，各少数民族均有自己的语言，其中克钦、克伦、掸和孟等民族有文字。全国 85%以上的人信奉佛教，约 8%的人信奉伊斯兰教。

缅甸是一个历史悠久的文明古国，旧称洪沙瓦底。1044 年形成统一国家后，经历了蒲甘、东坞和贡榜三个封建王朝。1824 年至 1885 年间英国先后发动了 3 次侵缅战争并占领了缅甸，1886 年英国将缅甸划为英属印度的一个省。

1948 年 1 月 4 日缅甸脱离英联邦宣布独立，成立缅甸联邦。1974 年 1 月改称缅甸联邦社会主义共和国。1988 年 7 月，因经济形势恶化，缅甸全国爆发游行示威。同年 9 月 18 日，以国防部长苏貌将军为首的军人接管政权，成立“国家恢复法律和秩序委员会”(1997 年改名为“缅甸国家和平与发展委员会”)，宣布废除宪法，解散人民议会和国家权力机构。1988 年 9 月 23 日，国名由“缅甸联邦社会主义共和国”改名为“缅甸联邦”。2008 年 5 月，缅甸联邦共和国新宪法获得通过，规定实行总统制。缅甸于 2010 年依据新宪法举行多党制全国大选。2011 年 2 月 4 日，缅甸国会选出吴登盛为缅甸第一任总统。2016 年 3 月 15 日，缅甸联邦议会选出的吴廷觉为半个多世纪以来缅甸首位民选非军人总统。

二、教育

（一）教育概况

缅甸政府重视发展教育和扫盲工作，全民识字率约94.75%。实行小学义务教育。现有基础教育学校40 876所，大学与学院108所，师范学院20所，科技与技术大学63所，部属大学与学院22所。著名学府有仰光大学、曼德勒大学等。

（二）教育体系

教育分学前教育、基础教育和高等教育。学前教育包括日托幼儿园和学前学校，招收3～5岁儿童；基础教育学制为12年，实施5—4—3制度，1～5年级为小学，6～9年级为普通初级中学，10～12年级为高级中学；高等教育学制3～6年不等。普通高校本科自2012年起改3年制为4年制。缅甸教育体系见图1。

（三）详解

1. 初等教育

缅甸初等教育共5年，属于义务教育，其中前3年为低年级，4、5年级为高年级。学生一般在6岁入学。缅甸语、英语和数学作为核心课程，贯穿整个小学阶段。另外，通识教育是低年级的必修课，基础科学和社会学是高年级的必修课。

为了实现教育全覆盖，缅甸政府鼓励偏远低收入农村地区自行创办和运营社区学校，并承诺将这些学校逐步转变为分支学校。学费是这些学校的主要收入来源。分支学校由教育部支持和监督，而社区学校是由社区建立并自付教师薪水。因此，社区学校往往不能覆盖整个小学阶段。

此外，宗教事务部下辖的僧侣学校在偏远贫困地区对初等教育普及起了重要作用。他们提供免费教育资源和食宿，让那些难以进入公立小学的贫困学生有了接受教育的机会。

2. 中等教育

中等教育是基础教育的第二阶段，包括两个阶段：初中阶段（6～9年级）和高中阶段（10～12年级）。初中阶段，学生需要学习以下核心课程：缅甸语、英语、数学、社会学和通识教育。高中阶段，学生需要学习以下核心课程：缅甸语、英语、数学、物理和化学。此外，学生还要从生物、地理、历史、经济学和缅甸语（古语）中选一门作为第6科来参加基础教育高中考试（the Basic Education High School Examination，又称 matriculation test）。

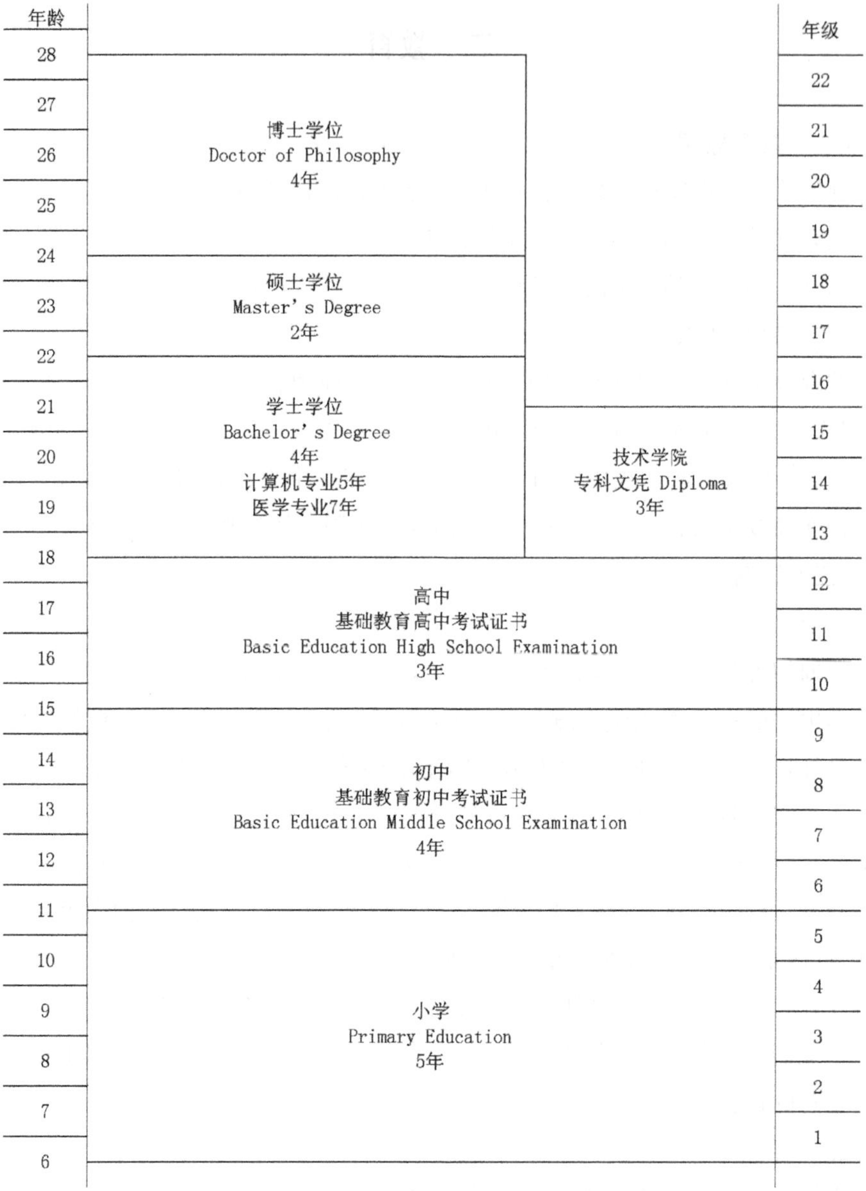

年龄

28 27 26 25 24 23 22 21 20 19 18 17 16 15 14 13 12 11 10 9 8 7 6

年级

22 21 20 19 18 17 16 15 14 13 12 11 10 9 8 7 6 5 4 3 2 1

博士学位
Doctor of Philosophy
4年

硕士学位
Master's Degree
2年

学士学位
Bachelor's Degree
4年
计算机专业5年
医学专业7年

技术学院
专科文凭 Diploma
3年

高中
基础教育高中考试证书
Basic Education High School Examination
3年

初中
基础教育初中考试证书
Basic Education Middle School Examination
4年

小学
Primary Education
5年

图 1　缅甸教育体系

3. 职业教育

缅甸的职业教育与培训主要由科学技术部负责，在技术和职业教育理事会制定的政策框架内开展工作。缅甸的职业教育分为中等职业教育和高等职业教育两个层次。学生完成九年制(初中毕业)学业并通过入学考试才能进入中等职业学校就读。中等职业学校学制 2 年,除了技术课程外,还涵盖与普通高中相同的基础科目。完成 2 年学业后,学生将获得国家认可的文凭。

技术学院招收普通高中和中等职业学校的毕业生,学制为 3 年。与普通大学相比,技术学院更加重视学生的实践能力,旨在为学生进入劳动力市场做准备。

4. 高等教育

近年来,随着缅甸民主化进程加快、社会经济不断发展,缅甸高等教育得到蓬勃发展。缅甸现有 34 所科技大学,其中 5 所科技大学是独立招生的,分别为仰光科技大学、曼德勒科技大学、科技大学(曼德勒)、耶德纳蓬科技大学及航空航天大学。单独招生的 5 所科技大学中,有 4 所在曼德勒省内,只有仰光科技大学在仰光市内,其前身是仰光工程大学,成立于 1960 年代,在现在全缅的各科技大学中是"资历最老"的一所大学。另外 29 所科技大学分散在各省邦地区,每一个省、邦都至少有一所科技大学。缅甸高校的课程都由所属的管理部门来设置,课程设置注重专业技能培养,对学生综合文化素养的提高关注较少,导致一些现代社会所需要的重要领域或专业则没有受到足够重视,如新闻研究、社会学、社会科学方法论等。缅甸高校的国防、林业和农业类师资水平最好,获得的资金也较充裕。虽然教学质量不是很高,但许多缅甸高等院校都可授予学士、硕士和博士学位。目前,缅甸高校都是公立院校。

(四) 考试、升级和证书制度

缅甸不同高校、不同专业划分不同分数线,并附有报考要求,满足报考要求且高考分数上线者,才可获得大学入学资格。在缅甸,高中毕业生要升入大学首先需要参加高考(the Basic Education High School Examination,又称 Matriculation Test)。高校以高考成绩作为大学录取依据,按照成绩依次选择专业及学校,成绩最好的学生往往会进入医科大学继续学习。

缅甸高考在 3 月中旬举行,每科满分均为 100 分,一共 6 科,分别为缅甸语、英语、数学、物理、化学,以及从生物、地理、历史、经济学和缅甸语(古语)中选择一门作为第 6 科。一般来说,总分在 450 分以上的才能选择医科类专业,380 分以上的可以选择工程类专业。

(五) 成绩评价制度

缅甸中学阶段采用数字等级和百分制来评价学生学业成绩。缅甸成绩评价制度见表 1。

表1 缅甸成绩评价制度

数字等级	百分制	证书描述	对应中文意义
5	75～100	excellent/very good	优异
4	50～74	good	良好
3	40～49	average	一般
2	30～39	pass	及格
1	0～29	fail	不及格

（六）常见教育证书

缅甸常见教育证书见表2。

表2 缅甸常见教育证书

序号	证书	证书描述
1	Basic Education Middle School Examination	基础教育初中考试证书，完成基础教育初中阶段学业后获得该证书
2	Basic Education High School Examination	基础教育高中考试证书，完成基础教育高中阶段学业后获得该证书
3	Diploma	技术学院文凭，完成基础教育进入技术学院并完成3年学业后获得该证书
4	Bachelor's Degree	学士学位，2012年开始，大学本科学制普遍由3年变为4年，医学专业学制为7年，计算机专业学制为5年，完成本科期间学业后获得该证书
5	Master's Degree	硕士学位，完成2年硕士课程后获得该证书，准入条件为获得学士学位
6	Doctor of Philosophy	博士学位，完成4年博士课程后获得该证书，准入条件为获得硕士学位

泰国的教育证书评估研究

一、国家概况

泰王国，简称泰国，是位于东南亚的君主立宪制国家。泰国位于中南半岛中部，与柬埔寨、老挝、缅甸、马来西亚接壤，东南临泰国湾（太平洋），西南濒安达曼海（印度洋），属热带季风气候，全年分为热、雨、凉三季，年均气温 27℃。从地形上划分为四个自然区域：北部山区丛林、中部平原的广阔稻田、东北部高原的半干旱农田，以及南部半岛的热带岛屿和较长的海岸线。国境大部分为低缓的山地和高原。面积 51.3 万平方公里，人口 6 617 万（泰国政府 2020 年发布统计公告）。全国共有 30 多个民族。泰族为主要民族，占人口总数的 40%，其余为老挝族、华族、马来族、高棉族，以及苗、瑶、桂、汶、克伦、掸、塞芒、沙盖等山地民族。泰语为国语。90%以上的民众信仰佛教，马来族信奉伊斯兰教，还有少数民众信仰基督教、天主教、印度教和锡克教。

公元 1238 年形成较为统一的国家，先后经历素可泰王朝、大城王朝、吞武里王朝和曼谷王朝，原名暹罗。16 世纪，葡萄牙、荷兰、英国、法国等殖民主义者先后入侵。1896 年英法签订条约，规定暹罗为英属缅甸和法属印度支那间的缓冲国，暹罗成为东南亚唯一没有沦为殖民地的国家。19 世纪末，拉玛四世王开始实行对外开放，五世王借鉴西方经验进行社会改革。1932 年 6 月，民党发动政变，改君主专制为君主立宪制。1939 年更名泰国，后经几次更改，1949 年正式定名泰国。

泰国实行自由经济政策，属外向型经济，较依赖美、日、欧等外部市场。农业是泰国传统经济产业，农产品是外汇收入的主要来源之一，是世界天然橡胶和稻米的最大出口国。20 世纪 80 年代，制造业尤其是电子工业发展迅速，经济持续高速增长。1996 年泰国被列为中等收入国家，1997 年亚洲金融危机后陷入衰退，1999 年经济开始复苏。经济复苏后，泰国积极应对国际金融危机，推动经济发展。泰国的旅游业保持稳定发展势头，是外汇收入重要来源之一，更是泰国经济增长的核心驱动力。

二、教育

（一）教育概况

泰国非常重视教育，成年男性识字率为97%以上，成年女性识字率为93%。泰国人民历来将教育视为“持续终身的过程”。由于泰国没有像其他东南亚国家一样被其他西方国家殖民，所以泰国在教育体系方面保持自己的民族特色。泰国的教育可以分为三个历史时期：①早期现代化时期（1889—1931），这一时期受英国教育结构影响较深；②革命后时期（1932—1949），这一时期高等教育的受众范围扩大；③发展规划时期（1950年至今）。根据1977年修订后公布的教育发展规划精神，泰国教育行政管理制度的总方针在于发展现代教育以适应现代社会需要，教育民众遵循立宪民主原则，遵守宪法、政令、宗教传统和泰王旨意。

全国教育行政管理机构有：①全国教育委员会，主管教育规划、教育研究与教育评价。②教育部，主管全国教育发展、国际教育活动、文化事务与宗教团体教育机构。1964年以前，教育部只主管师范教育机构而不管大学。1965年初，初等教育机构由内政部及府级教育行政部门直接管辖，教育部也不再管理。③高等教育办公室，负责全国各类型的高等教育事业的改革与发展。就中央与地方的行政权力划分看，实行地方分权制。④高等教育科研创新部（Ministry of Higher Education，Science，Research and Innovation，MHESI）。教育行政部门调拨教育经费给各级各类教育机构与学校单位。大部分教育经费出自国家的预算开支。不论是公立学校或私立学校均得到政府资助，但政府拨给公立学校的教育经费较多。

（二）教育体系

泰国实行12年义务教育制度，主要授课语言为泰语，部分私立学校及大学的国际项目授课语言为英语。中小学教育为12年制，即小学6年、初中3年、高中3年。专科职业学校为3年制，大学一般为4年制，医科大学为5年制。著名高等院校有朱拉隆功大学、法政大学、玛希敦大学、农业大学、清迈大学、孔敬大学、宋卡纳卡琳大学、诗纳卡琳威洛大学、易三仓大学和亚洲理工学院等。此外还有兰甘亨大学和素可泰大学等开放性大学。2009年，泰国教育部将学前教育纳入免费教育体系，家长可以自愿选择孩子是否参加为期2～3年的学前教育。泰国教育体系见图1。

年龄			年级
28			
27		博士学位 Doctorate 3～5年	22
26			21
25			20
24		硕士学位 Master's Degree 2年	19
23			18
22	学士学位 Bachelor's Degree 2年	大学本科 学士学位 Bachelor's Degree 4年	17
21			16
20	高等职业学院 技术专科文凭 Technical Diploma 3年		15
19			14
18			13
17	职业高中 职业高中毕业证书 Certificate in Vocational Education 3年	普通高中 普通高中毕业证书 Certificate of Secondary Education 3年	12
16			11
15			10
14	初中 Lower Secondary Education 3年		9
13			8
12			7
11	小学 Primary Education 6年		6
10			5
9			4
8			3
7			2
6			1

图 1　泰国教育体系

（三）详述

1. 学前教育

儿童在 3 岁左右进入幼儿园，一般来说，公立学校提供 2 年学前教育课程，私立学校一般是 3 年。学前教育是教育的启蒙阶段，旨在为学生进入小学前在身体、心理、智力和情感技能方面做好准备。学前教育的课程内容包括游戏、体育锻炼、餐桌礼仪、音乐、艺术、泰语会话以及个人卫生等。学前教育机构大多数由私人投资开办，政府只办少数示范性学校。

2. 初等教育

泰国初等教育为期6年，是强制性的免费义务教育。儿童6岁入学，12岁小学毕业。初等教育的目标是培养儿童的识字能力、认知能力、运算能力和交际能力。泰国初等教育除了知识和理论以外，还注重基本技能、生活经验、道德教育和劳动教育等方面。

3. 中等教育

泰国中等教育包括初中和高中两个阶段，初中和高中各3年，其中初中3年是强制性的义务教育。1990年中小学课程改革后，泰国中等教育学校初中的课程主要分为必修课、自由选修课和活动课程。其中必修课又分为核心必修课与可选必修课两种课程。核心必修课包括泰语、科学、数学、社会学、健康教育、艺术教育；可选必修课包括社会学、健康教育、职业教育。自由选修课则包含外语（包括英语、法语、日语和阿拉伯语）、科学、数学、社会学、健康教育、艺术教育、职业教育等课程。活动课程包括童子军、红十字青年、女童导游等。每学年分为2个学期，每学年40周，每周35个学时。

学生初中毕业后可以选择去普通高中，也可以选择读职业高中。泰国高中课程设置与初中差别不大，也分为必修课、选修课和活动课程。高中课程从内容上分为文科、理工科和语言三大类。每一类课程都必须包括核心必修课泰语、社会学、健康与卫生，其他课程则根据学生进入大学的学习计划而选定。

泰国学生在高中可以选择普通教育或职业教育。高中普通教育包括核心科目和必选科目，选修课以及活动课。从2012年开始，核心科目学分要求为41学分，其中泰语、数学、科学、外语4门课程各6分，合计24分；艺术、卫生和体育教育、职业和技术教育各3分，合计9分；另外的8分为社会研究、宗教和文化。此外，学生还需要修满至少36分或40分的附加科目。因此，学生在高中阶段需要至少获得77或81学分。职业高中的毕业生拿到职业高中毕业证书（Certificate in Vocational Education），可以直接就业，也可参加考试进入大学或高等职业技术学院继续学习1～2年以获得更高一级的文凭（Tradesman Certificate）。

4. 高等教育

泰国现代高等教育的发展分为三个阶段：第一阶段为1960年以前，高等教育以培训公务员为主要特色，大学多集中在曼谷；第二阶段为1961—1971年，第一和第二个五年国家经济发展计划向高等教育领域扩展，大学开始一改集中状态，逐渐分散到各省，开放大学应运而生；第三阶段为1972—1984年，第三和第四个五年计划在教育领域进一步扩展，第二所远程教育开放大学成立，学院升级为可以授予学位的教育机构。

泰国的高等教育比较发达，高等教育机构分为公立和私立两类，现有 156 所高等教育机构(2019 年)，2015 年 2 081 290 名学生就读于高等教育机构，该数字此后有所下降，2018 年下降到 1 792 665 名。泰国在 2019 年 5 月成立了泰国高等教育科研创新部(Ministry of Higher Education, Science, Research and Innovation，简称 MHESI)，体现了泰国政府对科研、创新的重视。泰国私立大学的发展始于 20 世纪 60 年代中后期，其对泰国教育的整体发展起着很大的推动作用，如著名的私立学校易三仓大学(Assumption University)。泰国大学生 30%在私立大学或学院学习，70%在公立大学学习。公立和私立大学的学生大多数是全日制的，而开放大学和远程教育开放大学的学生是在职的。

(四) 考试、升级与证书制度

泰国学生在升入大学前需要参加 3 次国家基础教育考试(Ordinary National Educational Test：O-NET)考试，第一次是在小学 6 年级结束前，考试通过后学校会颁发小学毕业证书。第二次是在初三，要升入高中也必须参加教育部组织的国家基础教育考试，考试科目包括泰语、社会研究、宗教和文化、外语、数学、科学、艺术、卫生和体育、职业和技术。测试的结果用来评估学生学习成果，也是作为毕业的一个必要条件。第三次是在高中三年级。

泰国高考制度至今已实行了五十多年，1961—2017 年间一直在不断改进。通过高考来选拔人才的方式对泰国推动国家发展有着重要意义。根据招生方法分类，泰国之前的高考制度分为自主招生和中央考试两种。1961 年以前，泰国高校的招生方式是自主招生。1961 年后，泰国高中毕业考试渐渐实行国家统一考试制度，并由当时的国家高等教育委员会办公厅负责管理。

1999—2005 年间，高考被称为“入学考试”(entrance examination)。在该制度下，考生成绩除了国家统考成绩占 90%外，还增加了一项积分项目，即学生高中所有科目累计成绩点平均值(the Accumulated Grade Point Average，简称 GPAX)，占高考成绩的 10%。

2006—2009 年是泰国高等教育入学统一考试(Admissions)第一阶段，该阶段积分制更为细化，学生的国家基础教育考试(O-NET)占 35%～70%，国家高级教育考试(Advanced National Educational Test，简称 A-NET)占 0～35%，高中平均成绩点数(Grade Point Average，简称 GPA)占 20%，高中所有科目累计成绩点平均值(GPAX)占 10%。

2010—2017 年，泰国高考增加了普通能力测试(General Aptitude Test，简称

GAT）和专业能力测试（Professional and Academic Aptitude Test，简称 PAT），一年举办两次考试，由高等教育委员会事务局负责管理，国立教育考试服务中心负责组织。该时期的积分制为：GPAX 占 20%，O-NET 占 30%，GAT 占 10%～50%，PAT 占 0～40%。

2018 年泰国开始实行最新的高考制度——泰国大学集中录取制度（Thai University Central Admission System，简称 TCAS）。该制度是泰国目前最全面、覆盖面最广的高考制度。不过一些私立高等教育机构使用自己内部的录取系统。

TCAS 与以往的高考制度相比更具有集中性，即把以往的高考制度集中在一个系统上，使高校在中央系统上有更多的招生方法，学生有更多的机会。泰国高考新制度 TCAS 把以往五种招生方法结合在一起，并根据招生时间顺序分为五轮：

（1）第一轮：投简历招生。各高校接受报名，面试并选拔高考生。考生只需提交简历，没有笔试考试。投简历时间分为两次：第一次是 10—11 月，公布高考结果时间为 12 月；第二次为 12 月到次年 2 月，公布高考结果时间为次年 3 月。如果考生通过了第一轮招生，被高校录取，考生选择确认后就不能再进行下一轮考试，选择拒绝后可以继续申请第二轮。

（2）第二轮：高考配额（quota），针对高校所在的当地高考生、高校附属学校高考生、特殊技能项目高考生。高考生需要提交 GAT、PAT 和九项普通科目考试成绩。招生时间为 12 月到次年 4 月，公布高考结果时间为次年 5 月，如果高考生通过第二轮招生系统，被高校所录取，高考生可以选择确认或拒绝，选择确认就不能继续参加剩下的三轮考试，选择拒绝可以继续申请第三轮。

（3）第三轮：全国高校自主招生。此轮招生主要针对泰国医学院联盟组织（Consortium of Thai Medical School）项目的学生以及根据学校规定的其他项目。报名方法：高考生需选 4 个专业，不需要对专业进行排名，高考生所选的 4 个专业或 4 所高校都有机会通过。通过后，需要在名单中移除其他专业（只能选 1 个）。全国高校自主招生是高校自己规定选拔高考生的规则。考试时间全国统一为 5 月，公布高考结果时间为 6 月。如果高考生通过第三轮招生系统，被高校所录取，高考生可以选择确认或拒绝，选择确认就不能继续参加剩下的两轮考试，选择拒绝可以继续申请第四轮。

（4）第四轮：Admission 直招，针对普通高考生，高考生可以选择 4 个专业排序。各专业申请学生的成绩总分必须依照当年第四轮招生制度的百分比来划定，各学院设定 GPAX、O-NET、GAT、PAT 分数之间的权重比。所有科目的分数必须符合学院设定的标准，如果不符合最低标准，一概不纳入考虑范围。申请时间为

6 月，公布高考结果时间为 7 月。如果考生通过了第四轮招生，被高校录取，考生可以进行选择，选择确认就不能再进行下一轮的考试，选择拒绝可以继续申请第五轮。

(5) 第五轮：高校自由直招，针对普通高考生，各高校如有空缺名额，自主规定招生方法、报名以及选拔高考生规则。招生时间为 7 月，公布高考结果时间同样在 7 月。

泰国新高考制度 TCAS 有较大的灵活性和多样性，即把以往的考试制度改进并进行五轮招生。泰国私立大学和公立大学都可以通过中央考试招生。高考的五轮中第一轮可以说是技能高考生的招生轮；第二轮以发展当地教育为主，主要招当地高考生；第三轮到第五轮主要以国家考试为主的招生轮。对于考生来说，更加细化的高考制度，给予学生更多选择的机会，对于高校来说可以更加恰当地选拔人才。

泰国高等教育项目的学制为 3～6 年，一般本科专业项目学制为 4 年，艺术、建筑学等专业为 5 年，医学为 6 年，高等职业院校为 3 年。本科结束后可继续研读硕士项目，学制一般为 2 年，博士项目学制 3～5 年。

泰国大学硕士研究生申请条件一般是获得本科学位以及 GPA 不低于 2.5，但有些大学的硕士研究生入学 GPA 要求会高于或不低于 2.5。硕士研究生的选拔主要以高校审核学生本科阶段的成绩单与院系自主组织的入学考试（口试或笔试）成绩相结合为依据。由于名额有限，硕士研究生的入学考试竞争非常激烈。

泰国大学硕士研究生毕业后，可以申请博士。博士的申请条件是获得硕士学位以及硕士研究生期间 GPA 达到 3.5 及以上。博士学位包括哲学博士、理学博士、工商管理博士、教育学博士、护理学博士、公共卫生学博士、艺术学博士、工学博士、技术教育博士。

（五）成绩评价制度

泰国中等教育以 4 分制绩点来评价学生学业成绩：4 分为优秀，3 分为良好，2 分为中等，1 分为合格，0 分为不合格。此外，成绩单上还附“E＝优秀、G＝良好、P＝合格、F＝不合格”四个等级衡量学生学习的潜力以及准备入读大学前的学习程度，包括阅读、写作、分析思维和解决问题的能力。泰国成绩评价制度见表 1。

表 1　泰国成绩评价制度

字母等级	对应的百分制	学分绩点	描述	对应中文意义
E	80 ～100	4	excellent	优秀
G	70～79	3	good	良好
/	60～69	2	fair	一般
P	50～59	1	pass	合格
F	0～49	0	fail	不合格

（六）常见教育证书

泰国常见教育证书见表 2。

表 2　泰国常见教育证书

序号	证书	证书描述
1	ประกาศนียบัตรวิชาชีพ(ปวช.)/ Certificate in Vocational Education	职业高中毕业证书，完成小学和中学（初中和职业高中）12 年学业后获得该证书
2	ประกาศนียบัตรมัธยมศึกษาตอนปลาย/ Certificate of Secondary Education (Matayom VI)	普通高中毕业证书，完成小学和中学（初中和普通高中）12 年学业后获得该证书
3	ประกาศนียบัตรวิชาชีพเทคนิค(ปวท.)/ Technical Diploma	技术专科文凭，职业高中毕业后完成 3 年高等职业教育获得该证书，准入条件为获得泰国职业高中毕业证书
4	ปริญญาตรี/ Bachelor's Degree	学士学位，学制一般 4 年，艺术、药学、建筑学等专业学制 5 年，准入条件为获得普通高中毕业证书，通过大学入学考试（高考）或获得专科文凭后再完成 2 年学业
5	ปริญญาตรี คณะแพทยศาสตร์/คณะทันตแพทยศาสตร์/คณะสัตวแพทยศาสตร์/ Bachelor's Degree in Medicine/Dentistry/Veterinary Science	医学学士学位/口腔医学学士学位/兽医学学士学位，学制 6 年，准入条件为获得普通高中毕业证书，通过大学入学考试（高考）
6	ปริญญาโท/ Master's Degree	硕士学位，学制一般为 2 年，准入条件为获得本科学士学位

（续表）

序号	证书	证书描述
7	ปริญญาเอก/ Doctorate（Ph.D.）	博士学位，学制一般为 3～5 年，准入条件为获得硕士学位

文莱的教育证书评估研究

一、国家概况

文莱达鲁萨兰国，简称文莱，位于加里曼丹岛西北部，北濒南中国海，东南西三面与马来西亚的沙捞越州接壤，并被沙捞越州的林梦分隔为东西两部分。海岸线长约 162 公里，有 33 个岛屿，沿海为平原，内地多山地。面积 5 765 平方公里，人口 45.95 万。其中马来人占 65.8%，华人占 10.2%，其他种族占 24%。马来语为国语，通用英语，华人使用华语较广泛。伊斯兰教为国教，其他还有佛教、基督教等。

古称浡泥。14 世纪中叶伊斯兰教传入，建立苏丹国。16 世纪初国力处于最强盛时期。16 世纪中期起，葡萄牙、西班牙、荷兰、英国等相继入侵。1888 年沦为英国保护国。1941 年被日本占领。1946 年英国恢复对文莱的控制。1971 年与英国签约，获得除外交和国防事务外的自治。1984 年 1 月 1 日完全独立。

文莱经济以石油天然气产业为支柱，非油气产业均不发达，主要有制造业、建筑业、金融业及农、林、渔业等。2019 年国内生产总值 184.4 亿文币（约合 136 亿美元），同比增长 3.9%。人均国内生产总值 2.9 万美元。

二、教育

（一）教育概况

文莱政府实行免费教育，并资助留学费用，英文和华文私立学校资金自筹。据文莱经济发展局数据，2019 年共有学校 251 所，其中公立学校 175 所，私立学校 76 所。在校学生总数为 10.67 万人，教师人数为 1.09 万人。公民受教育程度较高，十岁以上女性识字率为 96.1%，男性识字率为 98.2%。

（二）教育体系

文莱教育免费，5～12 岁为义务教育阶段。学前教育 1 年，小学 6 年。初中分为普通初级中学和职业技术初级中学，学制为 2 年。高中学制 2～3 年，高二结束时学生可以参加文莱—剑桥 O-Level 考试。通过 O-Level 考试并修完 2 年大学先修班课程的学生可参加剑桥 A-Level 考试。文莱大专学制 2～2.5 年，本科学制 4 年，研究生 1～2 年，每学年 2 个学期(8—12 月，1—5 月)。文莱教育体系见图 1。

年龄

26 25 24 23 22 21 20 19 18 17 16 15 14 13 12 11 10 9 8 7 6 5

哲学博士
Doctor of Philosophy
3年

硕士学位
Master' s Degree
1～2年

学士学位
Bachelor' s Degree
4年

大学先修班
文莱-剑桥A-Level考试证书
Brunei-Cambridge Advanced Level
Certificate of Education 2年

国家文凭
National Diploma
2年

高等国家文凭
Higher National
Diploma
2.5年

普通高中
文莱-剑桥O-Level考试证书
Brunei-Cambridge Certificate of
Education Ordinary Level 2～3年

职业技术高中
National Vocational Certificate
National Trade Certificate Grade 3
2～3年

初中
学业考评证书
Student Progress Accessment/SPA
2年

小学
小学毕业证书
Penilaian Sekolah Rendah/PSR
6年

学前教育 1年

年级

22 21 20 19 18 17 16 15 14 13 12 11 10 9 8 7 6 5 4 3 2 1

图 1　文莱教育体系

（三）详述

1. 初等教育

在文莱，初等教育学制为 6 年，学生 6 岁正式进入一年级。小学教育目的是培养学生的沟通、运算等基本教育技能，让学生打好读、写、算的基本功，培养他们的个性、情感、思维能力、创造力和独立性，并以伊斯兰教义为指导，发展他们的行为和精神，为学生以后的个人发展奠定基础。初小课程有马来语、英语、数学、伊斯兰教知识、体育、手工美术和公民课。高小则在此基础上增设科学、历史和地理。

2. 中等教育

文莱中等教育包括 2 年初中和 2～3 年高中。普通中学有 4 年制和 5 年制两类，应用技术中学为 5 年制。初中的课程设置分为必修课和选修课，必修课包括马来语、英语、数学、综合科学、伊斯兰教知识、历史和地理 7 门课程，选修课则包括计算机、农业科学、家政、第三语言、木工、铁工、手工美术和音乐 8 门课程。学生在初中毕业后可升入高中或教授工艺和技术课程的职业技术学校，也可选择就业。

所有高中生都要学习马来语、英语和数学 3 门课程。高中阶段的课程具有一定的科学、艺术和工艺领域的专业性，以适应学生向文科、理科和职业技术教育三个方向分流的需要。攻读文科和技术的学生可从农业科学、综合科学和人文生态学中选读第 4 门必修课；从科学或综合科学、人文生态学、农学、地理、历史、经济学、艺术、音乐、计算机、伊斯兰教知识、英国文学、第三语言等 18 门课中选修 3～4 门选修课。攻读理科的学生可从生物学、化学、物理学、数学、几何、经济学和会计原理等 7 门课中选读至少 2 门必修课。此外，他们也可以从历史、英国文学、马来文学、伊斯兰教知识、手工美术和其他语言中选修 1 门。学生在 10 年级或 11 年级结束前参加文莱—剑桥 O-Level（Brunei Cambridge General Certificate of Education Ordinary Level，简称 BC GCE ‘O’Level）或国际普通中等教育证书（International General Certificate of Secondary Education，简称 IGCSE）考试，而成绩稍差的学生则要先通过文莱剑桥 N-Level（Brunei Cambridge General Certificate of Education Normal Level，简称 BC GCE ‘N’Level）考试，一年后方可参加 O-Level 考试。通过 O-Level 考试并修完 2 年大学先修班课程的学生可参加剑桥 A-Level（Brunei Cambridge General Certificate of Education Advanced Level，简称 BC GCE‘A’Level）考试。通过剑桥 A-Level 考试的学生可以申请进入大学学习。

3. 职业教育

文莱的职业培训体系日趋完善，职业学校、培训中心和技术学院是提供职业教育的主要机构。毕业时学生可获得不同水平的教育证书或由文莱职业技术教育委员会认证的各类证书。不同培训项目所需的培训时间不尽相同，一般多为1年至3.5年，学员可以根据自身的实际情况灵活选择。初中毕业生可以到职业技术学校学习，高中毕业生可以到职业技术学院学习，政府部门的在职人员及其他成人可到培训中心或职业技术学院学习。职业技术高中学制为2～3年，开设建筑、文秘、设计、机械、木工、电工、装修、缝纫、汽车修理、电器修理等课程，学习合格可获得国家三级行业证书，此证书的获得者在工业及商业部门工作获得一定工作经验后可考取国家二级行业证书。

4. 高等教育

文莱强大的国家经济实力为高等教育的发展打下了坚实的基础，但总体而言，文莱的高等院校建校时间短、数量少、办学质量不高，尚难满足文莱社会发展的需要。同时，浓厚的宗主国色彩也为高等教育的发展带来双重的利弊效应。在文莱，大专学制2～2.5年，本科学制4年，研究生1～2年。文莱大学、文莱理工学院、拉希达护理学院和文莱古兰经学院是文莱资历较深的4所高等院校。其中，1985年4月23日成立的文莱大学是文莱最大的一所综合性大学，学校以理工科为主，其基础设施建设、学科建设、课程设置和国际交流等都得到了政府的大力扶持，在文莱高等教育系统中扮演着领头羊的角色。其大学毕业生一般不存在就业问题，多在国内就业。文莱理工学院2008年获批成立并开始学历项目招生。目前学校开设了2.5年的专科课程，学生毕业后可以获得高等国家文凭。此外，文莱理工学院还与澳大利亚的大学开展联合培养工程类学士项目，学生前两年在文莱学习，后两年在澳大利亚学习。

文莱的大学建校时间尚短，师资力量不足，教学质量和水平目前尚不尽如人意。尽管雄厚的经济实力使得文莱的大学校舍和教学设施均达到国际一流水平，但由于师范教育体系尚不健全，文莱的师资力量相对薄弱，师资匮乏已成为文莱高等教育发展的瓶颈。

（四）考试、升级与证书制度

文莱学生完成小学教育后需参加教育部举办的小学毕业证书考试(Penilaian Sekolah Rendah，简称PSR)，通过后进入中学学习。学生在初中毕业时要参加全国统一的学业考评(Student Progress Accessment，简称SPA)，通过该考评才能升入普通高中或职业技术高中继续学习。高中二年级结束时，成绩优秀的学生可以参加文莱—剑桥O-Level考试，成绩较差的学生可以参加文莱—剑桥N-Level考试，在N-Level考试中成绩良好者也可以在一年后参加文莱—剑桥O-Level考试。

通过文莱—剑桥 O-Level 考试的学生可以学习 2 年大学预科课程后参加文莱—剑桥 A-Level 证书考试。通过文莱—剑桥 A-Level 考试的学生可以进入大学学习本科专业。其他学生可选择就业或在教育学院、职业技术学院或护理学院学习，也可以出国留学。

大学第一阶段教育为本科学位教育。文莱大学本科学制为 4 年，入学条件是获得文莱—剑桥 O-Level 考试证书和文莱—剑桥 A-Level 考试证书。大学第二阶段教育为硕士层次教育。硕士学位项目学制一般为 1～2 年，入学条件是获得学士学位。大学第三阶段教育为博士层次教育，入学条件是获得硕士学位。

（五）成绩评价制度

文莱成绩评价制度见表 1。

表 1　文莱成绩评价制度

成绩等级	对应中文意义
First Class Honours	一等荣誉
Second Class Honours，Upper Division	二等荣誉（高级）
Second Class Honours，Lower Division	二等荣誉（低级）
Third Class Honours	三等荣誉
Pass	合格
Fail	不合格

（六）常见教育证书

文莱常见教育证书见表 2。

表 2　文莱常见教育证书

序号	证书	证书描述
1	Penilaian Sekolah Rendah/PSR	小学毕业证书，完成 6 年小学学业后通过考试获得该证书
2	Student Process Accessment/SPA	学业考评证书，完成 2 年初中学业后参加学业考试考试获得该证书
3	National Vocational Certificate/NVC	国家职业技术高中毕业证书，完成 2～3 年职业技术高中学业获得该证书
4	National Trade Certificate Grade 3/NTC3	国家三级行业证书，完成 2～3 年职业技术高中学业获得该证书

（续表）

序号	证书	证书描述
5	Brunei-Cambridge Certificate of Education Ordinary Level	文莱-剑桥 O-Level（普通水平）考试证书，完成 2～3 年普通高中学业，通过考试获得该证书
6	Brunei-Cambridge Advanced Level Certificate of Education	文莱-剑桥 A-Level（高级水平）考试证书，完成 2 年大学先修班学业，通过考试获得该证书
7	National Diploma	国家文凭，完成 2 年大专学业后获得该证书，准入条件为获得文莱-剑桥 O-Level（普通水平）考试证书
8	Higher National Diploma	高等国家文凭，完成 2.5 年大专学业后获得该证书，准入条件为获得文莱-剑桥 O-Level（普通水平）考试证书
9	Bachelor's Degree (Honours)	荣誉学士学位，完成 4 年大学学业并获得优异成绩后授予该证书，准入条件为获得文莱-剑桥 A-Level（高级水平）考试证书
10	Master's Degree	硕士学位，学制 1～2 年，准入条件是获得本科学士学位
11	Doctor of Philosophy	哲学博士学位，完成博士课程与论文答辩获得该证书，准入条件是获得硕士学位

新加坡的教育证书评估研究

一、国家概况

新加坡共和国，简称新加坡，旧称新嘉坡、星洲或星岛，别称为狮城，热带城市国家。位于马来半岛南端、马六甲海峡出入口，北隔柔佛海峡与马来西亚相邻，南隔新加坡海峡与印度尼西亚相望。由新加坡岛及附近 63 个小岛组成，国土面积 733.2 平方公里(2022 年)，其中新加坡岛占全国面积的 88.5%。

新加坡是一个多语言的国家，马来语为国语，拥有英语、华语、马来语、泰米尔语 4 种官方语言，英语为行政用语。基于和马来西亚的历史渊源，《新加坡宪法》明定马来语为新加坡的国语，主要是尊重新加坡原住民所使用的语言。由于内在和外在因素的考量，新加坡采用英语作为主要的通行语和教学语。总人口约 564 万(2022 年)，公民和永久居民 407 万。新加坡公民主要有 4 大族群：华人占 74%左右，其余为马来人、印度人和其他种族。大多数新加坡华人的祖先源自中国南方，尤其是福建、广东和海南省。主要宗教为佛教、道教、伊斯兰教、基督教和印度教。

新加坡 1819 年作为英国贸易殖民地建立，1942 年被日本占领；1963 年加入马来西亚联邦。1965 年 8 月 9 日脱离马来西亚，成立新加坡共和国；同年 9 月成为联合国成员国，10 月加入英联邦。

新加坡是世界上最繁荣的国家之一，一个多元文化的移民国家，拥有强大的国际贸易网络，以稳定的政局、廉洁高效的政府而著称。新加坡是一个发达的资本主义国家，被誉为“亚洲四小龙”之一，同时凭借着地理优势，成为亚洲重要的金融、服务和航运中心之一。其经济模式被称作“国家资本主义”。

二、教育

（一）教育概况

新加坡的社会背景、人口结构、语言环境以及教育制度都有其独特性。新加坡教育强调双语、体育、道德教育，创新和独立思考能力并重。双语政策要求学生除了学习英文，还要兼通自己的母语。政府推行“资讯科技教育”，促使学生掌握电脑知识。

新加坡的华文教育从开创华侨私塾崇文阁算起，已有 150 余年的历史。德明政府中学、华侨中学、立化中学等都是早期传统华校，经政府同意，华文和英文同时并列为第一语言来授课。这些学校负责培养讲华语的文化专才，同时也背负着传授中华文化的使命。

（二）教育体系

新加坡教育制度是在英国教育制度基础上改革而成，目前实施 6—4—2 教育体系。初等教育 6 年，7 岁～12 岁；初中教育 4 年，13 岁～16 岁；高中教育 2～3 年，17 岁～18 岁或 19 岁。学年分为 4 个学期，一般第一学期 1 月初～3 月中旬，1 个星期假期；第二学期 3 月下旬～5 月下旬，1 个月假期；第三学期 6 月底～9 月初，1 个星期假期；第四学期 9 月中旬～11 月中下旬，1 个半月左右的假期。新加坡教育体系见图 1。

（三）详述

1. 初等教育

初等教育通常从 7 岁开始，学制 6 年，属于义务教育。对于在家上学、就读全日制宗教机构或有特殊需要但无法上主流学校的学生，实行免费教育。在授予豁免之前，父母必须满足教育部规定的要求。学生必须在小学 4 年级接受测试，以确定是否可以继续在家上学。

双语是新加坡教育体系的基石。在小学阶段，英语是第一语言，扎实的英语基础被认为是发展必不可少的技能。此外，所有学生都必须选择第二种语言，即母语、马来语或泰米尔语等。随着越来越多的小学一年级学生来自以英语为母语的家庭，教育部继续完善母语教学，更加注重听和说。

2. 中等教育

新加坡的中等教育包括中学教育和大学先修班教育。中学阶段有 4 个方向：特别班（Special Stream）、快班（Express Stream）、学术普通班（Normal Stream）、

年龄			年级
28	哲学博士 Doctor of Philosophy 2～5年		22
27			21
26			20
25	医学学士 Bachelor of Medicine 3年	硕士学位 Master's Degree 1～3年	19
24			18
23			17
22	学士学位 Bachelor's Degree 3～5年		16
21			15
20			14
19	Completion of A Level Upper Secondary 新加坡—剑桥普通教育证书A-Level考试证书 2年		13
18			12
17	Completion of 11th Grade 新加坡—剑桥普通教育证书O-Level考试证书 1年		11
16	初中 Lower Secondary Education 新加坡—剑桥普通教育证书普通N-Level考试证书 Singapore-Cambridge General Certificate of Education N-Level 4年		10
15			9
14			8
13			7
12	小学 Primary Education 小学毕业证书 Primary School Leaving Examination/PSLE 6年		6
11			5
10			4
9			3
8			2
7			1

图 1　新加坡教育体系

工艺普通班(Normal Stream)。新加坡一半以上的中学生被分派到快班,只有小部分最优秀的学生在特别班修读,大约 30%修读学术普通班或工艺普通班。中学毕业后,半数以上学生将进入学院,如理工学院和工艺教育学院,只有一部分学生能够最终进入大学。

进入21世纪，新加坡不断出台新政策，中学教育在入学数量、教育经费等方面都有了一定程度的发展，入学学生人数和学校数量平稳增长，政府对中等教育经费及生均教育经费投入逐年递增且增速较快。

3. 职业教育

最初，新加坡的职业教育带有负面的标签，并被视为学习成绩不佳学生的选择。在20世纪60年代，职业教育不是社会上理想的教育选择。人们认为职业教育是低质量的，并且通常与雇主需求的变化步调不一致。

随着新加坡高度重视职业技能和技术技能，并将其视为国家经济发展的关键，父母开始意识到职业教育逐渐成为体面就业的替代选择，新加坡的技术和职业教育观念发生改变。1992年以来，职业教育成为新加坡独特的经济计划的重要组成部分。随之，职业教育开始转型和重新定位，目前已经不再被视为学习成绩不佳学生的最后选择。1995年以来，职业学校的入学人数增加了一倍，占接受高等教育群体人数的65%。

4. 高等教育

新加坡高校绝大多数为公立，著名高等院校包括新加坡国立大学、南洋理工大学、新加坡管理大学、新加坡科技设计大学、新加坡理工学院和新加坡社会科学大学。

大学除了医学、法学等专科外，一般需要3年时间获得普通学士学位，荣誉学士学位需要4年。新加坡私立学院提供2种课程：预科课程以及学位课程。其中学位课程都是与国外大学合作办学，颁发的是国外大学文凭。新加坡教育部在2010年开始实施全新的私立院校认证资格，即Edutrust教育信托保障计划，具有Edutrust认证的院校更加值得信赖。

（四）考试、升级与证书制度

2003年后，新加坡6年小学教育对国民来说是强制性的。小学1～4年级是基础教育阶段，有4门必修课，包括英文、华文、数学和科学（三年级开始学习科学），其他课程包括音乐、美术、公民教育、社会以及体育。从2019年开始，小学一二年级取消所有考试，并在2021年底前逐步取消小三和小五的年中考试。但六年级时必须参加小学毕业考试（Primary School Leaving Examination，简称PSLE），考试科目包括英文、华文、数学和科学。华文和英文各占100分，数学和科学各占50分，总积分为300分。根据考试成绩进入不同的中学，选修不同的课程。

小学离校毕业考试之后，学生按照成绩被分流到中学的特别班、快班、学术普通班或工艺普通班。中学修读的科目包括：英语、华语（特别班的学生可以选择高级母语和英语)、数学、科学(包括化学、物理学和生物学)、人文(包括历史和地理)、英国文学、美术、技术、家政、公民教育、体育和音乐。特别班和快班,学制 4 年,最后一年参加全国统一新加坡剑桥 O-Level 考试,成绩优秀且学术能力强的学生可申请进入大学预科,大学预科结业时如果通过 A-Level 考试,可直接申请进入大学,其余的可进入理工学院;通过 O-Level 考试, 成绩良好且具有技术与商业能力意向者,可进入 3 年制理工学院学习;通过 O-Level 考试、第四年通过 N-Level 考试,且成绩达到要求者,可入读工艺教育学院;其余的则直接就业或参加培训后就业。

高等教育由大学、理工学院和其他公立、私立学校提供。1～3 年的文凭项目涉及设计、商业、计算机、工程、海事研究、大众传播、护理、放射学和技术等专业。获得学士学位需要 3～5 年的学习时间。大学第二阶段是硕士学位项目,在学士学位的基础上需要 1～3 年研究生学习。大学第三个阶段是博士学位项目,学制至少为 2 年,一般 4 年毕业。

(五) 成绩评价制度

新加坡的大多数学校都采用新加坡剑桥普通中等教育证书 O-Level 考试的评分制度,A1 为最高,F9 为最低,具体见表 1。

表 1　新加坡剑桥普通中等教育证书 O-Level 考试评分制度

成绩	成绩描述	对应中文意义
A1/A2	distinction	卓越
B3/B4	merit	良好
C5/C6	credit/pass	中等/及格
D7	passing at a lower standard in the exam or fail	及格/不及格
E8/F9	fail	不及格

(六) 常见教育证书

新加坡常见教育证书见表 2。

表 2　新加坡常见教育证书

序号	证书	证书描述
1	Primary School Leaving Examination/ PSLE	小学毕业证书,完成 6 年基础教育学业后颁发该证书

（续表）

序号	证书	证书描述
2	Singapore-Cambridge General Certificate of Education Normal Level Examination/GCE N Level	新加坡—剑桥普通教育证书 N-Level 考试证书，完成 10 年学业后参加该考试
3	Singapore-Cambridge General Certificate of Education Ordinary Level Examination/GCE O Level	新加坡—剑桥普通教育证书 O-Level 考试证书，完成 10～11 年学业后参加该考试
4	Singapore-Cambridge General Certificate of Education Advanced Level Examination/GCE A Level	新加坡—剑桥普通教育证书 A-Level 考试证书，完成 12～13 年学业后参加该考试
5	Certificate	证书，完成 13 年学业后获得该证书
6	Diploma	专科文凭，完成 2～3 年高等教育学业后获得该证书
7	Advanced Diploma	高等专科文凭，在专科文凭的基础上再完成 1 年学业后获得该证书，准入条件为获得证书或专科文凭
8	Diploma in Education/Diploma in Physical Education	教育文凭，完成 2 年高等教育学业后获得该证书
9	Bachelor of Arts/Bachelor of Science	学士学位，一般文学、理学学位项目学制为 3 年，口腔学、工学、法学学位项目学制为 4 年，建筑学、医学学制为 5 年，获得学士学位至少要求完成 16 年学业，准入条件为获得新加坡—剑桥普通教育证书 A-Level 考试证书
10	Bachelor's Degree with Honours	荣誉学士学位，在学士学位的基础上再完成 1 年学业获得该证书
11	Postgraduate Diploma in Education	教育学研究生文凭，在学士学位的基础上再完成 1 年学业获得该文凭
12	Postgraduate Diploma	研究生文凭，在学士学位的基础上再完成 2 年学业获得该文凭
13	Master's Degree	硕士学位，学制 1～3 年，准入条件为获得学士学位

（续表）

序号	证书	证书描述
14	Doctor of Philosophy	哲学博士学位，学制 2～5 年，属于研究性学位，准入条件为获得硕士学位
15	Doctor of Letters/Science/Law	文学/理学/法学博士学位，准入条件为获得哲学博士学位

印度尼西亚的教育证书评估研究

一、国家概况

印度尼西亚共和国，简称印尼。国土面积 1 913 578.68 平方公里，首都雅加达。人口 2.71 亿(2020 年 12 月)，是世界第四人口大国。印尼有数百个民族，其中爪哇族人口占 45%，巽他族 14%，马都拉族 7.5%，马来族 7.5%，其他 26%。民族语言共有 200 多种，官方语言为印尼语。约 87%的人口信奉伊斯兰教，是世界上穆斯林人口最多的国家。6.1%的人口信奉基督教，3.6%信奉天主教，其余信奉印度教、佛教和原始拜物教等。

印尼 1945 年 8 月 17 日独立后，先后武装抵抗英国、荷兰的入侵，其间曾被迫改为印度尼西亚联邦共和国并加入荷印联邦。1950 年 8 月重新恢复为印度尼西亚共和国，1954 年 8 月脱离荷印联邦。

印尼是东盟最大的经济体。农业、工业、服务业均在国民经济中发挥重要作用。印尼富含石油、天然气以及煤、锡、铝矾土、镍、铜、金、银等矿产资源。矿业在印尼经济中占有重要地位，产值占 GDP 的 10%左右。工业发展方向是强化外向型制造业。主要部门有采矿、纺织、轻工等。锡、煤、镍、金、银等矿产产量居世界前列。

近年印尼政府陆续出台了一系列刺激经济政策，经济显现加速复苏迹象，保持较快增长。2019 年印尼国内生产总值 15 833.9 万亿印尼盾(约 1.11 万亿美元)，同比增长 5.02%。贸易总额 3 382.4 亿美元。

二、教育

(一) 教育概况

印尼实施正规教育、校外教育和非正规教育并存，公立学校和私立学校并行的教育制度。公立学校为政府主办，由教育与文化部管理。私立学校由宗教事务部管理，包括社团、私营企业和基金会举办的国民学校、国际学校以及教会举办的宗教学校。公立中小学多于私立中小学，但私立高等院校却多于公立高等院校。

印尼教育与文化部主管全国教育行政系统，教会学校另成一体，受宗教事务部领导。全国教育与文化部有 6 个主要机构：全国总教育秘书处、全国总教育视察团、全国教育发展总局、全国教育总理事会、全国青年与体育运动总理事会、全国文化总理事会。教育与文化部在每个省设省级办公室，管理省立世俗学校。省级办公室拥有众多视导员，负责监管学前教育、小学教育、普通初中与职业初中教育等。另有省政府首长直属教育办公室，其主要职责是提供学校各种教学设备与发放教师薪金。大学与其他高等院校及师范教育机构则由国家教育与文化部直接领导。各级教育行政机构都设有专职的视导人员，分别监管学校教育。

印尼教育经费有三个主要来源：国家预算、市政府预算、家长捐赠。中央级、省级和地区级的教育费用通过各方面协商解决，高等教育经费以中央提供为主，普通教育经费以省和地区提供为主。政府还允许私人按国家教育政策开办各级各类学校。

（二）教育体系

印尼实施 6—3—3 教育体系，分为初等、中等和高等三个相互衔接的教育阶段，义务教育年限为 9 年。儿童从 6～7 岁开始入小学(公立或私立)，学制 6 年，小学教育实行免费。中学分初中和高中，学制各为 3 年。中等教育十分重视职业训练，从初中开始就分别设立普通中学与多种类型的职业中学。在印尼中小学中，75%属教育与文化部主管的世俗学校，25%为伊斯兰教会学校，受宗教事务部领导。教会学校与世俗学校的课程相同，但更注重宗教教育。印尼教育体系见图 1。

（三）详述

1. 初等教育

印尼初等教育为期 6 年(6～12 岁)，属于免费义务教育，实行双语(印度尼西亚语和本地语)教学，并开始学习英语。小学分为国立和私立两种。国立小学在经费及学校管理方面除了要通过地方政府接受教育与文化部的领导以外，同时也要受到内务部的指导。教育与文化部对国立小学的各科教学都制定了详细的指导要领，即教学大纲，其中包括教学方法和教学目标。私立学校也以此为基准实施教学。一至三年级采用“寓教于乐”的主题方式进行教学，鼓励学生在课堂上积极主动地完成学习任务；四至六年级则采用课程的方式进行教学。一节课 35 分钟，每星期最多只可增加 4 节课，一个学年的实际学习时间是 34～38 周。

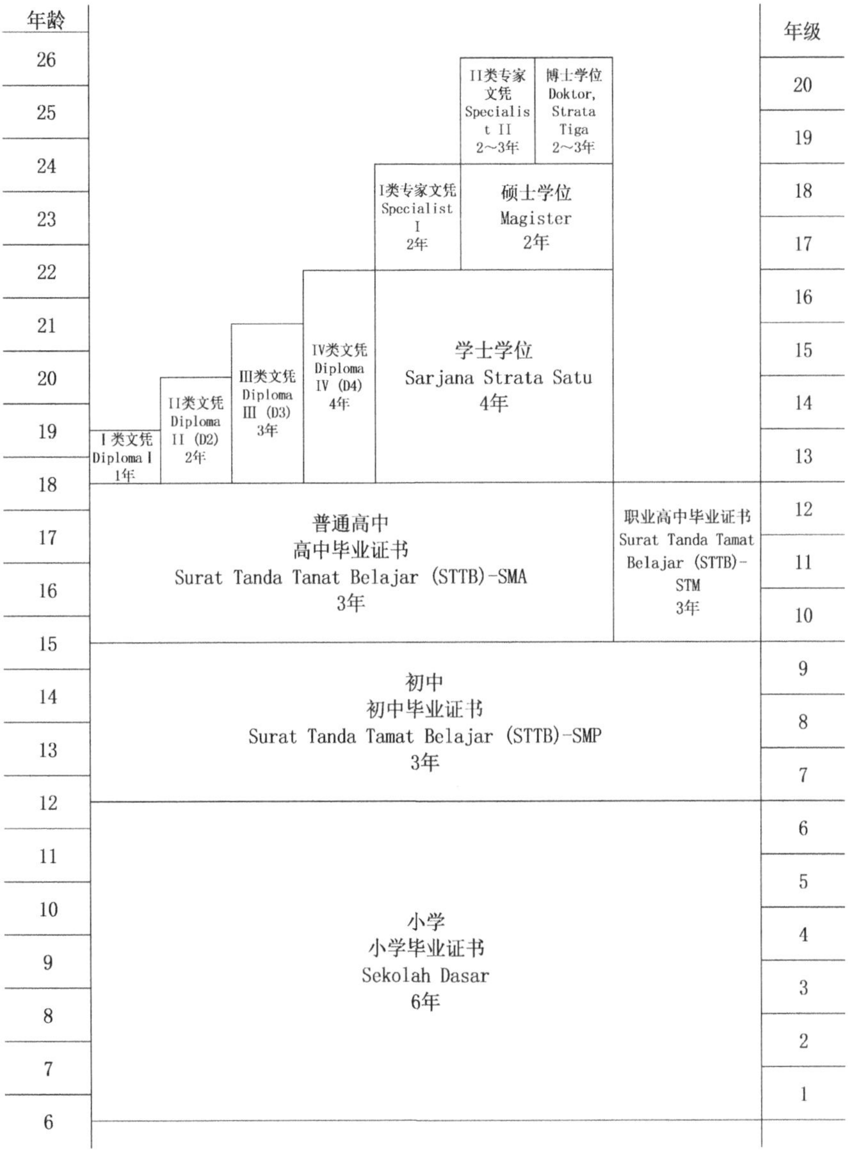

年龄 26 25 24 23 22 21 20 19 18 17 16 15 14 13 12 11 10 9 8 7 6

年级 20 19 18 17 16 15 14 13 12 11 10 9 8 7 6 5 4 3 2 1

II类专家文凭
Specialist II
2～3年

博士学位
Doktor, Strata Tiga
2～3年

I类专家文凭
Specialist I
2年

硕士学位
Magister
2年

I类文凭
Diploma I
1年

II类文凭
Diploma II (D2)
2年

III类文凭
Diploma III (D3)
3年

IV类文凭
Diploma IV (D4)
4年

学士学位
Sarjana Strata Satu
4年

普通高中
高中毕业证书
Surat Tanda Tanat Belajar (STTB)-SMA
3年

职业高中毕业证书
Surat Tanda Tamat Belajar (STTB)-STM
3年

初中
初中毕业证书
Surat Tanda Tamat Belajar (STTB)-SMP
3年

小学
小学毕业证书
Sekolah Dasar
6年

图1 印尼教育体系

印尼小学课程包括A、B、C三类课程，A类课程包括宗教、公民、印尼语、数学、自然科学、社会科学、艺术文化与技能、体育课，B类课程是地区专有课（方言、民族舞、民族乐器等），C类课程是自我发挥课，这些课程均以主题方式授课。

2. 中等教育

中学分为初中和高中两个阶段，初中 3 年，高中 3 年。实施中学教育的机构有普通中学与职业中学两类。普通中学主要是为学生升入大学做准备，职业中学则为学生走上社会顺利就业做准备。

印尼初中课程包括 A、B、C 三类课程，含 10 门必修课程（A 类课程）、地区专有课程（B 类课程）和自我发挥课程（C 类课程），A 类课程具体包括宗教、公民、印尼语、英语、数学、自然科学、社会科学、艺术文化、体育、通讯信息技术，B 类课程是地区专有课，可安排方言、民族舞、民族乐器等，C 类课程是自我发挥课程。学校每个星期最多可增加 4 节课。一节课 40 分钟，一学年的实际学习时间是 34～38 周。

高中包括 3 个年级，其中高一课程包含 16 门必修课，即宗教、公民、印尼语、英语、数学、物理学、生物学、化学、历史、地理、经济、社会学、艺术文化、体育、通讯信息技术、技能/外语。学校每个星期最多可以增加 4 节课，一节课 45 分钟，一学年的实际学习时间是 34～38 周。高一年级的学生必须参加所有课程的学习。高二年级开始分科，分科教育的目的在于提高学生的智力、知识、个性、品德及技能。专业教育包含 13 门必修课，方向有自然科学、社会科学、语言、宗教（回教高中）。

3. 职业教育

高中阶段职业高中和普通高中在校生的比例是 1:2。职业高中对学生进行职业导向教育，重视机械操作训练和实习，相对轻视理论，毕业生就业范围较为狭窄。

4. 高等教育

印尼高等院校分为公立与私立两类，其中私立院校占比近 97%。公立大学是印尼高等教育质量的领航者，而私立大学则承担了高等教育扩招的重担，决定了高等教育的发展程度。印尼著名大学有印度尼西亚大学、卡查马达大学、艾尔朗卡大学、万隆工学院、班查查兰大学、茂物农学院等。

从办学形式、办学层次看，印尼的高等院校可划分为五类：专科院校、多科技术学院、专门学校、学院和大学。专科学校是在科学、技术或艺术等某个专门领域从事应用教育的高等教育机构。多科技术学院在几个专门领域从事应用教育。这两者都不授予学位。专门学校是在某个专门学校从事学术或专业教育，可授予硕士、博士学位，类似于研究生院。学院和大学则可授予学士、硕士或博士学位。

（四）考试、证书及升级制度

在印尼，只有初等和中等教育的毕业班学生才参加全国统一考试（幼儿和高等教育除外），其他的期末考试由学校组织命题。全国统一考试均为检验学生学业是否合格的考试，试题简单，合格即能毕业。高一级学校（包括大学）的选报考试，可借鉴、参考全国统一考试成绩，也可由学校自行出题，考试科目和全国统一考试相同，但在难易度上有所区别。学生可以同时向多所学校提出申请，并选择自己最为满意学校。因此，学生的升学压力不算太大。

学生顺利完成6年小学学业后，可以获得小学毕业证书(Sekolah Dasar)。完成3年初中学业后，获得初中毕业证书(Surat Tanda Tamat Belajar from Sekolah Lanjutan Tingkat Pertama)。顺利完成3年高中学业，获得高中毕业证书(Surat Tanda Tanat Belajar from Sekolah Menengah Unum Tingkat Atas)。职业高中毕业生授予职业高中毕业证书(Surat Tanda Tamat Belajar-Sekaolah Teknik Menengah)。印尼本科学制4年，修满学分获学士学位。硕士学位项目一般学制2年，博士学位项目学制一般2～3年。

（五）成绩评价制度

印尼中学阶段大部分学校采用10分制成绩评价，教师对学生学业成绩评价非常严格。绝大多数学生最高得7分，学生偶尔会得8分，9分或10分更少。也有很多高中使用百分制。印尼部分高中成绩评价制度见表1。

表1 印尼部分高中成绩评价制度

分数	对应中文意义
9.00～10.00	优秀
7.00～8.00	良好
5.00～6.00	及格
0.00～4.00	不及格

（六）常见教育证书

印尼常见教育证书见表2。

表2 印尼常见教育证书

序号	证书	证书描述
1	Sekolah Dasar	小学毕业证书，完成6年小学学业后获得该证书
2	Surat Tanda Tamat Belajar (STTB) from Sekolah Lanjutan Tingkat Pertama(SLTP)(SMP)	初中毕业证书，完成初中3年学业获得该证书

（续表）

序号	证书	证书描述
3	Surat Tanda Tanat Belajar (STTB) from Sekolah Menengah Unum Tingkat Atas(SMA)	高中毕业证书，完成高中 3 年学业获得该证书，准入条件为获得初中毕业证书
4	Surat Tanda Tamat Belajar (STTB)-Sekaolah Teknik Menengah(STM)	职业高中毕业证书，在职业高中完成 3 年学业获得该证书，准入条件为获得初中毕业证书
5	Diploma Ⅰ (D1) from MOE recognized college or university	Ⅰ类文凭，在完成 12 年教育的基础上再完成 1 年高等教育学业后获得该证书，毕业后可进入 II 类文凭项目学习或就业，准入条件为获得高中毕业证书，并通过入学考试
6	Diploma II (D2) from MOE recognized college or university	II 类文凭，在完成 12 年教育的基础上再完成 2 年高等教育学业后获得该证书，毕业后可进入Ⅲ类文凭项目学习或就业，准入条件为获得高中毕业证书或 I 类文凭，并通过入学考试
7	Diploma Ⅲ (D3) from MOE recognized college or university	Ⅲ类文凭，在完成 12 年教育的基础上再完成 3 年高等教育学业后获得该证书，毕业后可进入 IV 类文凭项目学习或就业，准入条件为获得高中毕业证书或 II 类文凭，并通过入学考试
8	Diploma IV (D4) from MOE recognized college or university	IV 类文凭，在完成 12 年教育的基础上再完成 4 年高等教育学业后获得该证书，毕业后可进入研究生教育阶段学习或就业，准入条件为获得高中毕业证书或Ⅲ类文凭，并通过入学考试
9	Sarjana Strata Satu	学士学位，第一级学术学位，学制 4 年，需要修满 144 个学分，但医学、口腔医学、兽医学学制一般 5.5～6 年，准入条件为获得高中毕业证书
10	Specialist/Specialist I	I 类专家文凭，学制一般 2 年，准入条件为获得学士学位

（续表）

序号	证书	证书描述
11	Magister/Strata Dua	硕士学位，或第二级学术学位，学制一般为2年，准入条件为获得学士学位
12	Specialist II	II类专家文凭，学制2～3年，准入条件为获得硕士学位
13	Doktor，Strata Tiga	博士学位，或第三级学术学位，学制一般2～3年，准入条件为获得硕士学位

越南的教育证书评估研究

一、国家概况

越南，全称为越南社会主义共和国。位于中南半岛东部，北与中国接壤，西与老挝、柬埔寨交界，东面和南面临南海，海岸线长 3 260 多公里。面积 329 556 平方公里。人口 9 826 万(2021 年)。有 54 个民族，京族占总人口 86%，岱依族、傣族、芒族、华人、侬族人口均超过 50 万。主要语言为越南语(官方语言、通用语言、主要民族语言)。主要宗教有佛教、天主教、和好教与高台教。

历史上，越南中北部长期为中国领土，968 年正式脱离中国独立建国，之后越南历经多个封建王朝并不断向南扩张，但历朝历代均为中国的藩属国。19 世纪中叶后逐渐沦为法国殖民地。1945 年八月革命以后，胡志明宣布成立越南民主共和国，1976 年改名为越南社会主义共和国。1986 年开始施行革新开放，2001 年越共九大确定建立社会主义市场经济体制。越南共产党是该国唯一合法的执政党。越南也是东南亚国家联盟成员之一。

1986 年开始实行革新开放。1996 年越共八大提出要大力推进国家工业化、现代化。2001 年越共九大确定建立社会主义定向的市场经济体制，并确定了三大经济战略重点，即以工业化和现代化为中心，发展多种经济成分，发挥国有经济主导地位，建立市场经济的配套管理体制。革新开放以来，越南经济保持较快增长，经济总量不断扩大，三产结构趋向协调，对外开放水平不断提高，基本形成了以国有经济为主导、多种经济成分共同发展的格局。

二、教育

(一) 教育概况

进入 21 世纪，越南高度重视发展教育事业。2001 年越共九大提出到 2020 年把越南基本建成现代化、工业化国家，并将发展教育培训、科学技术视为国家实现工业化和现代化的基础和动力。越南确立了教育优先发展战略，出台了一系列教育政策，推动越南教育进入与经济社会变化相适应的发展轨道。2001 年越南政府发布《2001—2010 年的教育发展战略》，调动地方政府和教育部门的主动性和责任意识。2008 年教育与培训部颁布《2009—2020 年教育发展战略草案》，把改革教育管理作为突破性策略，破解阻碍教育发展的瓶颈。近年来，越南的教育发展取得了很多成就，但仍存在一些根本性问题，包括缺乏质量监控、资源不足、腐败等相关问题。

（二）教育体系

2000 年越南宣布已基本实现普及小学义务教育目标。2001 年开始普及九年义务教育。目前越南已形成包括幼儿教育、初等教育、中等教育、高等教育、师范教育、职业教育及成人教育在内的教育体系。普通教育学制为 12 年，分为 3 个阶段：第一阶段为小学，学制 5 年；第二阶段为初中，学制 4 年；第三阶段为高中，学制 3 年。在越南，一学年被分为 2 个学期，第一学期 8 月下旬开始，12 月结束，第二学期大约开始于次年 1 月下旬，一直持续到 5 月底。越南教育体系见图 1。

（三）详述

1. 初等教育

小学从 6 岁开始，持续 5 年（1～5 年级，直到 11 岁）。每学年有 33 个教学周，周六和周日休息。所有学校都使用教育部设计的标准课程和教科书。学生必须学习的科目包括：数学、越南语、自然和社会（一、二、三年级）、科学、历史、地理（四、五年级）、音乐、美术、道德、体育、电脑（自选）、英语（三、四、五年级自选，有的学校自一年级开始）。学生必须购买教科书以及支付少量学费。少数民族地区的学校进行双语教学，语文课分为越南语语文课和当地少数民族语语文课 2 种。2017 年，教育部宣布从三年级开始引入外语和计算机培训，并将少数民族语言作为选修科目。然而，由于物质条件有限，师资力量不足、缺少教科书等原因，一些学校仅能保证开设越南语文、算术、思想品德、自然与科学这些基础课程，多数学校则根据条件尽可能全面开设规定课程。

2. 中等教育

在初中阶段，学生每周上课 6 天，37 节课，每节课 45 分钟，每年 33 周。课程包括越南语、外语、数学、自然科学、公民学、历史、地理、技术、计算机科学、艺术和体育等，第二种外语和少数民族语言作为选修科目提供。

在高中阶段，学校每周上课 6 天，39 节课，每节课 45 分钟。主要课程为艺术、

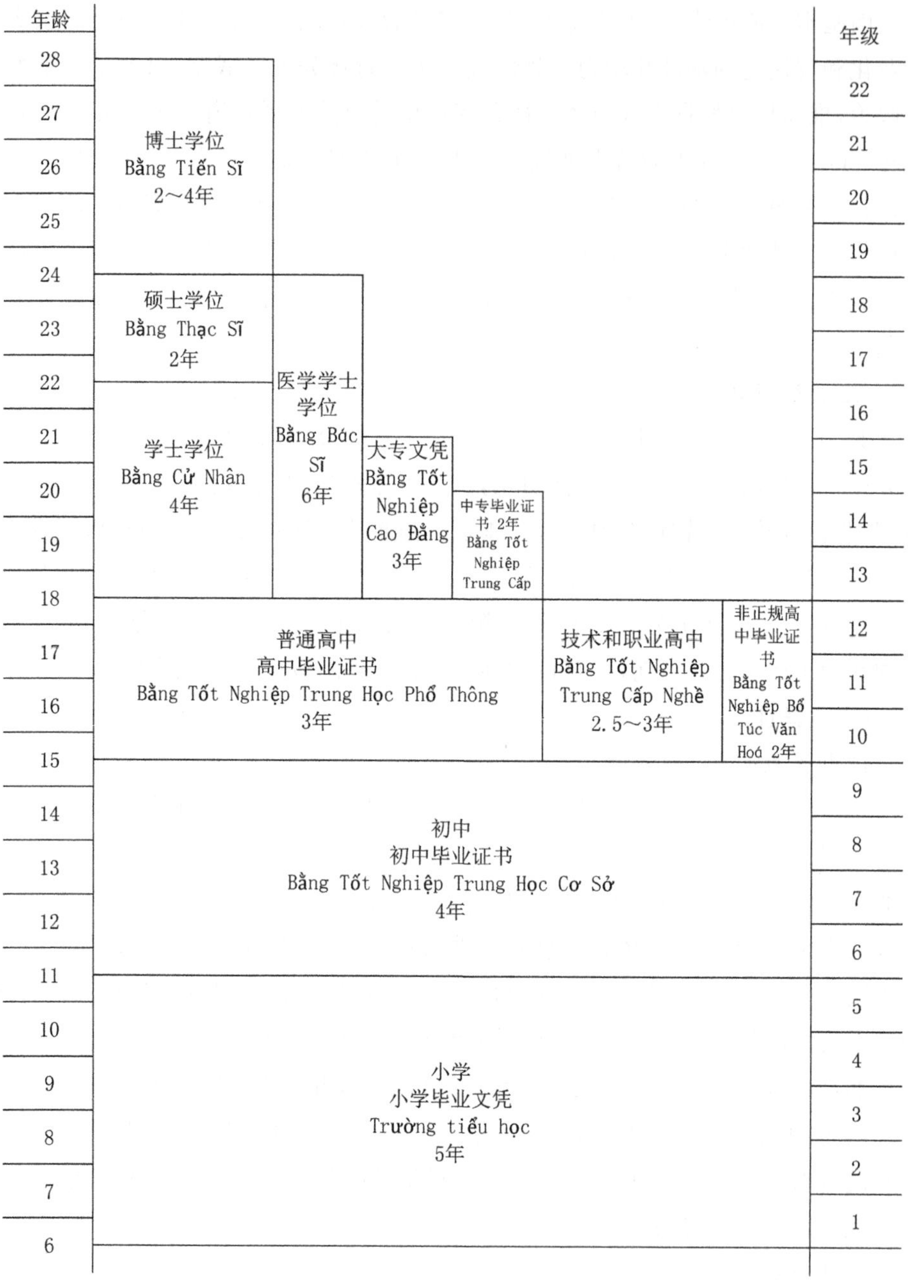

年龄
28
27
26
25
24
23
22
21
20
19
18
17
16
15
14
13
12
11
10
9
8
7
6

博士学位
Bằng Tiến Sĩ
2～4年

硕士学位
Bằng Thạc Sĩ
2年

学士学位
Bằng Cử Nhân
4年

医学学士学位
Bằng Bác Sĩ
6年

大专文凭
Bằng Tốt Nghiệp Cao Đẳng
3年

中专毕业证书 2年
Bằng Tốt Nghiệp Trung Cấp

普通高中
高中毕业证书
Bằng Tốt Nghiệp Trung Học Phổ Thông
3年

技术和职业高中
Bằng Tốt Nghiệp Trung Cấp Nghề
2.5～3年

非正规高中毕业证书
Bằng Tốt Nghiệp Bổ Túc Văn Hoá 2年

初中
初中毕业证书
Bằng Tốt Nghiệp Trung Học Cơ Sở
4年

小学
小学毕业文凭
Trường tiểu học
5年

年级
22
21
20
19
18
17
16
15
14
13
12
11
10
9
8
7
6
5
4
3
2
1

图 1　越南教育体系

化学、外语、文学、历史、数学、物理、地理、生理学、体育与军事教育等。学生需通过由越南教育培训部举办的高中毕业考试来取得毕业资格。

3. 职业教育

越南职业教育体系主要分为两个部分，即职业技术教育和职业培训。职业技术教育主要由各类中等职业学校开展，以初高中毕业生为招生对象，分别学习不同复杂程度的专业，学制 2.5～3 年。毕业后学生可以获得中等职业毕业证书以及相应的职业资格证书。

为解决义务教育后学生就业问题，教育部门与其他社会组织合作，开办四种类型的职业技术学校：①农业学校，设在农业地区，主要传授水稻、大豆、马铃薯、果树种植及家畜饲养方法，教学与实践结合；②工业学校，设在工业——农业地区，与工厂合作，厂方提供经费、设备和教师，学生半天学习，半天实习；③林业学校，设在林区，根据农林协会计划，组织学生种植当地传统植物；④农场办的农场学校，由农场工程师和熟练技术员任教，半工半读。职业技术学校学生毕业后一般直接就业，成绩优秀者可选送高等学校深造。

越南在职业教育机构设置上，职责划分并不十分清晰。职业培训被定为中等职业技术教育，全面接收 11 至 18 岁的小学、初中、高中毕业生。所招收的学生基础程度不一，缺少统一布局、规划和标准，存在“不同部门分管的不同学校却教授和培训同样内容的现象”。

4. 高等教育

越南《教育法》规定，专科学校提供副学士学位课程，大学提供副学士、学士、硕士、博士学位课程。2012 年《高等教育法》第 7 条规定，高等教育机构的种类分为专科学校、大学和学院、综合大学和国家大学、可设置博士课程的科学研究院。

学院是指各部委及政府机构管辖的培养专业人才的机构、国家银行管辖的银行学院、越南共产党党中央执行委员会管辖的报道宣传学院等。综合大学是指 1994 年 4 月根据政策法令由多所地方大学整合而成的大学，包括顺化大学、岘港大学、太原大学。国家大学是指作为国家教育和科学技术研究基础，能够对教育科学研究活动、财政、国际关系、组织构成等相关事项进行裁夺的学校，包括越南河内国家大学、越南胡志明市国家大学等。

2014 年，越南共有 436 所大学和专科学校，学生 236.4 万名。公立大学数量占据总数的 70%以上，学生数量占总人数的 90%以上，在越南高等教育机构总数和学生总数中比例非常高。著名高校有河内国家大学、胡志明市国家大学、顺化大学、岘港大学等。

（四）考试、升级与证书制度

小学课程的重点是识字和基础教育。以前在五年级结束时，所有的学生都要参加小学毕业考试。通过考试的学生将获得小学毕业文凭(Bằng Tiệu Học)。那些在学年结束时没有通过考试的学生将被提供特殊的暑期班和培训,使他们能够在秋季学期开始前通过第二次考试。不过现在此项考试已取消。

小学毕业后,学生可以在四年制初中教育中继续接受教育,或参加短期职业培训计划。自 2006 年起,取消了初中结束时的初中毕业考试,改为根据学生 4 年学业成绩累积分来审核其毕业资格。若想继续升学普通高中,必须参加高中选拔考试。此类考试由地方教育培训厅负责。

越南从中学到高等教育的晋升竞争激烈,考试要求很高,给学生带来很大压力,类似于中国的考试制度。考试期间被称为"自杀季节",因为在每年夏天宣布大学入学考试后,自杀的学生人数不断增加。据 VietNamNet 统计,2012 年,只有 30%的考生通过了入学考试。这些考试压力是导致越南政府在大学招生方面实施全面和持续改革的几个原因之一。2015 年以前,学生们需要先参加 5 月/6 月的中学毕业考试,随后参加 7 月的全国大学入学考试(所谓的"三公"考试)。自 2015 年起,大学入学考试与中学毕业考试合并为单一的全国中学毕业考试(Kỳ thi trung học phổ thông quốc gia),作为大学录取标准。这一变化旨在简化繁重的招生过程,降低大学和学生的成本,因为许多人依靠昂贵的预科学校来准备大学入学考试。现在更多农村地区的学生可以在当地参加考试,而不必去河内或西贡参加入学考试。

新考试的结构和内容自首次公布以来发生了一些变化。"二合一"国家毕业考试的最新形式(2017 年)包括 5 门测试科目:3 门必修科目(数学、越南语和外语)和 2 门特定组合科目,包括自然科学(物理、化学、生物)和社会科学(历史、地理和公民)。打算申请大学的学生可以参加 4 门科目的考试,但也可以选择参加第 5 门科目,以增加入学选择。不想继续上大学的学生可以选择毕业时参加 3 门考试。

考试在 6 月或 7 月举行,由省级教育部门管理,涉及多项选择题和作文题。每门科目的最低及格分数为 10 分中的 5 分。大学通常根据他们认为与所选专业相关的 3 门科目的累计分数录取。考试成绩越高,进入首选院校的机会就越大(学生可以申请多所学校)。教育部设定的大学录取最低门槛是 3 门科目的累计成绩为 30 分中的 15 分,但要求因院校而异,通常要高得多,著名大学只接受成绩为 29 分或更高的学生。初级学院的分数要求通常低于大学(官方规定的最低分数为 12 分)。

本科专业学制通常为 4 年,工业工程专业为 5 年,医学和牙科专业为 6 年,标准学分从 120 分到 140 分不等,但工程学士学位至少需要 150 个学分。毕业时,最终累计 GPA 必须达到 2.0 或更高的学生才能获得本科毕业证书(Bằng Tốt Nghiệp Đại Học)。硕士学位项目入学考试竞争激烈,学制一般为 2 年。博士学位项目学制一般为 2～4 年。成绩特别高的学士学位学生也可以直接被博士学位项目录取。在这种情况下,项目至少持续 4 年,其中包含硕士学位,修够一定数量课程,并通过论文答辩后获得博士学位。

(五) 成绩评价制度

越南采用 10 分制成绩评价制度,通常 4 分是不及格,但如果学生总平均成绩为 5 或更高,4 分则可以被认为是“宽限及格”,具体由学校管理人员决定。高中及以上的学生,可能会被要求在接下来的学期里重新选修获得“宽限及格”的课程。

越南高中学生的 GPA 计算标准:每个学生每学期大约要选修 10 门课程。学年 GPA 是第一学期的 GPA 加上第二学期 GPA 的 2 倍,然后总和除以 3。例如,第一学期的 GPA 是 7.5,第二学期的 GPA 是 8.2,全年的 GPA 是(7.5＋8.2×2)/3＝7.97。越南成绩评价制度见表 1。

表 1　越南成绩评价制度

成绩	成绩描述	对应中文意义
10	Xuất Sắc	杰出
9	Xuất Sắc	优秀
8	Giòi	良好
7	Khá	好
6	Trung bình	中等
5	Đạt/Trung Bình	及格
4	Trượt/ Kém	不及格
3	Trượt/ Kém	不及格
2	Trượt/ Yếu	不及格
1 & 0	Trượt/ Yếu	不及格

(六) 常见教育证书

越南常见教育证书见表 2。

表 2 越南常见教育证书

序号	证书	证书描述
1	Bằng Tốt Nghiệp Trung Học Cơ Sở	初中毕业证书,完成 4 年初中学业获得该证书
2	Bằng Tốt Nghiệp Trung Học Dạy Nghề	职业初中毕业证书,完成 3 年或 4 年职业教育获得该证书
3	Bằng Tốt Nghiệp Trung Học Phổ Thông	高中毕业证书,完成 3 年高中学业获得该证书
4	Bằng Tốt Nghiệp Trung Cấp Nghề	职业高中毕业证书,完成 2.5～3 年职业高中学业获得该证书
5	Bằng Tốt Nghiệp Bổ Túc Văn Hoá	非正规高中毕业证书,完成 2 年密集的普通高中学业获得该证书
6	Bằng Tốt Nghiệp Trung Cấp	中专毕业证书,完成 2 年学业获得该证书
7	Bằng Tốt Nghiệp Cao Đẳng	大专文凭,完成 3 年高等教育学业获得该证书
8	Bằng Tốt Nghiệp Đại Học	本科毕业证书,完成 4 年本科学业获得该证书
9	Bằng Cử Nhân	学士学位证书,完成 4 年本科学业获得该证书
10	Bằng Kỹ Sư	工程师学位证书,完成 5 年工程专业学业获得该证书
11	Bằng Bác Sĩ	医学学士学位,完成 6 年大学本科医学学业获得该学位
12	Bằng Thạc Sĩ	硕士学位,完成 2 年研究生学业获得该学位
13	Bằng Tiến Sĩ	博士学位,在硕士学位的基础上完成学位论文获得该学位,学制一般为 2～4 年

南亚国家

巴基斯坦的教育证书评估研究

一、国家概况

巴基斯坦伊斯兰共和国，简称巴基斯坦，意为“圣洁的土地”“清真之国”。位于南亚次大陆西北部，东接印度，东北与中国毗邻，西北与阿富汗交界，西邻伊朗，南濒阿拉伯海。海岸线长 980 公里。国土面积 796 095 平方公里（不包括巴控克什米尔地区），人口 2.08 亿（2022 年 6 月），是世界第六人口大国。多民族国家，其中旁遮普人占 63%，信德人占 18%，普什图人占 11%，俾路支人占 4%。95%以上的居民信奉伊斯兰教（国教），少数信奉基督教、印度教和锡克教等。乌尔都语为国语，官方语言为乌尔都语和英语。首都伊斯兰堡，前首都卡拉奇是最大城市。南部属热带气候，其余属亚热带气候。

巴基斯坦原是英属印度的一部分。18 世纪初，巴基斯坦沦为英国殖民地，教育殖民地化。1947 年 8 月 14 日英国实行印巴分治，巴基斯坦成为英联邦的一个自治省。1956 年 3 月 23 日，巴基斯坦伊斯兰共和国成立。1971 年制订了 1972—1980 年的教育政策，1978 年又宣布了新的教育政策，强调巴基斯坦教育应遵奉伊斯兰教原则和民族文化传统，适应本国社会经济发展需要，促进国家统一和民族团结。巴基斯坦是经济快速增长的发展中国家，是世界贸易组织、伊斯兰会议组织、77 国集团、不结盟运动和英联邦成员国。

二、教育

（一）教育概况

巴基斯坦实行中小学免费义务教育。政府大力提高识字率，改善大中专学校的教育设施和条件，10 岁及以上识字率（巴政府数据）为 58%；2013—2014 财年教育经费预算约为 50.4 亿美元，占国民生产总值约 1.9%。全国共有小学 15.5 万所，初中 2.87 万所，高中 1.61 万所，大学 51 所。著名高等学府有旁遮普大学、卡拉奇大学、伊斯兰堡真纳大学和白沙瓦大学等。全国在校注册学生人数 3 822 万，教职员工 141 万。

（二）教育体系

巴基斯坦现行教育体系为 5—3—4 制。巴基斯坦现行学制分初等教育、中等教育和高等教育 3 个阶段。初等教育 5 年，中等教育分为初中（3 年）和高中（4 年），高中阶段又分为低段高中（2 年）和高段高中（2 年）。中小学学期在 2 月～6 月和 9 月～次年 1 月。高等教育一学年为 2 个学期，每学期 16～18 周，大约从 1 月～4 月，8 月～12 月。巴基斯坦教育体系见图 1。

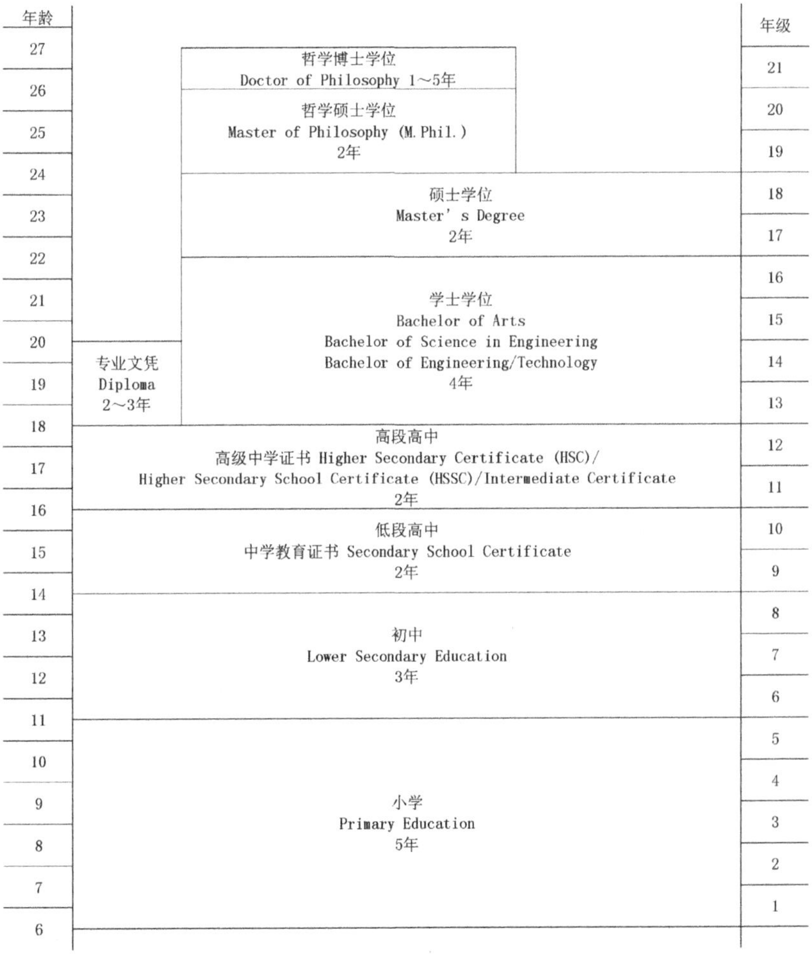

年龄
27
26
25
24
23
22
21
20
19
18
17
16
15
14
13
12
11
10
9
8
7
6

年级
21
20
19
18
17
16
15
14
13
12
11
10
9
8
7
6
5
4
3
2
1

哲学博士学位
Doctor of Philosophy 1～5年

哲学硕士学位
Master of Philosophy (M.Phil.)
2年

硕士学位
Master' s Degree
2年

学士学位
Bachelor of Arts
Bachelor of Science in Engineering
Bachelor of Engineering/Technology
4年

专业文凭
Diploma
2～3年

高段高中
高级中学证书 Higher Secondary Certificate (HSC)/
Higher Secondary School Certificate (HSSC)/Intermediate Certificate
2年

低段高中
中学教育证书 Secondary School Certificate
2年

初中
Lower Secondary Education
3年

小学
Primary Education
5年

图 1　巴基斯坦教育体系

（三）详述

1. 学前教育

巴基斯坦学前教育招收3～5岁儿童。巴基斯坦的学前教育主要帮助儿童更好地适应义务教育阶段教育做准备，分为三个层级：游乐级、保育级、学前级。三个层级所教授的课程不一，一般而言，游乐级与保育级培养儿童基本的社交、游戏、体育运动与自理能力。除此之外，学前级还会教授乌尔都语、英语、算术、绘画等。

2. 初等教育

巴基斯坦免费义务教育为12年。小学教育为5年，学生入学年龄一般为5岁。小学教育阶段男女并不分校。联合国教科文组织统计数据显示，2012年巴基斯坦适龄儿童的小学失学率为28.94%，远高于8.97%的世界平均水平，以及7.14%的南亚平均水平。目前，巴基斯坦政府仍然致力于全面普及义务教育，加大投入并积极落实政策，以降低适龄儿童的失学率。

小学国家教育标准受英语国家教育制度影响。小学教育阶段的课程为英语、乌尔都语、科学、数学、伊斯兰教育、社会学、艺术、计算机科学等。全国范围内小学教育的课程大体类似，仅有细微差别，基本用英语或乌尔都语教学。有些地方性学校还会教授阿拉伯语、波斯语、法语等。

3. 中等教育

中等教育是巴基斯坦国民教育的重要组成部分，分为2个阶段：初中阶段（3年）和高中阶段（4年）。高中阶段又分为低段高中（9～10年级）和高段高中（11～12年级）。学生通过中学阶段的学习，在选择未来专业方向的同时，也为进入高等教育阶段学习奠定基础。

低段高中的修业年限为2年，职业教育与普通教育的分流在这一阶段开始。因此，这一阶段对部分巴基斯坦学生而言是普通教育的最后阶段。2007/2008年，巴基斯坦接受低段高中教育的共有246.2万名学生，其中59%为男生，41%为女生。高段高中的修业年限同样为2年，自2005年以来，穆沙拉夫政府大力推进英语教学，规定从1年级开始就必须使用英语进行自然科学与数学教学。如今，巴基斯坦几乎所有的高中都进行全英语教学。

4. 职业教育

职业教育在巴基斯坦以各种形式开展，从非正式的以工业为基础的学徒计划到中等技能证书项目、1～2年学制的文凭项目，以及跨越中等和高等教育水平的10＋3项目。这些资格证书不仅为毕业生提供从事某些专业领域工作的机会，还为他们提供接受高等教育的机会。此外，还有一些由各州技术教育委员会颁发不同职业高等教育文凭和证书的课程。

巴基斯坦职业教育主要由两部分组成:其一是中等职业教育,培养最低程度的技术工或半技术工,学生年龄一般在13岁及以上,通常培训机械、纺织、制造、手工等行业技能。考核由各学校安排,国家或地区不组织统一考核;其二是工程技术与商科技术教育,招收15～16岁的初中毕业生或拥有中专文凭的职业学校毕业生,由应用型大学或专科学院培养,学制通常为2～3年。商科技术教育主要培养工商类技术人才。工程技术教育培养电气工程、土木工程、机械工程、生物医学工程等专门技术人员、工程监督与指导人员,课程设置偏实践,除了课堂教学,还包括车间作业、工业项目等,使用全英语教学。

5. 高等教育

巴基斯坦的高等院校主要有大学与学院,学生获得高级中学证书或政府承认的其他同等资质证书,可进入大学或学院深造。巴基斯坦在独立前仅有一所旁遮普大学,独立学院26所。独立后高等教育进入发展的新时期。1977年共有大学15所、独立学院261所。大学本科学生读文科的比率较高,达60%。70年代末以来,巴基斯坦政府大力改进高等教育,充实大学和独立学院的图书数据和实验室,增加仪器设备,在一些大学建立重点学科中心,开设硕士、博士研究生和博士后课程,如分析化学、物理化学、海洋生物学、固体物理、地质等;建立区域研究中心和应用研究中心,设立高等教育研究院;培养高等学校师资,并对高等学校教师进行在职培训;实行大学、研究机关和政府间人员的流动,密切学校与社会的联系,并注意组织各大学之间师生互相访问等,交流学术情况和教学经验。

(四) 考试、升级与证书制度

高中教育从九年级开始,持续4年。普通高中学生在每学年末都必须参加地区中等教育委员会(Board of Intermediate and Secondary Education,简称BISE)组织的国家考试。低段高中结束时,通过考试后获得中学教育证书(Secondary School Certificate,简称SSC),在当地被称为入学考试证书(Matriculation Certificate,简称Matric),通常包括8门课程:数学、英语、乌尔都语、伊斯兰与巴基斯坦社会研究4门必修课程,以及生物、化学、物理、历史、地理等选修课程。如果学生2门不通过,便需要重修该学年课程。高段高中课程通常在中级学院(Intermediate College)完成。此阶段教育主要是为大学阶段教育做准备,即预科学习,学生可根据自身兴趣选择课程。一般而言,可选择工程预科、医学预科、计算机预科、人文与社会科学预科等方面课程,每学年有3门必修课:英语、乌尔都语、伊斯兰研究(仅11年级)和巴基斯坦研究(仅12年级)。每学年结束,学生都需要参加各学术科目的标准化考试。高段高中最后一学年完成地区中等教育委员会组织的标准化考试，通过后可获得高级中学证书（Higher Secondary School Certificate，简称 HSSC）。拥有高中毕业证书是进入巴基斯坦大学的必要条件之一。

中等职业教育学生完成学制为 6 个月～2 年学业，通过结业考核后获得职业学校证书(Technical School Certificate，简称 TSC)，由所在技术学院或职业学院负责颁发。完成 3 年工程技术与商科技术教育学业的学生获得工程师文凭(Diploma of Associate Engineer)。拥有此文凭的学生，可以获得进入大学进修工程学学士的机会。

巴基斯坦有两种学士学位：普通学士学位（pass degree）和荣誉学士学位(honor degree)。以往普通学士学位学制一般为 2 年，荣誉学士学位学制 3 年，工程、医药、计算机等学制 3 年。自 2003 年开始，巴基斯坦逐步取消上述两种本科学制，逐步采用 4 年制本科教育。考核方法也由传统的"考试—通过"制转变为学分制，以便更好地与国际接轨。巴基斯坦硕士的修业年限一般是 2 年，学生通常只需要修完指定课程并通过考试就可以毕业，有些大学也会要求学生撰写毕业论文。在硕士教育后，还有为期 2 年的哲学硕士(Master of Philosophy)项目，学生在这一阶段主要从事研究与论文写作方面的学习。博士项目的修业年限一般为 3～4年。

（五）成绩评价制度

巴基斯坦成绩评价制度见表 1。

表 1　巴基斯坦成绩评价制度

百分比等级	字母等级	成绩描述	对应中文意义
80%～100%	A+	exceptional	杰出
70%～79%	A	excellent	优秀
60%～69%	B	very good	良好
50%～59%	C	good	中等
40%～49%	D	fair	一般
33%～39%	E	satisfactory	及格
0～32%	F	fail	不及格

（六）常见教育证书

巴基斯坦常见教育证书见表 2。

表 2　巴基斯坦常见教育证书

序号	证书	证书描述
1	Secondary School Certificate (SSC)	中学教育证书,完成 5 年小学、3 年初中和 2 年低段高中学业,通过考试后获得该证书
2	Higher Secondary Certificate (HSC)/ Higher Secondary School Certificate (HSSC)/ Intermediate Certificate	高级中学证书,完成 2 年高段高中学业,通过考试后获得该证书
3	Diploma	专业文凭,在中学教育证书的基础上完成 2～3 年学业后获得该技术文凭
4	Bachelor of Arts/Bachelor of Science in Engineering/ Bachelor of Engineering/Technology	学士学位,在高级中学证书的基础上再完成 4 年高等教育学业后获得该证书
5	Bachelor of Architecture	建筑学学士学位,在高级中学证书的基础上再完成 5 年高等教育学业后获得该学位
6	Bachelor of Medicine/Bachelor of Surgery (MBBS)	临床医学学士学位,在高级中学证书的基础上,再完成 5～5.5 年学业以及 1 年实习后获得该学位
7	Bachelor of Dental Surgery	口腔外科学士学位,在高级中学证书的基础上,再完成 4～5 年高等教育学业后获得该学位
8	Doctor of Pharmacy	药剂师专业学位,在高级中学证书的基础上再完成 5 年高等教育课程以及 1 年实习工作后获得该学位
9	Master's Degree	硕士学位,在学士学位的基础上,再完成 2 年学业后获得该学位
10	Master of Philosophy (M.Phil.)	哲学硕士学位,学制至少为 2 年,准入条件为获得硕士学位
11	Doctor of Medicine(M.D.)	医师文凭,在临床医学本科学士学位的基础上再完成 1～3 年的课程,获得该文凭
12	Doctor of Philosophy (Ph.D.)	哲学博士学位,在硕士学位或哲学硕士学位的基础上,再完成 1～5 年的研究后获得博士学位

不丹的教育证书评估研究

一、国家概况

不丹王国，简称不丹，位于喜马拉雅山脉东段南坡，其东、北、西三面与中国接壤，南部与印度交界，为内陆国。北部山区气候寒冷，中部河谷气候较温和，南部丘陵平原属湿润的亚热带气候。国土面积约3.8万平方公里。人口约75.6万，人口增长率约为0.96%（2021年）。不丹族约占总人口的50%，尼泊尔族约占35%。不丹语“宗卡”为官方语言。藏传佛教（噶举派）为国教，尼泊尔族居民信奉印度教。

不丹地理位置偏僻、交通较为落后，这一国情给不丹对外交往带来阻碍的同时，也使得不丹在历史上从未被外国殖民，且不丹历届政府对本国对外开放始终持相当谨慎的态度。因此，其传统文化在较为封闭的历史环境中被保留得十分完整。不丹长期实行君主专制，民众普遍崇佛，几个世纪以来的生活方式没有受到外部世界的太大冲击，民众主要通过以宗教寺庙为载体的僧侣教育来满足教育需求。

二、教育

（一）教育概况

不丹实行的是寺庙教育与现代教育并行的双重制度，其教育体系可以分为普通教育、寺庙教育、非正规教育三种主要类型，注重培养学生对国家文化和传统的归属感和尊重。不丹的寺庙教育正式开始于公元1622年，在20世纪50年代引入现代西方教育之前，寺庙教育是不丹唯一正规且最为古老的教育形式。寺庙教育促进了不丹文化的传承与发展，同时也是不丹民族文化和教育系统的重要组成部分。

（二）教育体系

不丹的正规现代教育制度建立于1961年，普通教育结构由7年初等教育（包括 1 年学前教育)和 6 年中等教育(分为初级、中级、高级中等教育三个阶段)构成,从 6 岁开始的学前教育到中等教育 10 年级,这 11 年都是免费的,即每人可以享受 11 年免费教育。不丹一学年有 2 个学期,学年从 2 月开始,12 月结束。不丹教育体系见图 1。

年龄			年级
24			18
23		研究生文凭证书 Post Graduate Diploma 1.5～2年	17
22	荣誉学士学位 Bachelor(Honours) 1年		16
21	学士学位 Bachelor 3～4年		15
20		文凭证书 Diploma 2年	14
19			13
18	高级中等教育 2年 不丹高级中等教育证书 Bhutan Higher Secondary Education Certificate		12
17			11
16	中级中等教育 2年 不丹中等教育证书 Bhutan Certificate of Secondary Education		10
15			9
14	初级中等教育 Lower Secondary Education 2年		8
13			7
12	小学 不丹小学毕业证书 Bhutan Primary Certificate 6年		6
11			5
10			4
9			3
8			2
7			1

图 1 不丹教育体系

(三)详解

1. 初等教育

不丹的小学生一般在家附近的社区学校接受 7 年初等教育,其中包括 1 年学前教育和 6 年小学教育,小学入学率 95%左右(2014 年数据)。不丹的初等教育旨在教会学生识字和基本的计算能力，同时让他们了解不丹的历史、地理、文化和传统等知识。不丹初等教育课程包括宗卡语、英语、数学、环境学、科学、社会学、艺术与手工、价值观教育、图书馆学、体育、社会工作等。

2. 中等教育

学生在中等教育的每个阶段学习的课程会有所不同，中学入学率为 85%（2014 年数据）。初级中等教育阶段的课程包括宗卡语、英语、数学、科学/健康、历史、地理、价值观教育、图书馆学、体育、农学/林学。中级中等教育阶段的物理、化学、生物代替了科学，增加了选修课（经济学、商务或计算机技术），不再修农学/林学、体育。高级中等教育阶段进行分科教学，有文科、理科和商科 3 个方向。除了作为必修课的宗卡语和英语，各科所学课程有较大差别。各科所学课程如下。

文科：地理，经济学，历史、商科数学与数学三选一，英语文学、宗卡语文学与计算机技术三选一。

理科：数学，物理，化学，生物与计算机技术二选一。

商科：商科数学，会计学，商务学，经济学与计算机技术二选一。

在不丹，所有的课程除了宗卡语之外，包括数学、科学课等，都用英文授课。

3. 职业教育

职业培训学校负责提供职业教育。职业教育的学制因项目不同而有所差别。比如，为早期辍学者提供的传统艺术和手工艺培训学制为 4～6 年，工程类的证书培训学制为 3 年，为 8 年级毕业生提供的驾驶课程学长是 6 个月，针对 10 年级毕业生的工程文凭课程和农业培训课程学制是 3 年。

4. 高等教育

不丹高等教育入学率为 24%左右（2014 年数据）。2003 年成立的不丹皇家大学是不丹唯一的综合性大学。该大学由 10 所学院和研究所组成，其中包括吉格梅·南吉尔理工学院、国立传统医学院、帕罗教育学院和萨姆塞大学。学校提供学历项目和非学历文凭项目。非学历文凭项目学制为 5 个学期到 3 年不等。多数本科项目需要 4 年才能完成，传统医学本科项目则需要 5 年。不丹高等教育资源有限，许多学生不得不前往印度等其他国家接受高等教育。

（四）考试、升级和证书制度

不丹的学校考试与评估委员会（Bhutan Council for School Examinations and Assessment，简称 BCSEA）负责各个阶段的全国考试。

完成初等教育的学生在 6 年级结束的时候参加由考试与评估委员会设定考试标准、学校自行组织的毕业考试。

中等教育每一个阶段的最后一年(8 年级、10 年级和 12 年级)都会有毕业考试,分别是由学校自行组织的八年级毕业考试、不丹中等教育证书(Bhutan Certificate for Secondary Education,简称 BCSE)考试和不丹高级中等教育证书(Bhutan Higher Secondary Education Certificate,简称 BHSEC)考试。

不丹中等教育证书考试每年 12 月进行,1 月底或 2 月初公布成绩,成绩低于 40%的为不及格,2020 年通过率在 93.63%。中等教育证书考试排名在前 40%的学生可以进入公立高中学习,排名在 40%后的学生可以自费入读私立高中,或选择职业教育后进入劳动力市场。

不丹高级中等教育证书考试每年 12 月进行,次年 1 月底或 2 月初公布成绩,成绩低于 40%的为不及格,2020 年通过率在 91.54%。不丹高级中等教育证书考试成绩是进入高等院校的依据。

(五)成绩评价制度

不丹中小学采用百分制的成绩评价制度,不丹成绩评价制度见表 1。

表 1　不丹成绩评价制度

百分比	等级	对应中文意义
60%～100%	First Class	一等
50%～59%	Second Class	二等
40%～49%	Third Class	三等
0～39%	Fail	不及格

(六)常见教育证书

不丹常见教育证书见表 2。

表 2　不丹常见教育证书

序号	证书	证书描述
1	Bhutan Primary Certificate	不丹小学毕业证书,完成 6 年小学学业后获得该证书
2	Bhutan Certificate of Secondary Education	不丹中等教育证书,完成 2 年初级中等教育与 2 年中级中等教育学业,在 10 年级结束时通过考试获得该证书
3	Bhutan Higher Secondary Education Certificate	不丹高级中等教育证书,完成 6 年中等教育,通过不丹高级中等教育证书考试后获得该证书

（续表）

序号	证书	证书描述
4	Diploma	文凭证书，在不丹皇家大学完成 2 年学习后获得该证书
5	Bachelor	学士学位，根据专业学制不同，在不丹皇家大学完成 3～4 年学业后获得该证书
6	Bachelor（Honours）	荣誉学士学位，在学士学位的基础上再完成 1 年学业后获得该证书
7	Post Graduate Diploma	研究生文凭证书，在学士学位基础上完成 1.5～2 年研究生课程后获得该证书

马尔代夫的教育证书评估研究

一、国家概况

马尔代夫共和国，简称马尔代夫，位于南亚，是印度洋上的群岛国家。距离印度南部约 600 公里，距离斯里兰卡西南部约 750 公里。南北长 820 公里，东西宽 130 公里。由 26 组自然环礁、1 192 个珊瑚岛组成，分布在 9 万平方公里的海域内，其中约 187 个岛屿有人居住。人口 55.7 万（2022 年 6 月），其中马尔代夫籍公民为 37.9 万，均为马尔代夫族。民族语言和官方语言为迪维希语（Dhivehi），上层社会通用英语。伊斯兰教为国教，属逊尼派。

1116 年建立苏丹国。近 400 年来，先后遭受葡萄牙和荷兰殖民主义者的侵略和统治，1887 年沦为英国保护国。1965 年 7 月 26 日宣布独立。1968 年 11 月 11 日建立共和国。

旅游业、渔业、船运业是马尔代夫三大经济支柱，也是吸收就业的主要领域。旅游业已成为第一大经济支柱，旅游收入对 GDP 的贡献率多年保持在 30%左右。马尔代夫经济结构单一、资源贫乏、严重依赖进口，经济基础较为薄弱。2011 年以前，曾被列为世界最不发达国家。通过多年努力，经济发展取得一定成就，成为南亚地区人均 GDP 最高的国家，基础设施和互联互通水平也有较大提升。

二、教育

（一）教育概况

近几十年来，马尔代夫十分重视发展教育事业，投入大量资金，为各环礁行政区增加教学设备，并实行从学前到高中毕业的免费教育。现全国已消除文盲，成人识字率为 98.94%，是发展中国家识字率最高的国家之一。2017 年，马尔代夫共有 376 所学校，在校学生 87 788 人，教师 8 957 人。马尔代夫国立大学是唯一一所可以授予学位的高等院校。各环礁设有一个教育中心，主要向成年人提供非正式文化教育。

2012 年，马尔代夫制定国家课程框架草案，对学生采取形成性评估。2014 年正式颁布国家课程框架并于 2016 年更新，规定了课程开发及实施的基本原则，课程愿景是培养有动力去探索和创造知识的成功人士，培养有强烈自我意识和文化认同感、自信且有能力的个体，培养对家庭、社区和社会负责任的贡献者。

（二）教育体系

马尔代夫的教育体系由学前教育、初等教育、中等教育和高等教育组成，实施 7—3—2 教育体系。3～5 岁儿童享受学前教育。初等教育（小学教育）从 6 岁开始，学制 7 年。6～13 岁儿童接受初等教育。中等教育包括 2 个层次：低阶中学教育（初中）和高阶中学教育（高中），初中学制 3 年，高中学制 2 年。13～18 岁青少年接受中等教育。马尔代夫英式学校小学 8 年制，初中 3 年制，高中 2 年制。18 岁或 19 岁及以上青少年接受高等教育。马尔代夫大专学制 2 年，本科学制 3 年，硕士研究生学制 1～2 年，博士研究生学制 3～6 年。

马尔代夫一学年分为 2 个学期，一般第一学期 8 月初～12 月下旬，10 月中有 1 个星期期中假期；第二学期 1 月上旬～6 月下旬，4 月中有 1 个星期期中假期。马尔代夫教育体系见图 1。

（三）详述

1. 初等教育

初等教育（小学教育）从 6 岁开始。过去，5 年的小学初级教育后，接着是 2 年的小学中级教育，现在这两个阶段被整合成初等教育，持续 7 年（1～7 年级）。英式的小学教育为 8 年制。1984 年，马尔代夫政府制定了中小学课程体系，这个课程体系主要包括环境研究、科学、迪维希语语言、数学、英语、美术、体育教育和书法。

2. 中等教育

中等教育包括初中和高中，初中学制 3 年（8～10 年级），高中学制 2 年（11～12 年级）。虽然马尔代夫实施免费基础教育，但由于没有足够的高级中学，马尔代夫在小学和初中后的辍学率较高。1996 年，马尔代夫开始通过远程授课方式来实现高中教育。

3. 职业教育

马尔代夫职业教育是学员通过向国家技术和职业教育与培训（技职）部门的职业技术教育与培训中心申请课程培训来实现的，大致可分为初级职业教育、中级职业教育和高级职业教育。学生在完成初等教育后可以参加初级职业教育，获得二级职业证书（15 周全职训练，相当于 40 学分，在马尔代夫国家资格框架中级别为 2 级）和三级职业证书（15 周全职训练，相当于 40 学分，在马尔代夫国家资格框架中级别为 3 级）。

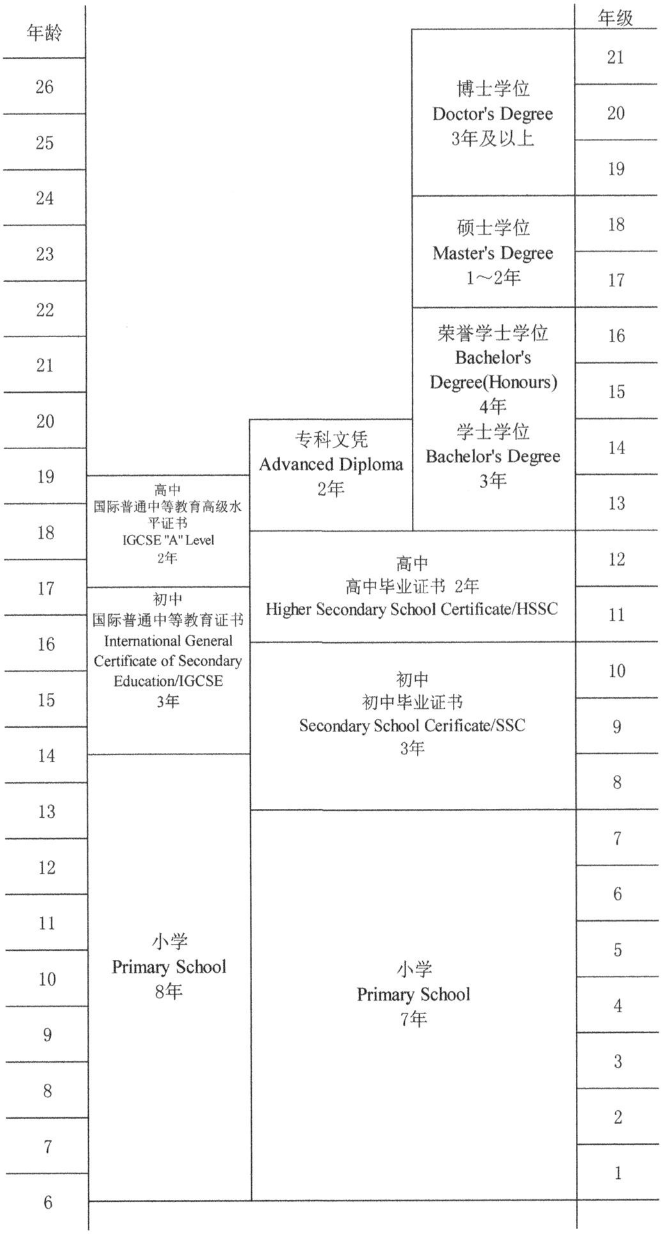

年龄
26
25
24
23
22
21
20
19
18
17
16
15
14
13
12
11
10
9
8
7
6

高中
国际普通中等教育高级水平证书
IGCSE "A" Level
2年

初中
国际普通中等教育证书
International General Certificate of Secondary Education/IGCSE
3年

小学
Primary School
8年

专科文凭
Advanced Diploma
2年

博士学位
Doctor's Degree
3年及以上

硕士学位
Master's Degree
1～2年

荣誉学士学位
Bachelor's Degree(Honours)
4年
学士学位
Bachelor's Degree
3年

高中
高中毕业证书 2年
Higher Secondary School Certificate/HSSC

初中
初中毕业证书
Secondary School Cerificate/SSC
3年

小学
Primary School
7年

年级
21
20
19
18
17
16
15
14
13
12
11
10
9
8
7
6
5
4
3
2
1

图 1　马尔代夫教育体系

初中毕业生可以参加职业培训获取四级证书(30 周或者一年全职训练,相当于 120 学分,在马尔代夫国家资格框架中级别为 4 级)。在高等教育层面,经历过较高级别的中等教育(高中)的学生或获取过职业资格四级证书的学生,在经过一年的学习后可以获取职业资格五级证书。完成初等教育(初中)的学生,或者获取过职业资格三级证书的学生,经过 2 年学习可以获取职业资格五级证书。获取职业资格五级证书的学生在相关领域经过一年学习可以获取职业资格六级证书。获取职业资格六级证书的学生,经过 2 年的项目训练可以获取专科文凭。

4. 高等教育

1998 年以前,马尔代夫没有大学,只有卫生、师范、航海、管理等专业教育或培训机构。1998 年 10 月,马尔代夫组建第一所高等院校——马尔代夫高等教育学院。2011 年,在高等教育学院基础上,成立第一所大学——马尔代夫国立大学,这是马尔代夫唯一一所颁发学士学位的高等院校,下设 9 个学院和 3 个教育中心,在校学生约 7 000 人。2019 年,马尔代夫共有包括马尔代夫国立大学在内的 9 所高等教育机构。2015 年,这些高等教育机构的入学人数约 1.1 万人。在政府鼓励发展高等教育的政策引导下,越来越多的私立教育机构参与到马尔代夫人才培养中来。通过政府注册的私立教育机构有 86 家,大多提供信息技术、计算机技术、商业、管理等专业的课程和文凭。

总体上,马尔代夫的高等教育发展不足,多数学生通过出国留学的方式寻求高等教育。据统计,马尔代夫每年约有 1 000～1 500 名学生赴海外留学,主要去向国是马来西亚、印度、斯里兰卡、英国、澳大利亚、埃及等。

(四) 考试、升级与证书制度

马尔代夫学生初中第三年结束时,需要参加初中毕业证书(Secondary School Certificate, 简称 SSC)考试,通过后可以升入高中学习。高中第二年结束时,学生需参加高中毕业证书(Higher Secondary School Certificate, 简称 HSSC)考试,通过后可以申请大学学习。英式中学的学生初中第三年结束时,需要参加国际普通中等教育证书(International General Certificate of Secondary Education,简称 IGCSE)考试,通过后可以升入高中学习。高中第二年结束时,需要参加国际普通中等教育高级水平证书(International General Certificate of Secondary Education Advanced Level,简称 IGCSE "A" Level)考试,通过后可以申请大学。一般情况下,要想升入大学,至少要取得 C 及以上成绩。

许多公立和私立职业技术学院以及马尔代夫国立大学均提供高等教育,后者是唯一颁发学士学位的机构。学生参加各类职业技术学院或马尔代夫国立大学 2

年制的课程,完成学业后可以获得专科文凭。大学第一阶段教育为本科教育。马尔代夫本科学制为 3 年,学生完成 3 年大学本科学业后可以获得学士学位,获得学士学位后再继续学习 1 年可以获得荣誉学士学位,医学学士学位项目为 5 年。大学第二阶段教育为硕士层次教育。硕士学位项目学制一般为 1~2 年。教育学硕士(迪维希语教育)学制 1 年,酒店与旅游管理学硕士学制 1.5 年,公共卫生学硕士学制 2 年。大学第三阶段教育为博士层次教育。马尔代夫国立大学目前可以授予哲学博士学位(教育),哲学博士学位(教育)项目学制为 3 年。学生完成博士课程,并通过论文答辩后可以获得博士学位证书。

(五) 成绩评价制度

马尔代夫国际普通中等教育证书考试在 2017 年以前采用 A*—G 来评价学生学业。从最高至最低依次为 A*、A、B、C、D、E、F、G。等级 U(Grade U)则表示未及格或不分级(ungraded/unclassified),表示该学生未获得学分并且无法在 IGCSE 中取得成绩。自 2017 年开始,IGCSE 开始采用 9~1 的评价制度,9 分为最高,1 分为最低。学校也可以保留原来 A*—G 的评价制度。学生通过考试后,证书有 3 种类型:5 门 A* 或者 A,2 门 C 或者 C 以上成绩为卓越(distinction);5 门 C 或者 C 以上成绩,2 门 F 或者 F 以上成绩为优秀(merit);7 门 G 或者 G 以上成绩为合格。A*—G 和 9—1 的评价制度对应关系见表 1。

表 1　马尔代夫国际普通中等教育证书考试成绩评价制度

<table>
<tr><th>字母等级</th><th>数字等级</th></tr>
<tr><td>A*
A</td><td>9
8
7</td></tr>
<tr><td>B
C</td><td>6
5
4</td></tr>
<tr><td>D</td><td rowspan="4">3
2
1</td></tr>
<tr><td>E</td></tr>
<tr><td>F</td></tr>
<tr><td>G</td></tr>
</table>

(六) 常见教育证书

马尔代夫常见教育证书见表 2。

表 2　马尔代夫常见教育证书

序号	证书	证书描述
1	Secondary School Certificate/SSC	初中毕业证书，完成 3 年初中学业并通过考试获得该证书，准入条件为完成 7 年小学学业
2	Higher Secondary School Certificate/HSSC	高中毕业证书，完成 2 年高中学业并通过考试获得该证书，准入条件为获得初中毕业证书
3	International General Certificate of Secondary Education/IGCSE	国际普通中等教育证书，完成 3 年初中学业并通过考试获得该证书，准入条件为完成 8 年小学学业
4	International General Certificate of Secondary Education Advanced Level/IGCSE "A" Level	国际普通中等教育高级水平证书，完成 2 年高中学业并通过考试获得该证书，准入条件为获得国际普通中等教育证书
5	Advanced Diploma	专科文凭，完成 2 年职业技术学院或马尔代夫国立大学课程获得该证书，准入条件为获得国际普通中等教育证书或高中毕业证书
6	Bachelor's Degree	学士学位，学制 3 年，入学要求为获得国际普通中等教育证书或高中毕业证书或专科文凭
7	Bachelor's (Honours)	本科（荣誉）学士学位，获得本科学士学位后再完成 1 年学业获得该证书，准入条件为获得本科学士学位
8	Master's Degree	硕士学位，学制为 1～2 年，准入条件为获得本科学士学位
9	Doctor of Philosophy in Education	哲学博士学位（教育），学制为 3 年，准入条件为获得硕士学位

孟加拉国的教育证书评估研究

一、国家概况

孟加拉国地处南亚次大陆东北部，国土面积约14.76万平方公里，人口约1.7亿(2023年1月)，其中孟加拉族占98%，另有20多个少数民族。孟加拉语为国语，英语为官方语言。伊斯兰教为国教，穆斯林占总人口的88%。

孟加拉地区曾数次建立过独立国家，版图一度包括现印度西孟加拉、比哈尔等邦。16世纪时孟加拉已发展成次大陆上人口最稠密、经济最发达、文化昌盛的地区。18世纪中叶成为英国对印度进行殖民统治的中心。19世纪后半叶成为英属印度的一个省。1947年印巴分治，孟加拉划归巴基斯坦(称东巴)。1971年3月26日东巴宣布独立，1972年1月10日正式成立孟加拉人民共和国。

孟加拉国是世界上最不发达的国家之一，经济基础薄弱，国民经济主要依靠农业。孟加拉国政府积极推行私有化政策、改善投资环境、吸引外国投资、创建出口加工区。人民联盟政府上台以来，制定了宏大的经济发展计划，包括建设“数字孟加拉”、提高发电容量、实现粮食自给等，但面临资金、技术、能源短缺等挑战。

二、教育

(一) 教育概况

孟加拉国教育在1971年独立前深受印度和巴基斯坦两国影响。孟加拉国现代高等教育是建立在英系教育的基础上。教育部统管整个国家的教育组织，其中包括负责中等和高等教育的中等和高等教育局、技术教育局、国家课程和教材委员会。孟加拉国的教学语言为孟加拉语和英语，但是大部分私立大学仅采用英语教学。

（二）教育体系

孟加拉实施 8—4 教育体系。在孟加拉国，所有想要寻求接受高等教育的学生都必须完成两个阶段一共 12 年的教育（6～17 岁）。其中初等教育为 8 年，中等教育为 4 年。初等教育为免费义务教育。中等教育又分为初级中等教育和高级中等教育，各 2 年。在现行教育体系里，大部分学校为双学期制，少数私立大学实行三学期制。现在孟加拉国教育部也在积极促使私立大学采取双学期制。

在实行双学期的学校，春季学期开始于 2 月的最后一个星期，一共 6 个月；秋季学期开始于 8 月的最后一周，同样也是 6 个月。在实行三学期制的学校，春季学期开始于 1 月的第二个星期；夏季学期开始于 5 月的第二个星期，秋季学期开始于 9 月的第二个星期，每个学期都为 4 个月。学期中，每周六至下周四学生需要上学，而周五放假，进行宗教活动。孟加拉国教育体系见图 1。

（三）详解

1. 初等教育

在孟加拉国，孩子一般从 6 岁开始接受初等教育，学制 8 年，为免费的义务教育。初等教育通常由公立学校、经授权的私立机构、社区学校以及基础设施薄弱地区的特殊需求学校所提供。近年来，8 年的初等教育被分为 2 个阶段：第一阶段学制 5 年，第二阶段学制 3 年，孩子们会在入学前接受至少 1 年的学前教育。孟加拉的小学入学率尽管有所上升，但总体仍然不高，尤其在乡村地区，学校资源不足、位置偏远，儿童常因需要帮家里务农而辍学。

孟加拉语、孟加拉国研究、英语、数学、道德科学、社会环境和自然环境为 1～5 年级的必修科目。职业科目在 6 年级时加入课程表。

2. 中等教育

学生在结束初等教育 8 年学业后进入为期 4 年的中等教育阶段。在中等教育阶段，学生需要缴付学费。中等教育又分为初级中等教育（9～10 年级）和高级中等教育（11～12 年级）2 个阶段，并分为普通教育方向、宗教教育方向（Madrasah）及技术教育方向等，每个方向都进一步提供分科教学。例如，普通中等教育阶段的学生可选择商科、文科和理科，每科都有相应科目的必修课，但孟加拉语、英语、数学和信息与通信技术是所有学生的必修课。

3. 职业教育

孟加拉国学生可以在 10 年级初中毕业考试后选择入读职业教育学院。孟加拉国职业教育学院提供为期 2～4 年的正式文凭课程，涵盖工程、海洋技术、护理、专职医疗、农业和酒店业等学科。孟加拉国技术教育委员会（Bangladesh

年龄	教育阶段	年级
27		25
26		24
25		23
24	博士学位 Doctor Ph.D 2～3年	22
23		21
22	硕士学位 Master 1～2年	20
21	学士学位 Bachelor 3～4年；荣誉学士学位 Bachelor (Honor) 4年	19
20		18
19		17
18	工程师文凭 Diploma (Engineer) 4年	16
17	高中 高级中等教育证书 Higher Secondary Certificate/HSC 2年；高中职业文凭 Diploma 2～3年	15
16		14
15	初中 中等教育证书 Secondary School Certificate/SSC 2年	13
14		12
13	小学 Primary Education 8年	11
12		10
11		9
10		8
9		7
8		6
7		5
6		4
5	学前教育 Pre-Primary Education 3年	3
4		2
3		1

图 1　孟加拉国教育体系

Technical Education Board，简称 BTEB）是职业教育的最高监管机构，负责批准学校、制定课程、管理期末考试，并颁发文凭和证书。

4. 高等教育

孟加拉国的高等教育机构中有许多规模较小的附属教学机构，这些教学机构一般称为学院。教育部最新统计，学院数量为 3 196 所，其中大多数隶属于孟加拉国国立大学。孟加拉国国立大学成立于 1992 年，目的是提高高等教育水平，如今形成了孟加拉国最大的高等教育网络，该校在孟加拉国的 2 300 所主要私立学院中招收了 280 万名学生。但是，与孟加拉国国立大学相关的学院并不会涵盖所有学位课程。他们通常会提供 3 年制的普通学士学位课程，而不是 4 年制的荣誉课程，而且他们通常没有博士学位课程。学院比大学小得多，学费通常比私立大学低，因此许多学生来自低收入家庭。

除了孟加拉国国立大学，孟加拉国还有 44 所公立大学和 103 所私立大学。大多数公立大学都是多学科的综合大学，也有提供农业、卫生保健、伊斯兰研究、医学、纺织工程或妇女研究等学科的专门大学。

5. 宗教教育

作为一个伊斯兰教国家，孟加拉国还拥有大量的宗教学校。现存的宗教学校大致可以分为两类：一类是独立的宗教学校，专注伊斯兰教研究；一类是政府资助和监管的宗教学校。后者与世俗化学校一样，提供各级教育。但是在这类学校学习的学生面临更加繁重的课业负担，因为他们除了要学习世俗化学校的通识课程外，还要学习古兰经、先知穆罕默德(圣训)教义、伊斯兰教法和阿拉伯语。

宗教学校的学生数量近几年一直在上升，目前已经占到孟加拉国学生数量的三分之一。除了宗教化程度加深的原因外，相对较低的学费也是学生选择就读的一个重要因素。

(四) 考试、升级和证书制度

孟加拉国学生 8 年级参加初等教育证书(Junior School Certificate，简称 JSC)考试。该考试由初等教育局(Directorate of Primary Education)组织，每年 11 月举行，考试科目为孟加拉语、英语、数学、道德科学、社会环境、自然环境、信息与通信技术等。2018 年有 270 万学生参加初中毕业考试，通过率为 86%。

学生在 10 年级参加中等教育证书(Secondary School Certificate，简称 SSC)考试，该考试由九个地区的中等教育委员会(Boards of Intermediate and Secondary Education)组织，每年 2 月举行。该阶段实行分科教学，所以考试科目也随所选科目的不同而有所差异，但是孟加拉语、英语和数学为必考科目。学生需要从所修科目类别中选 1 门作为第 4 门考试科目。只有考试合格的学生才有资格升入 11 年级并接受高级中等教育。

孟加拉国学生在12年级的时候会参加高级中等教育证书(Higher Secondary Certificate,简称HSC)考试。该考试也由九个地区的中等教育委员会组织,每年4月举行。因该阶段实行分科教学,考试科目会随所选科目的不同而有所差异,但是孟加拉语、英语和数学为必考科目。学生需要从所修科目中选1门选修科目作为HSC的第4门科目。GPA 1分为HSC的及格线。该考试成绩对于想要继续深造的孟加拉国学生至关重要。

SSC和HSC成绩对升学有着决定性作用。每个高等教育机构在招生时都有其自己的标准。比如孟加拉大学要求报考学生SSC和HSC的GPA都高于2.5,但实际录取要求还会远远高于该成绩。通常来说,竞争力强的高等教育机构,除了对HSC考试有最低GPA要求外,其入学考试通过难度也高。不同专业对某些科目也有成绩要求,例如理科专业对数学成绩要求高。理科和工科专业通常比社会科学和文科专业入学门槛高。孟加拉国的高等教育属于稀缺资源。在2018年,一共有130多万学生参加了HSC考试,通过率为67%,其中29 262学生的GPA为5,而全国顶级、具有竞争力的公立大学升学名额仅有5万左右。

(五)成绩评价制度

孟加拉国中学成绩评价制度见表1。

表1　孟加拉国中学成绩评价制度

等级	绩点	百分制
A+	5.0	80～100
A	4.0	70～79
A−	3.5	60～69
B	3.0	50～59
C	2.0	40～49
D	1.0	33～39
F	0.0	0～32

(六)常见教育证书

孟加拉国常见教育证书见表2。

表 2　孟加拉国常见教育证书

序号	证书	证书描述
1	Secondary School Certificate/SSC	中等教育证书,完成一共 10 年的初等教育和初级中等教育后获得该证书
2	Higher Secondary Certificate/HSC	高级中等教育证书,完成 2 年高级中等教育学业后获得该证书,准入条件为获得中等教育证书
3	Diploma	高中职业文凭,在职业培训中心完成 2～3 年学业获得该证书,准入条件为获得中等教育证书
4	2-year Bachelor's Degree(pass)	两年制普通学士学位证书,学制 2 年,一般涵盖艺术、科学、商学、家政学、皮革工艺学、社会学、纺织技术、护理学和音乐等专业,准入条件为获得高级中等教育证书或高中职业文凭
5	3-year Bachelor's Degree(honours)	三年制荣誉学士学位证书,学制 3 年,一般涵盖艺术、科学、商学、美术、家政学、药学、社会学和护理学等专业,准入条件为获得高级中等教育证书
6	4-year Bachelor's Degree (non-Business)	四年制学士学位证书,学制 4 年,准入条件为获得高级中等教育证书
7	4- to 5-year Bachelor's Degree	四到五年制学士学位证书,学制 4～5 年,涉及的专业有护理学、工程学、农学、渔业学、畜牧学和建筑学等,准入条件为获得高级中等教育证书
8	4-year Bachelor's Degree in Law or Medical Fields	四年制法学、医学学士学位证书,学制 4～5 年,涉及的专业有法学、顺势疗法和外科、印度草药学、牙科、尤那尼医学,准入条件为获得高级中等教育证书

（续表）

序号	证书	证书描述
9	Master's Degree of Arts, Science, Commerce, Social Science	艺术学、理学、商科、社会学硕士学位证书，完成2年制普通学士学位课程后再接受2年相应学科的硕士课程教育后获得该证书，或者完成3年制荣誉学士学位课程后再接受1年硕士课程教育后获得该证书
10	Master's Degree in Business Administration, Business Studies, Fine Arts, and Statistics	工商管理、商科、美术、统计学硕士学位证书，完成2年制普通学士学位课程后再接受2年相应学科硕士课程教育后获得该学位，或者在完成3年制荣誉学士学位课程后再接受1年硕士课程教育后获得该证书
11	Master's Degree in Education	教育学硕士学位证书，取得3年制教育学学士学位后，再进行1年硕士课程学习后获得该证书
12	Master of Science in Pharmacy	药学硕士学位证书，取得3年制的教育学学士学位后，再进行1年硕士课程学习后获得该证书
13	Master of Laws, Master of Philosophy, Master of Engineering, Master of Science in Engineering	法学、哲学、理学、工学硕士学位证书，取得4年制的学士学位后，再进行1～2年硕士课程学习后获得该证书
14	Master of Science in Cardiology, Master of Science in Ophthalmology	心内科、眼科硕士学位证书，取得5年制的学士学位后，再进行3年硕士课程学习后，获得该证书
15	Postgraduate Diploma in Medicine or Dentistry	医学或口腔科研究生文凭，在取得医学或口腔科学生学位后，再接受3～4年研究生教育后获得该证书
16	Bachelor of Medicine and Bachelor of Surgery/MBBS	临床医学学士学位证书，完成5年理论学习和1年实习后获得该证书
17	Master of Philosophy in Medicine	医学哲学硕士学位证书，取得医学学位或外科学士学位后，再接受2年研究生教育后获得该证书

（续表）

序号	证书	证书描述
18	Masters of Laws	法学硕士学位证书，取得法学学士学位后，再完成1年研究生教育可获得该证书
19	Master of Philosophy	哲学硕士学位证书，取得艺术或理学硕士或同等的4年制学位后，再完成2年的高等教育后获得该证书
20	Doctor of Philosophy /Ph.D.	哲学博士学位证书，取得学制为2～3年的硕士学位后，再完成2～3年的学习并完成相应论文后获得该证书
21	Doctor of Laws/LLD	法学博士学位证书，取得法学硕士学位后，再完成3年学业后获得该证书

尼泊尔的教育证书评估研究

一、国家概况

尼泊尔是南亚内陆山国,位于喜马拉雅山南麓,北邻中国,其余三面与印度接壤。喜马拉雅山脉约占该国面积的三分之一。国土面积约 14.7 万平方公里,人口约 3 059 万(2024 年)。尼泊尔语为国语,上层社会通用英语,是一个多民族、多宗教、多种姓、多语言的国家。居民 86.2%信奉印度教,7.8%信奉佛教,3.8%信奉伊斯兰教,2.2%信奉其他宗教。

尼泊尔是农业国,世界上最不发达国家之一,经济落后。20 世纪 90 年代初起,开始实行以市场为导向的自由经济政策,但由于政局多变和基础设施薄弱,收效不明显。严重依赖外援,预算支出四分之一来自外国捐赠和贷款。尼泊尔有自己的纪年法,比西方日历早约 57 年,比如 2020 年,按照尼泊尔的纪年法,为 2077 年。

二、教育

(一) 教育概况

尽管在过去 30 年中,尼泊尔教育系统取得了很大进步,但仍然存在许多挑战。尼泊尔教育很大程度上仍然集中在城市,然而尼泊尔每 100 名儿童中大约有 84 名生活在偏远的村庄中。这些村庄的基础设施落后,政府资金有限,难以满足首都加德满都以外人口的教育需求。随着游客的大量涌入,尼泊尔人民的官方语言尼泊尔语在教育和经济领域已基本被英语取代。电脑在尼泊尔还尚未普及,这也成为其未来教育的主要障碍。

(二) 教育体系

尼泊尔教育体系主要以印度教育体系为基础,而印度教育体系以英国教育体系为蓝本。现行教育体制分为初等、中等和高等三级。初等教育为 5 年(1～5 年级,小学),中等教育为 7 年,包括初级中等教育 3 年(6～8 年级,初中),中级中等教育 2 年(9～10 年级)和高级中等教育 2 年(11～12 年级,高中)。小学和初中为义务教育阶段。

小学和中学的教学语言是尼泊尔语,大学则是尼泊尔语和英语双语教学。新学年从 4 月开始,次年 3 月结束。中学最后两年(11～12 年级)则从 6 月或 7 月开始。星期日到星期五需要上课,周六休息。尼泊尔教育体系见图 1。

<table>
<tr><th>年龄</th><th colspan="2"></th><th>年级</th></tr>
<tr><td>24</td><td colspan="2" rowspan="3">博士学位
Doctor's Degree
3年</td><td>20</td></tr>
<tr><td>23</td><td>19</td></tr>
<tr><td>22</td><td>18</td></tr>
<tr><td>21</td><td rowspan="2">硕士学位
Master's Degree
2年</td><td rowspan="5">医学本科
MBBS
5年</td><td>17</td></tr>
<tr><td>20</td><td>16</td></tr>
<tr><td>19</td><td rowspan="3">学士学位
Bachelor's Degree
3～4年</td><td>15</td></tr>
<tr><td>18</td><td>14</td></tr>
<tr><td>17</td><td>13</td></tr>
<tr><td>16</td><td colspan="2" rowspan="2">高级中等教育
高中毕业证书
Higher Secondary Certificate
2年</td><td>12</td></tr>
<tr><td>15</td><td>11</td></tr>
<tr><td>14</td><td colspan="2" rowspan="2">中级中等教育
中学毕业证书
Secondary School Leaving Certificate
2年</td><td>10</td></tr>
<tr><td>13</td><td>9</td></tr>
<tr><td>12</td><td colspan="2" rowspan="3">初级中等教育
lower secondary education
3年</td><td>8</td></tr>
<tr><td>11</td><td>7</td></tr>
<tr><td>10</td><td>6</td></tr>
<tr><td>9</td><td colspan="2" rowspan="5">小学
Primary Education
5年</td><td>5</td></tr>
<tr><td>8</td><td>4</td></tr>
<tr><td>7</td><td>3</td></tr>
<tr><td>6</td><td>2</td></tr>
<tr><td>5</td><td>1</td></tr>
</table>

图 1　尼泊尔教育体系

（三）详解

1. 初等教育

尼泊尔初等教育阶段一共5年。学生从5岁开始入学，主要课程有语言教育（尼泊尔语和母语）、英语、数学、科学、社会科学、体育和一些更高年级的选修科目等标准科目。学生需要通过学校组织的期末考试才能升入下一年级。

2. 中等教育

中等教育一共有3个阶段，分别是初级中等教育3年（6～8年级），中级中等教育2年（9～10年级）和高级中等教育2年（11～12年级）。该阶段的教育机构主要为公立学校，但是私立学校这几年发展迅速。公立学校和私立学校在学生所学课程上会有一定差别。公立学校学生在6～10年级阶段修8门课，分别是：尼泊尔语，英语，数学，科学，社会研究，经济学，人口、健康与环境，会计/计算机。

尼泊尔高级中等教育阶段进行分科教学，分别为科学类、管理类、人文类和教育类。中学毕业考试成绩为一等的学生才能选读科学类方向。每一类别的学生都需要选修5门课，英语和尼泊尔语是必修课。

3. 职业教育

尼泊尔学生分别在8年级和10年级结束时选择职业教育，类别包括实验技术、农业技术、护理、烹饪技术、汽车维修技术、酒店管理和计算机技术等。

尼泊尔现有三种学制的职业教育：没有入学要求的短期技能培训、职业高中教育（需要完成10年级才有资格入读）和技术员文凭教育（学制为3年，类似中国的大专）。

4. 高等教育

近年来，尼泊尔高等教育入学率基本在15%左右，处在精英化高等教育发展阶段。截至2023年底，尼泊尔有19所综合性大学，但是每所大学都有大量分院。其中，特里布文大学下设60所直属分院、5座研究中心和134所私立分院。

直属分院是大学的主体，接受政府资助。私立分院可以是私立，也可以由地方资助。相对于直属分院，私立分院在制定学位课程时有较大的自主权和灵活性。

（四）考试、升级和证书制度

所有学生在10年级时参加地区统一的中学毕业考试（Secondary Education Examniation，简称SEE），通过SEE的学生需要另外参加高中自行组织的入学考试，通过入学考试才能进入高级中等教育阶段。

只有通过考试的学生才能进入下一阶段学习。SEE考试的前身为毕业证书（School Leaving Certificate，简称SLC）考试，由考试办公室（Office of the

Controller of Examinations，简称 OCE）组织，一般在 3 月举行，6 月公布成绩。考试对象分别是 8 年级和 10 年级的学生。考试科目为尼泊尔语、英语、数学、科学、社会研究、经济学、人口健康与环境、会计/计算机。以前 SLC 考试通过率特别低，被称为“铁门”。改革后，SEE 难度有所下降，但通过率依然不高。

所有学生在 12 年级结束时，都要参加由国家考试委员会组织的统一考试，通过的学生会获得国家考试委员会考试证书（National Examination Board Examination Certificate）。该考试一般在 2 月举行，3 月初公布成绩。

学生会根据自己的学科类别从 40 门选修课中选 5 门科目进行考试，其中英语和尼泊尔语是必考科目。通过的学生将会获得国家考试委员会考试证书，并获得高等教育入学资格。

高等教育机构的最低入学要求通常是获得国家考试委员会考试证书。此外，入学要求因机构和课程而异。国家考试委员会考试通常在工程和医学学科领域被采用，但并非所有学科都采用。特里布万大学（Tribhuvan University）在专业和技术领域录取学生时参考该考试成绩，并试图在其他专业引入入学考试，但遭到尼泊尔学生会的抗议。加德满都大学等其他大学在一些学科中采用竞争性入学考试。

（五）成绩评价制度

尼泊尔初中地区统一考试成绩评价制度见表 1。

表 1　尼泊尔初中地区统一考试成绩评价制度

成绩	等级	对应中文意义
640～800	1st division with distinction	特优一等
480～639	1st division	一等
360～479	2nd division	二等
256～356	3rd division	三等
0～255	fail	不通过

国家考试委员会考试各科满分不尽相同，有些科目如英语的满分是 100 分，但是其他科目的满分可能是 75 分，甚至是 25 分，因此采用百分比来体现最终成绩。国家考试委员会证书考试成绩评价制度见表 2。

表 2　国家考试委员会证书考试成绩评价制度

百分比	评价	对应中文意义
≥75%	1st division with distinction	特优一等
≥60%	1st division	一等
≥45%	2nd division	二等
≥35%	pass	通过

（六）常见教育证书

尼泊尔常见教育证书见表 3。

表 3　尼泊尔常见教育证书

序号	证书(尼泊尔语)	证书描述
1	माध्यमिक विद्यालय छोडेको प्रमाणपत्र/ Secondary Education Examniation	中学毕业证书,完成 5 年初等教育和 5 年中等教育学业获得该证书
2	प्रशिक्षण स्तर प्रमाणपत्र/ Training Level Certificate	培训证书,完成 3 年基础技术学校学业后获得该证书,准入条件为完成小学学业
3	शिल्पकार प्रमाणपत्र/ Craftsman Certificate	工匠证书,完成 4 年中等技术学校学业获得该证书,准入条件为获得培训证书
4	प्राविधिक विद्यालय छोडेको प्रमाणपत्र वा प्राविधिक प्रमाणपत्र/ Technical School Leaving Certificate or Technician Certificate	技术学校毕业证书或技术人员证书,完成 2～3 年技术高中学业获得该证书,准入条件为获得中学毕业证书
5	उच्च माध्यमिक प्रमाणपत्र/ Higher Secondary Certificate	高中毕业证书,完成 2 年高中学业获得该证书,准入条件为获得中学毕业证书
6	स्नातक डिग्री/ Bachelor's Degree	学士学位,一般学制 3～4 年,准入条件为获得高中毕业证书或同等学历

（续表）

序号	证书（尼泊尔语）	证书描述
7	चिकित्सा विज्ञान र शल्य चिकित्सा को स्नातक (MBBS), पशु चिकित्सा विज्ञान र पशुपालन को स्नातक/ Bachelor of Medicine & Bachelor of Surgery (MBBS), Bachelor of Veterinary Science & Animal Husbandry	临床医学学士学位/兽医学学士学位，学制 5.5 年，准入条件为获得高中毕业证书或相同学历
8	मास्टर डिग्री/ Master's Degree	硕士学位，在不同领域完成 2 年学业并完成 1 年国家发展服务后获得该证书
9	पीएचडी प्रमाणपत्र/ Doctor	博士学位，学制 3 年＋，准入条件为获得硕士学位

斯里兰卡的教育证书评估研究

一、国家概况

斯里兰卡民主社会主义共和国,简称斯里兰卡,旧称锡兰,是南亚次大陆以南印度洋上的岛国,西北隔保克海峡与印度相望。接近赤道,终年如夏,年平均气温28℃,受印度洋季风影响,西南部沿海地区湿度大。风景秀丽,素有“印度洋上的明珠”之称。面积65 610平方公里,人口2 218万(2044年)。僧伽罗族占75%,泰米尔族16%,摩尔族9%。僧伽罗语、泰米尔语同为官方语言和全国语言,上层社会通用英语。居民70.2%信奉佛教,12.6%信奉印度教,9.7%信奉伊斯兰教,此外还有天主教和基督教。

斯里兰卡以种植园经济为主,主要作物有茶叶、橡胶、椰子和稻米。工业基础薄弱,以农产品和服装加工业为主。在南亚国家中率先实行经济自由化政策。

二、教育

(一) 教育概况

斯里兰卡教育由教育部、高等教育部、教育服务部管理。教育部主要对中小学校、教师培训学院、教育学院及佛学院进行管理,高等教育部管理大学及技术学院,教育服务部为普通教育提供所需的教育设施。

政府一贯重视教育,自1945年起实行幼儿园到大学的免费公立教育,是一个真正“有教无费”的国家。对于家庭经济有困难的学生,政府会给予适当补助,补助发放到高中毕业。2021年居民识字率达93.3%。全国有学校17 082所,私立学校106所,在校学生约433万人,教师约25.6万。2017年政府教育开支达2 011.6亿卢比,比上年增长8%。主要大学有佩拉德尼亚大学、凯拉尼亚大学和科伦坡大学等。

虽然斯里兰卡公立教育体制占主导,但私立教育也发挥一定作用。目前,斯里兰卡 35%的教育总投入由学生家庭承担。私立学校虽然按照国家教育部制定的大纲组织教学,但收取一定费用。国际学校用英语授课,学生参加国际公共考试或以英语为媒介的国家考试。由于斯里兰卡只有少部分符合条件的学生能够获得进入公立大学的录取通知书,导致家长们不得不通过其他途径让自己的孩子接受高等教育。

(二) 教育体系

斯里兰卡教育分为 5 个层次,即小学(mulika pirivena,1～5 年级)、初中(maha pirivena,6～9 年级)、高中(pirivena vidyayathanaya,10～11 年级)、大学预科(12～13 年级)和大学。斯里兰卡法律规定,所有儿童必须学完 9 年课程,但教育部强烈建议学生学到高中毕业。斯里兰卡教育体系见图 1。

(三) 详述

1. 初等教育

斯里兰卡儿童从 5 岁开始上小学,小学 5 年制,分为 3 个阶段:1 年级&2 年级,3 年级&4 年级,5 年级。全国小学 1 年级入学率超过 99%。在 5 年级结束时,学生会参加奖学金考试。在该考试中成绩达到标准的学生会被最好的中学录取,并每月获得津贴,直到大学毕业。

2. 中等教育

斯里兰卡 6～9 年级为初中,学制 4 年。初中阶段有 9 门课程,包括第一语言、英语、数学、科学技术、社会学、生活技能、宗教、美学、健康与体育。师资条件充足的学校也会开设第二语言课程,即泰米尔语和僧伽罗语。

斯里兰卡高中为 2 年,即 10～11 年级。高中阶段学生主要学习 8 门核心课程,包括宗教、第一语言、英语、数学、科学、社会科学与历史、美学和技术课程。学生还可以从以下选修课程中选择 3 门:僧伽罗语或泰米尔语作为第二语言、历史、地理、健康与体育、文学(僧伽罗语/泰米尔语/英语)以及现代语言或古典语言。

斯里兰卡 12～13 年级为大学预科,斯里兰卡以英国教育体制为模板,大学预科为大学阶段的准备课程。在该阶段,学生可以从以下科目中选 2 科作为必修学习科目:历史、地理、发展研究、僧伽罗语或泰米尔语、文学(阿拉伯语、英语、泰米尔或僧伽罗语)、现代或古典语言、健康、体育。

3. 职业教育

大学、职业技术学院和其他专科学校给高中毕业生提供职业教育机会,有 1 年学习证书项目,2 年专科文凭项目和 4 年高等国家专科文凭项目。这些项目的准入条件是获得斯里兰卡普通教育证书。想要从事中小学教师工作的高中毕业生需

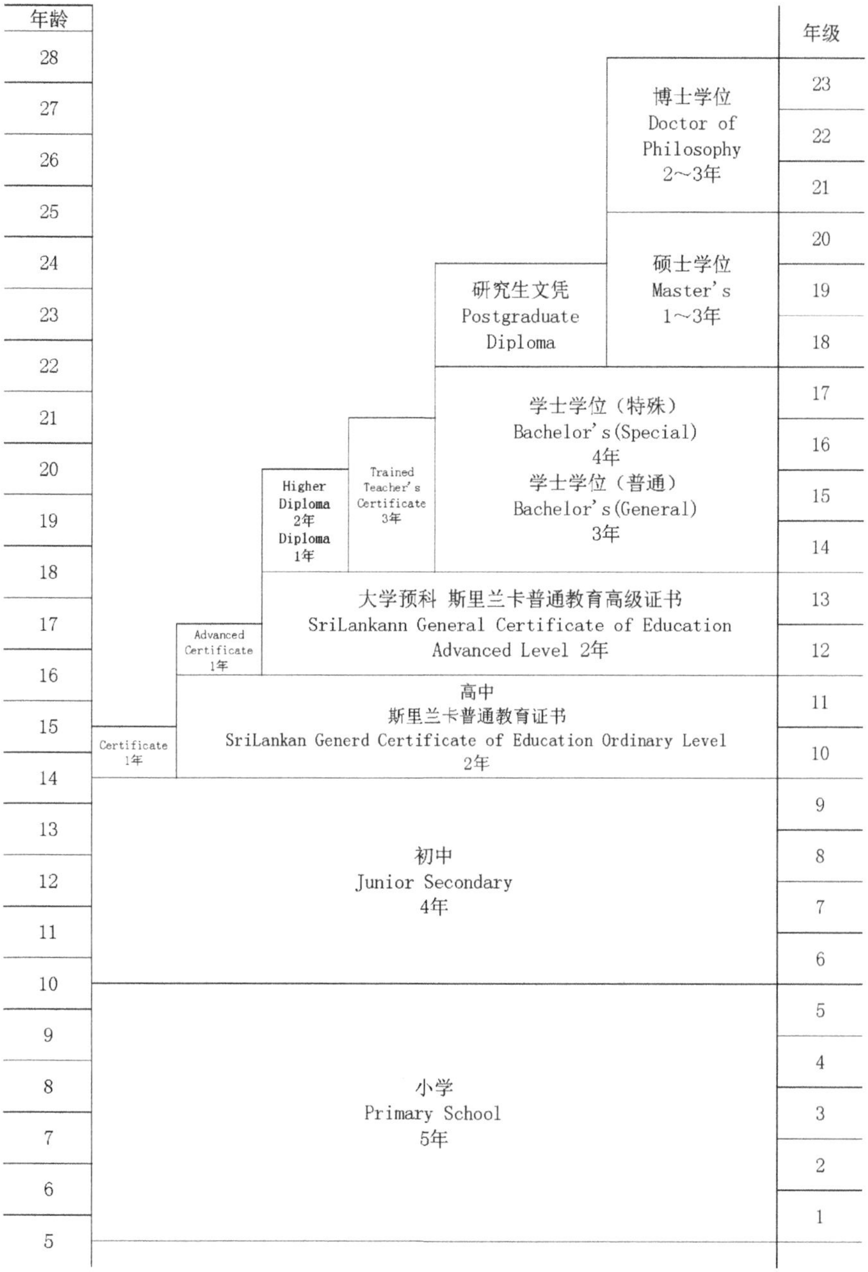

年龄 28 27 26 25 24 23 22 21 20 19 18 17 16 15 14 13 12 11 10 9 8 7 6 5

年级 23 22 21 20 19 18 17 16 15 14 13 12 11 10 9 8 7 6 5 4 3 2 1

博士学位
Doctor of Philosophy
2～3年

硕士学位
Master's
1～3年

研究生文凭
Postgraduate Diploma

学士学位（特殊）
Bachelor's(Special)
4年
学士学位（普通）
Bachelor's(General)
3年

Trained Teacher's Certificate
3年

Higher Diploma
2年
Diploma
1年

大学预科 斯里兰卡普通教育高级证书
SriLankann General Certificate of Education Advanced Level 2年

Advanced Certificate
1年

高中
斯里兰卡普通教育证书
SriLankan Generd Certificate of Education Ordinary Level
2年

Certificate
1年

初中
Junior Secondary
4年

小学
Primary School
5年

图1　斯里兰卡教育体系

要在教师进修学院参加为期 2～3 年的培训项目，培训结束后在中学或小学完成 1

年的教学实习，获得中小学教师培训证书。教师培训项目的准入条件是获得斯里兰卡普通教育高级证书。

4. 高等教育

斯里兰卡高等教育机构大部分都在高等教育部和大学教育资助委员会（The University Grants Commission，简称 UGC）的统筹下运行，主要包括四种类型：一是高等教育部和大学教育资助委员会管辖下的大学和高等教育机构；二是其他政府部门管辖下的大学和高等教育机构；三是私立高等教育机构；四是独立的开放和远程教育机构——斯里兰卡开放大学。高等教育部直辖斯里兰卡高等技术教育学院、佛教和巴利大学以及比丘大学 3 所大学，大学教育资助委员会下辖全国 36 个高等教育机构，包括科伦坡大学、佩拉德尼大学、凯拉尼亚大学等 15 所公立大学、18 所研究院所和 3 所大学分校。自 2005 年以来囿于空间和资源的限制，斯里兰卡大学的数量及学生入学率基本无明显提升。其他政府部门管辖下的大学和高等教育机构有 2 所，分别是国防部直辖的约翰・科特拉瓦拉将军国防大学和隶属于职业技术培训部的职业技术大学。此外，斯里兰卡还有 46 所私人高等教育机构，以及 1 所开放大学。2018 年斯里兰卡在读大学生人数约 70 万。

参加斯里兰卡普通教育高级证书考试的学生中，符合大学录取的学生比例虽然提高了，但真正能够进入大学的学生比例仍旧非常低，普通教育高级证书分数达到大学入学要求的学生仅有 13%左右，大学入学竞争非常激烈。

（四）考试、升级与证书制度

小学和初中是斯里兰卡立法规定的强制义务教育阶段，小学毕业时如果通过了国家奖学金考试，可升入更好的初中就读。斯里兰卡学生的第一次考试是小学阶段最后一年（5 年级）结束前的奖学金考试，考试科目包括数学、科学和语言。奖学金考试成绩优秀的学生可以进入有名的国家公立中学。该考试由斯里兰卡教育部考试司组织，竞争非常激烈。

初中毕业时，学生可以选择升入高中学习，也可以选择不再继续学习，转而做学徒或务农。斯里兰卡学生高中 11 年级结束时参加斯里兰卡普通教育证书（Sri Lankan General Certificate of Education Ordinary Level，简称 GCE O/L）考试。该考试由斯里兰卡教育部考试司组织并颁发证书，考试通过后学生方可进入大学预科 12 年级学习，考试时间一般为 12 月。GCE O/L 考试参照英国剑桥大学普通水平资格考试，考试科目包括 6 门主课：数学、科学、本族语、宗教、历史、英语。考生还可以另外选择 3 门科目，比如英语语言文学、舞蹈、商务和会计学。

斯里兰卡学生在 2 年的大学预科结束时参加斯里兰卡普通教育高级证书（Sri

Lankan General Certificate of Education Advanced Level，简称 GCE A/L）考试。GCE A/L 考试包括 4 个门类的课程：文学、经济学、生物科学、物理科学，由斯里兰卡教育部考试司组织并颁发证书。考生可以任意选择每个门类中的 3 门科目参加考试。斯里兰卡 GCE A/L 考试门类与科目见表 1。

表 1　斯里兰卡 GCE A/L 考试门类与科目

物理科学	综合数学、物理、化学和信息科学等
生物科学	生物、物理、农业科学、化学等
经济学	经济学、商务、政治学、地理等
文学	社会科学、宗教与文明、美学、语言等

GCE A/L 考试于每年 8 月在全国各地指定中学举行，监考教师和督考由教育部考试司选派当地教育系统内有资质的老师担任。GCE A/L 考试为斯里兰卡大学入学考试，考生有 3 次考试机会，以达到大学最低录取要求，获得大学入学资格。GCE A/L 考试成绩评分由大学教师为主导、有经验的中学教师参加的评分组来操作。成绩需要 4～5 个月才会公布，根据大学和所选专业的开学时间，考生在参加考试后有时要等将近一年才能进入当地大学。

斯里兰卡大学也提供 1 年制的课程证书项目和 2 年制的专科文凭项目。大学本科项目学制一般 3 年，特殊本科项目学制为 4 年，医学和建筑学学制 5 年。硕士研究生项目包括 1～2 年的研究生文凭项目和 1～3 年的硕士学位项目，准入条件为获得学士学位。博士研究生项目需要 3～5 年的课程学习，并通过博士论文答辩，准入条件为获得硕士学位。

（五）成绩评价制度

斯里兰卡中学采用 A、B、C、S、F 字母等级来评价学生学业。A 为优秀，B 为良好，C 为中等，S 为合格，F 为不合格，40%为最低合格分数。斯里兰卡成绩评价制度见表 2。

表 2　斯里兰卡成绩评价制度

对应的百分制	字母等级	描述	对应中文意义
75～100	A	distinction	优秀
65～74	B	very good pass	良好
50～64	C	credit pass	中等

（续表）

对应的百分制	字母等级	描述	对应中文意义
35～49	S	ordinary pass	合格
0～34	W/F	weak/fail	不合格
35 为最低合格分数			

（六）常见教育证书

斯里兰卡常见教育证书见表 3。

表 3　斯里兰卡常见教育证书

序号	证书名称	证书描述
1	Sri Lankan General Certificate of Education Ordinary Level/ සාමාන්‍ය අධ්‍යාපන සහතිකය සාමාන්‍ය පෙළ	斯里兰卡普通教育证书，完成 2 年高中学业后通过 GCE O/L 考试获得该证书
2	Sri Lankan General Certificate of Education Advanced Level/ උසස් පෙළ අධ්‍යාපන සහතිකය	斯里兰卡普通教育高级证书，完成 2 年大学预科学业后通过 GCE A/L 考试获得该证书，准入条件为获得普通教育证书
3	Certificate/සහතිකය	证书，准入条件为初中毕业，该资格证书主要在职业教育领域颁发
4	Advanced Certificate/උසස් සහතිකය	高级证书，准入条件为获得普通教育证书或相当水平，该资格证书主要是在职业教育领域颁发
5	Diploma/ඩිප්ලෝමාව	专科文凭，完成 1 年大学专科课程后获得该证书，准入条件为获得普通教育高级证书
6	Higher National Diploma/ උසස් ජාතික ඩිප්ලෝමාව	国家高等专科文凭，完成 2 年大学专科课程后获得该证书，准入条件为获得普通教育高级证书

（续表）

序号	证书名称	证书描述
7	Trained Teacher's Certificate（Primary School Teacher）/ පුහුණු ගුරු සහතිකය (ප්‍රාථමික පාසල් ගුරුවරයා)	教师培训证书，完成 2 年教师进修课程及 1 年教学实习后获得该证书，准入条件为获得普通教育高级证书
8	Trained Teacher's Certificate（Secondary School Teacher）/ පුහුණු ගුරු සහතිකය (ද්විතියික පාසල් ගුරුවරයා)	教师培训证书，完成 2 年教师进修课程及 1 年教学实习后获得该证书，准入条件为获得普通教育高级证书
9	Bachelor's（General）/ උපාධිය (සාමාන්‍ය)	学士学位（普通），完成 3 年大学本科学业获得该证书，准入条件为获得普通教育高级证书
10	Bachelor's（Special）/ උපාධිය (විශේෂ)	学士学位（特殊），完成 4 年大学本科学业获得该证书，准入条件为获得普通教育高级证书
11	Bachelor of Laws（LLB）/ නීති උපාධිය (LLB)	法学学士学位，完成 4 年大学法学本科学业获得该证书，准入条件为获得普通教育高级证书
12	Bachelor of Veterinary Science（BVSc）/ පශු වෛද්‍ය විද්‍යාවේදී උපාධිය (BVSc)	兽医学学士学位，完成 4 年大学兽医学本科学业获得该证书，准入条件为获得普通教育高级证书
13	Bachelor of Medicine/ වෛද්‍ය උපාධිය	医学学士学位，完成 5 年医学学业和 1 年实习获得该证书，准入条件为获得普通教育高级证书
14	Bachelor of Ayurvedic Medicine and Surgery（BAMS）/ ආයුර්වේද වෛද්‍ය හා ශල්‍ය වෛද්‍ය උපාධිය	阿育吠陀全科医学学士，完成 6 年医学学业和 1 年实习获得该证书，准入条件为获得普通教育高级证书

（续表）

序号	证书名称	证书描述
15	Bachelor of Unani Medicine and Surgery (BUMS)/ යුනානි වෛද්‍ය හා ශල්‍ය වෛද්‍ය උපාධිය	尤纳尼全科医学学士，完成6年医学学业和1年实习获得该证书，准入条件为获得普通教育高级证书
16	Postgraduate Diploma/ පශ්චාත් උපාධි ඩිප්ලෝමාව	研究生文凭，学制为1～2年，准入条件为获得学士学位
17	Master of Business Studies/ ව්‍යාපාර අධ්‍යයනය පිළිබඳ මාස්ටර්	商学硕士学位，学制为1年，准入条件为获得学士学位（特殊），并具有2年工作经验
18	Master of Arts/ ශාස්ත්‍රපති	文学硕士学位，学制为2～3年，完成学业并通过论文答辩后获得该学位，准入条件为获得学士学位（特殊）
19	Master of Science/ විද්‍යා මාස්ටර්	理学硕士学位，学制为2～3年，完成学业并通过论文答辩后获得该学位，准入条件为获得学士学位（特殊）
20	Master of Philosophy/ දර්ශනපති	哲学硕士学位，学制为2～3年，完成2～3年学业并通过论文答辩后获得该学位，准入条件为获得学士学位（特殊）
21	Master of Laws/ නීතිපති	法学硕士学位，学制为1年，准入条件为获得法学学士学位
22	Doctor of Philosophy/ දර්ශන ආචාර්ය	哲学博士学位，学制为2～3年，完成学业并通过论文答辩获得该学位，准入条件为获得硕士学位

印度的教育证书评估研究

一、国家概况

印度全称印度共和国，是南亚次大陆最大的国家。东北部同中国、尼泊尔、不丹接壤，东部与缅甸为邻，东南部与斯里兰卡隔海相望，西北部与巴基斯坦交界。东临孟加拉湾，西濒阿拉伯海，海岸线长 5 560 公里。面积约 298 万平方公里(不包括中印边境印占区和克什米尔印度实际控制区等)，居世界第 7 位。据联合国人口司估测，印度人口 2023 年 4 月达到约 14.26 亿人，居世界第一位。印度有 100 多个民族，其中印度斯坦族约占总人口的 46.3%，其他较大的民族包括马拉提族、孟加拉族、比哈尔族、泰卢固族、泰米尔族等。

在宗教信仰方面，世界各大宗教在印度都有信徒，其中印度教教徒和穆斯林分别占总人口的 80.5%和 13.4%。官方语言为印地语和英语。印度首都新德里，人口 2 500 万。

印度是世界四大文明古国之一。公元前 2500 年至公元前 1500 年之间创造了印度河文明。公元前 1500 年左右，原居住在中亚的雅利安人中的一支进入南亚次大陆，征服当地土著，创立了婆罗门教。公元前 4 世纪崛起的孔雀王朝统一印度，公元前 3 世纪阿育王统治时期达到鼎盛，把佛教定为国教。公元 4 世纪笈多王朝建立，形成中央集权大国，统治 200 多年。中世纪小国林立，印度教兴起。1398 年，突厥化的蒙古族人由中亚侵入印度。1526 年建立莫卧儿帝国，成为当时世界强国之一。1600 年英国开始入侵印度。1757 年印度沦为英国殖民地，1849 年全境被英国占领。1947 年 6 月，英国通过"蒙巴顿方案"，将印度分为印度和巴基斯坦两个自治领地。同年 8 月 15 日，印度独立。1950 年 1 月 26 日，印度宪法正式生效，印度成立共和国，同时仍为英联邦成员。

印度独立后经济有较大发展。农业由严重缺粮到基本自给，工业形成较为完整的体系，自给能力较强。20 世纪 90 年代以来，服务业发展迅速，占 GDP 比重逐年上升。印度已成为全球软件、金融等服务业重要出口国。根据国际货币基金组织的经济调查数据，2018—2019 财年主要经济数据如下（以时价计算）：国内生产总值 2.72 万亿美元，增长率 6.8%；人均国内生产总值 2 038 美元；外汇储备 4 486 亿美元（2019 年 11 月数据）。

二、教育

（一）教育概况

印度正在逐步建立起全国统一的学制，将非正规教育系统，如初等教育阶段的非正规教育中心、中等教育阶段的开放学校和高等教育阶段的开放大学，纳入学制系统，这样的教育结构有助于加强国家统一。与全国统一学制相适应，在初等教育和初中教育阶段要求具有共同的学习计划，称作普通教育课程，其中的劳动教育极具印度特色。虽然印度已建立起门类较为齐全完善的学校类型，但在实际发展过程中各级教育的发展并不平衡。例如，初级教育要求的普及目标仍达不到，而中等职业教育并未受到学生的青睐，参加职业教育的学生人数远未达到政府所计划的比例，高等教育存在教育质量和效益不高、毕业生失业、人才外流等诸多问题。

印度在政体上施行联邦制，教育在相当程度上主要由各邦负责，直到 1976 年的宪法修正案把由各邦控制的教育事业划归宪法中的《并行条目》，规定可由中央制定全国性教育政策，教育的权限逐渐向中央转移。

目前的教育行政体制划分为中央和邦两级。中央教育行政机构是教育部，主要负责审定各种教育计划，实施这些计划的指导工作，协调学校教育范围内的各种活动，监督全国范围的教育进程，出版全国性教育统计资料及与教育教学有关的其他出版物。各邦政府设有邦教育部，负责各邦内的教育事务。印度定期召开各邦教育部长会议，主要在于确保各邦教育发展按全国模式进行，达到一定程度的统一，促进教育全国统一化。

（二）教育体系

现行教育制度依据“10—2—3”的统一学制，该学制由印度教育委员会在 1966 年提出，在全国各邦推行。“10—2—3”学制的年限分配如下：“10”为普通教育阶段，10（普通教育阶段）＝8（初等教育阶段）＋2（初级中等教育阶段），其中 8（初等教育为义务教育阶段）＝5（1～5 年级的初小）＋3（6～8 年级的高小）；“2”为高级中等教育阶段，分为学术类和职业类；“3”为高等教育第一级学位阶段，即本科教育。印度教育体系见图 1。

年龄	学段	年级
26	哲学博士 1～5年 工程博士 1年	20
25	哲学博士 1～5年 工程博士 1年	19
24	哲学博士 1～5年 工程博士 1年；哲学硕士 1～2年	18
23	哲学博士 1～5年 工程博士 1年；哲学硕士 1～2年	17
22	硕士学位 1.5～3年	16
21	硕士学位 1.5～3年	15
20	学士学位 Bachelor's Degree 3～5年；大专文凭 Post Secondary Diploma 2～3年；大专文凭 Post Secondary Diploma 1～2年	14
19	学士学位 Bachelor's Degree 3～5年；大专文凭 Post Secondary Diploma 2～3年；大专文凭 Post Secondary Diploma 1～2年	13
18	学士学位 Bachelor's Degree 3～5年；大专文凭 Post Secondary Diploma 2～3年；中专文凭 Polytechnic Diploma 3年	12
17	高中 高级中学证书/全印中学证书/印度学校证书考试 HSC/AISC/ISC/Intermediate 2年；中专文凭 Polytechnic Diploma 3年	11
16	高中 高级中学证书/全印中学证书/印度学校证书考试 HSC/AISC/ISC/Intermediate 2年；中专文凭 Polytechnic Diploma 3年	10
15	初中 初中毕业证书 SSC/SSLC/MC 2年	9
14	初中 初中毕业证书 SSC/SSLC/MC 2年	8
13	小学高级阶段 elementary education upper primary or middle school 3年	7
12	小学高级阶段 elementary education upper primary or middle school 3年	6
11	小学高级阶段 elementary education upper primary or middle school 3年	5
10	小学初级阶段 elementary education 5年	4
9	小学初级阶段 elementary education 5年	3
8	小学初级阶段 elementary education 5年	2
7	小学初级阶段 elementary education 5年	1
6	小学初级阶段 elementary education 5年	

图 1　印度教育体系

（三）详述

1. 初等教育

印度学前教育在历史上不受重视，在印度独立后逐渐发展起来。学前教育机构较少，经费投入也少，多附设于大学儿童发展系、家政学院、教育学院或学前师范教育学校的实验幼儿学校。

初等教育学制为8年,分为5年初小和3年高小,学生入学年龄为6岁。印度独立期间分两种形式进行初等教育,一是继续以往的小学,一是根据甘地基础教育思想创办的基础学校。自“10—2—3”学制施行后,这种双轨的初等教育体制被统一的学校系统所取代,但仍分初小和高小。其课程设置根据中央统一标准,由各邦自行制定,初小一般设置语言课程(母语或地区语言)、数学、环境常识、劳动实习、艺术教育、卫生教育和体育,高小一般设置两种语言课程、数学、自然常识、社会常识、劳动实习、艺术教育、卫生教育和体育。

2. 中等教育

印度初中阶段课程实行“公共科目制”,除了增设第三种语言外,其余科目与初等教育阶段基本相同。1988年公布的初中课程框架包括:三种语言(30%)、数学(13%)、自然科学(13%)、社会科学(13%)、劳动实习(13%)、艺术教育(9%)、卫生教育和体育(9%)。印度目前有四大类中学,分别是邦立学校(属公立性质)、由宗教组织主办的私立学校、主要由公学和模范学校组成的私立学校、公立新式学校。

第一类是邦立学校,由各邦政府自己直接创办和领导,或通过市政府机关进行间接管理。邦立学校是印度中等教育的主体,大部分学生就读于此类学校,接受世俗教育,教学用语为印地语或地方母语。第二类是由宗教组织主办的私立学校,这些组织有基督教使团、印度教的圣社、锡克教的宗教团体等。该类学校有较强的宗教性,基督教使团创办的学校使用英语,其他社团创办的学校用印地语或地方语言。第三类是由公学和模范学校组成的私立学校,公学即寄宿学校,是殖民地时期遗留下来的以公学为模式的一种学校,而模范学校是一种日校,这两种学校重视教育质量,尤其重视语言学习和中上层社会的道德规范和行为准则。公学的学费昂贵,贫民阶层对其望而却步,但随着印度中产阶级的扩大,这类学校难以满足人民日益增长的对英语教育的需要。第四类学校是公立新式学校,创办于80年代后期,为促进国家一体化,以优异和平等为目标,招收以农村地区为主的有天赋的儿童,为他们提供一起生活和学习的机会,并努力挖掘学生潜能。新式学校直接隶属于中央中等教育委员会,学校在10年级和12年级分两次参加中央中等教育委员会举办的统一考试,教育用语是印地语和英语。

高中阶段实行学术和职业分轨制度,学校的课程由两部分组成:核心课程(共同必修课)和选修课程。学术高中开设语言(15%)、劳动实习(15%)、选修科目(70%),选修科目在下列科目中任选4门:语言(必修语言除外)、数学、经济学、化学、政治学、地理、生物、社会学、哲学、历史、美术、体育、商业和财会、心理学、物理学、家政学。职业高中包含语言(15%)、普通基础学科(15%)、选修科目(70%),选修科目包括:渔业、水果和蔬菜的基础知识、农业、农场机械、水土保护、小型工业、畜牧管理、园艺、合作销售或农业产品销售、小型农场管理和乡村建设技术、商业和办公室管理、辅助医事、教育服务、地方团体和其他服务、新闻、家政及相关职业,其他一般性服务如照相、印刷、导游、理发等。

3. 职业教育

印度的职业技术教育主要在高中阶段进行,一般以三种学校为主,即实施职业教育的工业训练学校、实施技术教育的多科技术学校、实施以就业为导向的高中职业学校。工业训练学校属于一种技校,培养工人和手工艺人,有公私立之分,隶属于全国职业行业培训委员会,并由劳动部统一领导。多科技术学校属于中等专业学校,主要培养技术员,隶属于印度技术教育委员会,并由中央人力资源开发部统一领导。高中职业学校是为了实现"中等教育职业化"而在70年代开始设立的,属于职高,主要是把学生导向职业教育,分散流入城市的农村青年,使学生形成正确的劳动态度。高中职业学校主要由各邦教育部负责,中央从全国角度制定职业化课程的类别和科目,但各邦仍可根据本邦的实际情况设置课程。

4. 高等教育

2020年,印度公立和私立综合大学共874所,其中中央大学47所、邦立大学391所、重点大学125所、私立大学311所。公立私立学院类高校规模较为庞大,共有40 000多所,其中40%以上学院为单学科高等教育机构,20%以上学院在校生规模不足100名,规模在3 000名以上的学院仅占4%。学院是印度高等教育的主体,院长是关键人物,在学院范围内拥有最高权力,学院分为大学学院和附属学院,既有公立也有私立。公立学院由邦或者中央政府拨款建立,私立学院则由各种私人团体创办和管理,但接受政府补助。

在印度大学里,评议会、行政委员会和学术委员会是大学的主要立法和执行机构。其中,评议会是大学的最高机构,成员达上百人之多,作为大学最高管理机构,制定发展政策,控制预算,审核年度报告并通过决议;制定、修改或撤销章程,建立并运营大学学院,确定管理职位,授予学位等。而行政委员会负责大学的日常管理工作,任命培训教员并决定其工资,管理大学学院、学生宿舍、图书馆等;控制附属学院的认可并有权向评议会建议停止某学院与大学的附属关系。学术委员会负责说明学习、确定课程、制定入学规程等,对大学的学术政策有权予以控制并起到协调系科的作用。

印度大学的大学校长是种名誉称号,同时兼任评议会主席一职。大学的实际领导是副校长,他必须保证《大学法》各条款和其他各种规则章程的贯彻执行。副校长有权召集评议会、行政委员会和学术委员会会议，并执行这些机构的各项决定。

（四）考试、升级与证书制度

印度的初中考试称为印度中等教育证书考试（Indian Certificate of Secondary Education Examination，简称 ICSE），是针对 10 年级学生的能力水平测试，也称“印度十年级毕业考试”，于 1986 年首次实施。考试科目包括必考科目和选考科目，具体见表 1。所有考生必须参加至少 6 门科目的考试，即英语、第二门语言（包括法语、德语、西班牙语或 CISCE 批准的其他任何一门外语）、社会科学（包括历史、公民学、地理，三选一），选考科目第Ⅱ组中的任意 2～3 个科目和第Ⅲ组中的任意 1 个科目。

表 1　印度中等教育证书考试必考科目和选考科目

组别	性质	科目	要求
第Ⅰ组	必考科目	1.英语 2.第二门语言 3.社会科学（包括历史、公民学、地理，三选一）	全选
第Ⅱ组	选考科目	4.数学 5.科学（包括物理、化学、生命科学，三选一） 6.经济学 7.商务研究 8.古典语言 9.现代外语 10.环境科学	任意 2～3 个科目
第Ⅲ组		11.信息技术基础 12.经济应用 13.商务应用 14.艺术 15.表演艺术 16.家庭科学 17.烹饪学 18.服装设计 19.体育 20.瑜伽 21.技术制图应用 22.环境应用 23.现代外语	任选 1 个科目

印度的高中毕业考试对于学生来说是一种“磨难”。印度的教育体系中，11～12 年级的高中教育隶属于不同的教育委员会，有三种类型：印度学校证书考试委员会（Council for the Indian School Certificate Examinations，简称 CISCE）；中央中等教育委员会（Central Board of Secondary Education，简称 CBSE）；各邦级教育委员会，如卡纳塔克邦中等教育考试委员会（Karnataka Secondary Education Examination Board）。

每年的三月前后，三种高中毕业考试将会陆续进行，具体参加哪一类考试，取决于学校所属的教育委员会，高中毕业生将取得各自的“高中会考成绩”。对于高中选择了人文、商业方向（相当于中国的文科）的学生来说，可以直接拿会考成绩去申请大多数学校，个别学校需要学生参加单独的入学考试，还有的邦级教育委员会会为邦所属的大学举行统一入学考试，学生可以按需参加。而理科高考，尤其是工程师和医生专业，难度更胜一筹。在高中选择了科学方向（相当于中国理科）的学生，就需要参加单独的入学考试。如果有志于做医生，那就需要参加国家资格与入学考试（National Eligibility Entrance Test，简称 NEET）考试。而要入读工程类专业，一般需要参加联合入学考试(Joint Entrance Examination，简称 JEE)。联合入学考试分为两种：主体联合入学考试（JEE Main）和高阶联合入学考试（JEE Advanced），任何符合要求的候选人都可以参加主体联合入学考试，通过考试后，有望被国立技术学院、印度信息技术研究所、政府资助的技术研究所录取。而高阶联合入学考试则是通往印度理工学院的大门，只有最顶尖的一万多名学生，才有可能最终拿到印度理工学院的入场券。联合入学考试包含数学、物理和化学三个科目，总分 360 分。

（五）成绩评价制度

印度中学一般采用百分制成绩评价制度，得分前 10%～25%的学生被视为"等级持有者"(Rank Holders)。具体见表 2。

表 2　印度中学成绩评价制度

成绩等级	成绩描述	对应中文意义
60%～100%	first class	一等
50%～59%	second class	二等
35%～49%	third or pass class	三等

但参加 CBSE 考试和 CISCE 考试的学生，其评分有所不同。CBSE 将所有及格的学生按等级排列，并采用表 3 的成绩评价制度对每个学科进行评分。

表 3　印度 CBSE 与 CISCE 考试成绩评价制度

CBSE	CISCE	中文描述
A1：前 1/8	1 pass with credit	良好通过
A2：第二个 1/8	2 pass with credit	良好通过
B1：第三个 1/8	3 pass with credit	良好通过
B2：第四个 1/8	4 pass with credit	良好通过
C1：第五个 1/8	5 pass with credit	良好通过
C2：第六个 1/8	6 pass with credit	良好通过

（续表）

CBSE	CISCE	中文描述
D1：第七个 1/8	7 pass	及格
D2：第八个 1/8	8 pass	及格
E：未通过	9 fail	不及格
33 分为最低及格线		

（六）常见教育证书

印度常见教育证书见表 4。

表 4　印度常见教育证书

序号	证书	证书描述
1	Secondary School Certificate(SSC)/ Secondary School Leaving Certificate (SSLC)/Matriculation Certificate(MC)	初中毕业证书，在完成 10 年基础教育学业后通过外部考试获得该证书
2	All India Secondary School Certificate (AISC)	全印中学证书，在完成 10 年基础教育学业后通过外部考试获得该证书
3	Indian Certificate of Secondary Education(ICSE)	印度中学教育证书，在完成基础教育 10 年学业后通过外部考试获得该证书
4	Higher Secondary Certificate (HSC)/ Higher Secondary School Certificate (HSSC)	高级中学证书，完成 2 年高中学业（或同等学历）并通过外部考试后获得该证书
5	Senior Secondary Certificate(SSC)/ Pre-University Certificate/Pre-Degree Certificate	高中毕业证书/大学预科证书/学位预科证书，完成 2 年高中学业（或同等学历）并通过外部考试后获得该证书
6	Intermediate Examination Certificate	中级考试证书，在完成 2 年高中学业（或同等学历）并通过外部考试后获得该证书
7	All India and Delhi Senior School Certificate	全印和德里高中证书，在完成 2 年高中学业（或同等学历）并通过外部考试后获得该证书
8	Indian School Certificate(ISC)	印度学校证书考试，在完成 2 年高中学业（或同等学历）并通过外部考试后获得该证书

（续表）

序号	证书	证书描述
9	Diploma	中专文凭，在专业技术领域或教师培训学校完成3年学业后获得该证书，准入条件为获得初中毕业证书
10	Post Secondary Diploma	大专文凭，学制1～2年，准入条件为获得高中毕业证书或同等学历
11	Bachelor	学士学位，学制3年，准入条件为获得高中毕业证书或同等学历
12	Bachelor of Engineering/Technology/Agricultural Sciences/Forestry/Nursing	工程/技术/农学/林学/护理学士学位，学制4年，准入条件为获得高中毕业证书或同等学历
13	Bachelor of Architecture	建筑学学士学位，学制5年，准入条件为获得高中毕业证书或同等学历
14	Bachelor of Education (B.Ed.)	教育学学士学位，学制1年，准入条件为获得学士学位
15	Bachelor of Laws(LLB)	法学学士学位，学制2～3年，准入条件为获得学士学位
16	Bachelor of Medicine/Bachelor of Surgery(MBBS)	临床医学学士学位，完成4.5～5.5年学业和1年实习后获得该学位，准入条件为获得学士学位
17	Master of Arts/Business Administration/Computer Management/Commerce/Fine Arts or Science	硕士学位，完成2年学业后获得该学位，准入条件为获得3年制学士学位
18	Master of Engineering/Technology/Science(MS)Research Degree	工程/技术/理学研究硕士学位，学制1.5～2年，准入条件为获得4年制工程/技术学士学位
19	Master of Computer Applications	计算机应用硕士学位，学制3年，准入条件为获得3年制学士学位
20	Master's Degrees in Medical Sciences	医学硕士学位，学制3年，准入条件为获得3年制学士学位

（续表）

序号	证书	证书描述
21	Doctor of Medicine (M.D.)/Doctor of Dental Surgery (D.D.S.)	医学博士学位/口腔外科博士学位，学制3年，准入条件为获得临床医学学士学位或口腔外科学士学位
22	Master of Philosophy (M.Phil.)	哲学硕士学位，学制1～2年，准入条件为获得硕士学位
23	Doctor of Philosophy (Ph.D.)	哲学博士学位，学制1～5年，准入条件为获得硕士学位
24	Doctor of Engineering	工程博士学位，学制1年，准入条件为获得工程/技术硕士学位

中亚国家

哈萨克斯坦的教育证书评估研究

一、国家概况

哈萨克斯坦位于亚洲中部。北邻俄罗斯，南与乌兹别克斯坦、土库曼斯坦、吉尔吉斯斯坦接壤，西濒里海，东接中国。面积272.49万平方公里。人口有1912.5万(截至2022年1月)。约有140个民族，其中哈萨克族占68%，俄罗斯族占20%。哈萨克语为国语，官方语言为哈萨克语和俄语。多数居民信奉伊斯兰教(逊尼派)。此外，还有东正教、天主教和佛教等。

哈萨克斯坦是在1991年苏联解体后取得独立的中亚五国中最大的国家。尽管苏联解体了，但哈萨克斯坦仍延续了苏联的教育体系。哈萨克斯坦经济以石油、采矿、煤炭和农牧业为主。近年来，国内生产总值呈上升趋势。

二、教育

(一) 教育概况

哈萨克斯坦继承了苏联的教育体系，尽管他们正试图修改教育制度以更好地融入国际教育市场，但苏联制度的残余仍然存在。各级教育均由教育科学部集中管理。

哈萨克斯坦历来有重视教育的传统，目前的教育体系包括学前教育、小学教育、初中教育、高中教育(含普通高中和中等专业技术学校)、大学教育等教育层次，实行9年免费义务教育。哈萨克斯坦高中教育覆盖率达到98.5%，成年人识字率达99.7%。比较知名的大学有哈萨克斯坦国立大学(又称阿里—法拉比大学)、国立古米廖夫欧亚大学、萨特帕耶夫国立技术大学、南哈萨克斯坦奥埃佐夫国立大学等。

（二）教育体系

哈萨克斯坦实行小学、中学9年义务教育制。哈萨克斯坦的教育制度一直以来采用4—5—2模式，即小学4年，初中5年，高中2年。哈萨克斯坦教育部表示将于2023年向12年教育制度过渡。哈萨克斯坦学年有2个学期，一般9月开始，次年6月结束。2022年开始，学年延迟2周，1年级学生的新学年持续时间为35个学周，2～11年级为36个学周。哈萨克斯坦教育体系见图1。

年龄
27
26
25
24
23
22
21
20
19
18
17
16
15
14
13
12
11
10
9
8
7
6

年级
21
20
19
18
17
16
15
14
13
12
11
10
9
8
7
6
5
4
3
2
1

科学博士学位
Доктор наук

科学副博士学位
Кандидат наук
2年

硕士学位
Диплом магистра
2年

硕士学位 1年
Диплом магистра

学士学位
Бакалавр
4年

专家文凭
Диплом специалиста
5年

高中 普通中等教育证书
Аттестат об общем среднем образовании
2年

初中
基础中等教育证书
Свидетельство об основном среднем образовании
5年

小学
начальная школа
4年

图1 哈萨克斯坦教育体系

（三）详述

1. 初等教育

哈萨克斯坦4～5岁儿童都可以接受免费学前教育。小学教育是强制性的，识字率超过99%。小学通常从6岁开始，学制4年。

哈萨克斯坦小学课程包括阅读、基础数学、写作、哈萨克语和俄语艺术、科学、社会科学、艺术、音乐和体育等。哈萨克斯坦所有公民和居民均可免费接受小学教育，家长通常只为课外活动付费，例如体育节目、音乐节目，有时还有实验室设备或其他特殊设备。

2. 中等教育

初等教育结束后，学生们开始5年的初中生活。学生在初中时的课程取决于年龄和年级。在较低年级，课程与小学非常相似，但知识更深些，包括数学、普通科学、社会科学、俄语或哈萨克语艺术（取决于个别学校的主要语言）和体育。在较高的8年级和9年级时，学生学习更深的科目，如外语、哈萨克语、俄语和世界文学、历史、代数（和其他高等数学课程）、物理、生物、化学以及其他科目。有的高中、初中与小学（或高中）在同一校区，而有的则在一个单独的校区。

3. 职业教育

初中毕业后，除了升入普通高中学习外，还可以选择到职业教育学校继续学习。哈萨克斯坦的初级职业教育由初级培训学校和中学提供，而中等职业教育则由大学提供。

哈萨克斯坦的培训学校旨在培训学生从事贸易等职业技能。这些完全属于职业性质的课程持续1～3年，具体取决于学生专注于学习的行业或职业类型。

培训学校的毕业生可以继续在职业学院或大学继续深造，或者进入相同、相关行业领域就业。国家免费为学生提供培训学校教育，但学生可能需要购买特殊设备、教科书和其他材料。

哈萨克斯坦中学也为学生提供职业教育的初级或基础课程，并为他们从事各种技能做好准备。与培训学校的不同之处在于，高中除了提供职业教育课程外，还提供基础学术教育以及特定的职业课程指导。

中等或高等职业教育由哈萨克斯坦的大学提供，根据学习领域不同，大学为已经完成同一领域普通中等教育和初级职业培训的学生提供加速课程。毕业生可以在大学继续学业，或选择与学习相关的领域开始工作。

4. 高等教育

哈萨克斯坦的高等教育有大学、学院、研究所、音乐学院、高等学校和高等学院。排名前两位的大学是阿拉木图的哈萨克斯坦国立大学和位于阿斯塔纳的欧亚国立大学。哈萨克斯坦的高等院校，尤其是哈萨克斯坦国立大学等重点院校，都拥有较强的教学科研力量。一些政府部门也设有研究机构，例如教育部下设教育研究机构，卫生部下设卫生保健研究机构，其中著名的有肿瘤学研究所、放射学研究所和儿科研究所等。

（四）考试、升级与证书制度

哈萨克斯坦实行九年制义务教育。小学 1～4 年级没有升学考试。完成 5 年制初中学业后，学生将获得基础中等教育证书（Свидетельство об основном среднем образовании），也称为不完全中学教育证书。完成 2 年高中学业后，学生将获得普通中等教育证书（Аттестат об общем среднем образовании），也称为完全中学教育证书。年轻人如果在本国继续高等教育，则需要参加国家统一考试（Единое национальное тестирование，简称 ЕНТ），该考试于 2004 年首次推出。

国家统一考试是哈萨克斯坦共和国高等教育机构的入学考试，但不是强制性考试。不打算进入哈萨克斯坦大学，而选择学院、中等专业教育的毕业生，以及本年不打算读大学或拟进入其他国家大学读书的学生，可以不参加考试。

一年内有 4 次全国统一考试。全国统一考试总共有 120 个任务，测试时间为 3.5 小时，满分 140 分。考试包括 3 门主要科目和 2 门个人自选科目。3 门主要科目包括数学素养、阅读素养、哈萨克斯坦历史，每年每个科目的分值不一定相同。2022 年，数学素养与哈萨克斯坦历史均为 15 个任务，阅读素养 20 个任务，个人自选科目中每个科目 35 个任务，合计 120 个任务。关于个人自选科目，学生可以从 12 个组合中任选 1 组来进行考试，包括数学—物理、数学—信息、数学—地理、生物—化学、生物—地理、世界历史—外语、世界历史—法律基础、世界历史—地理、俄语/哈萨克语—俄罗斯文学/哈萨克文学、地理—外语、化学—物理、创意—创意。

2021 年，哈萨克斯坦 14.5 万名考生参加了国家统一考试，超过 8.8 万人通过考试，约占 60%，1 923 人得分超过 120 分。考生平均得分为 69.08 分，比 2020 年高出 5 分。75.5%的考生接受的是哈萨克语测试，24.3%的考生接受俄语测试。

2022 年 8 月份的国家统一考试，21%的学生选择了“数学—物理”科目组合，20%的学生选择了“化学—生物”组合，“化学—物理”科目组合最不受欢迎，仅有 39 名考生选择。

国立大学一般录取分数线不低于 65 分，而教育科学、法律等专业不低于 75

分,农业与生物资源不低于 60 分;私立大学和学院一般录取分数线不低于 50 分,而教育科学专业不低于 75 分,健康与社会安全(医学)专业不低于 70 分。有的大学根据自选科目组合设定自己的录取分数。

(五) 成绩评价制度

哈萨克斯坦主要沿用苏联的 5 分制评价制度,其中 3 分是最低及格分数,一般最低成绩评价是 2 分。成绩可以用俄语、哈萨克语,或者在某些情况下用英语进行数字报告。哈萨克斯坦正在制定新的评价制度,采用 1～10 分制。哈萨克斯坦成绩评价制度见表 1,新评价制度与原评价制度的分值对应关系见表 2。

表 1　哈萨克斯坦成绩评价制度

成绩	成绩描述(哈萨克语)	成绩描述(俄语)	对应中文意义
5	өте жақсы, үздік	отлично	优秀
4	жақсы	хорошо	良好
3	жақсы	удовлетворительно	中等
2	канағаттанарлық	неудовлетворительно	不及格

表 2　新评价制度与原评价制度的分值对应关系

<table>
<tr><th>新评价体系</th><th>与原成绩评价制度对应关系</th><th>成绩描述</th><th>对应中文意义</th></tr>
<tr><td>10</td><td rowspan="2">5</td><td>исключительно</td><td>卓越</td></tr>
<tr><td>9</td><td>отлично</td><td>优秀</td></tr>
<tr><td>8</td><td rowspan="2">4</td><td>очень хорошо</td><td>非常好</td></tr>
<tr><td>7</td><td>хорошо</td><td>好</td></tr>
<tr><td>6</td><td rowspan="3">3</td><td>выше среднего</td><td>较好</td></tr>
<tr><td>5</td><td>средно</td><td>中等</td></tr>
<tr><td>4</td><td>удовлетворительно</td><td>一般</td></tr>
<tr><td>3</td><td rowspan="3">2</td><td>неудовлетворительно</td><td>不及格</td></tr>
<tr><td>2</td><td>плохо</td><td>不好</td></tr>
<tr><td>1</td><td>очень плохо</td><td>非常不好</td></tr>
</table>

(六) 常见教育证书

哈萨克斯坦常见教育证书见表 3。

表 3　哈萨克斯坦常见教育证书

序号	证书	证书描述
1	Свидетельство об основном среднем образовании	基础中等教育证书，即不完全中学教育证书，完成 9 年义务教育获得该证书，学生 6 岁入学
2	Аттестат об общем среднем образовании	普通中等教育证书，即完全中学教育证书，完成 11 年中小学教育获得该证书，准入条件为获得不完全中学教育证书
3	Бакалавр	学士学位，学制 4 年，准入条件为获得完全中学教育证书，并通过大学入学考试
4	Диплом специалиста	专家文凭，学制 5 年，准入条件为获得完全中学教育证书，并通过大学入学考试，或者获得学士学位后再继续深造 1 年获得该文凭，持有该文凭可以继续攻读硕士学位或副博士学位
5	Диплом магистра	硕士学位，在获得学士学位的基础上再完成 2 年学业或在获得专家文凭的基础上再完成 1 年学业获得该学位
6	Кандидат наук	科学副博士学位，学制 2 年，准入条件为获得专家文凭，相当于我国的博士学位
7	Доктор наук	科学博士学位，学生需在专业领域取得重大成就并发表论文，完全基于研究、专业成就和论文的公开答辩后申请获得，不需要任何课程学习，学习期限各不相同，相当于我国的博士后学习，通常只授予少数在其研究领域得到高度认可的专业人才

吉尔吉斯斯坦的教育证书评估研究

一、国家概况

吉尔吉斯斯坦位于中亚东北部，边界线全长约 4 503 公里。北和东北接哈萨克斯坦，南邻塔吉克斯坦，西南毗连乌兹别克斯坦，东南和东面与中国接壤。面积 19.99 万平方公里，人口 668.32 万人(截至 2021 年 12 月)，有 80 多个民族，其中吉尔吉斯族占 73.6%，乌兹别克族占 14.8%，俄罗斯族占 5.3%。80%以上居民信仰伊斯兰教，多数属逊尼派。吉尔吉斯语为国语，俄语为官方语言。

公元前 3 世纪已有文字记载。6—13 世纪曾建立吉尔吉斯汗国。16 世纪被迫从叶尼塞河上游迁居至现居住地。1876 年被沙俄吞并。1917 年 11 月至 1918 年 6 月建立苏维埃政权。1924 年 10 月 14 日成立卡拉吉尔吉斯自治州。1936 年 12 月 5 日成立吉尔吉斯苏维埃社会主义共和国，加入苏联。1991 年 8 月 31 日，吉尔吉斯最高苏维埃通过国家独立宣言，正式宣布独立，改国名为吉尔吉斯共和国，同年 12 月 21 日加入独联体。

吉尔吉斯斯坦是一个多山的国家，自然资源匮乏，耕地仅占全国的 7%多一点，石油和天然气资源稀缺。农业以畜牧业为主，黄金和稀有金属的开采是该国的主要产业。近年来，经济出现了温和增长。

二、教育

(一) 教育概况

由于历史原因，吉尔吉斯的教育系统秉承苏联传统，对 7～15 岁青少年实行九年免费义务教育。教育部门曾削减教师薪金和设备可用性的预算。2008 年吉尔吉斯斯坦将国内生产总值的 3.7%用于教育。2001 年 89%的适龄儿童被招收入学，但从二十一世纪初期起有所下降。2005 年在校学生总数为 160 万，其中小学生大约 42.5 万人。小学入学率超过 90%，中学入学率约为 90%，高中约为 72%。大约 18 000 名小学教师是女性；在 41 000 名初中教师中，80%为女性，20%为男性。

（二）教育体系

吉尔吉斯斯坦义务教育阶段为 7～15 岁，实施 4—5—2 教育制度，包括小学 4 年，初中 5 年，高中 2 年。学年开始于 9 月份，次年 5 月份结束。吉尔吉斯斯坦教育体系见图 1。

年龄

28
27
26
25
24
23
22
21
20
19
18
17
16
15
14
13
12
11
10
9
8
7
6

年级

22
21
20
19
18
17
16
15
14
13
12
11
10
9
8
7
6
5
4
3
2
1

博士学位
Доктор наук
2年

副博士学位
Кандидат наук
3年

硕士学位
Диплом магистра
2年

硕士学位
1年

专家文凭
1年

专家文凭
Диплом
специали
ста
5～6年

学士学位
Диплом бакалавар
4年

高中　高中毕业证书
Аттестат о среднем общем
образовании 2年

中等职业教育文凭
Диплом о среднем профессиональном
образовании 2～3年

初中
初中毕业证书
Свидетельство о неполном общем образовании
5年

小学
начальная школа
4年

图 1　吉尔吉斯斯坦教育体系

（三）详解

1. 初等教育

学前班面向 3～6 或 7 岁的适龄儿童，不属于义务教育范围内。儿童入学机会有限，2005 年净入学率为 10%。小学通常从 6 岁或 7 岁开始，为期 4 年，属于义务教育。吉尔吉斯斯坦法律要求父母必须为孩子购买校服。自 2007 年起，所有小学学生必须穿校服上学。买校服带来的经济负担成为辍学的一个主要原因。在吉尔吉斯斯坦 2006 年的国际学生能力评估计划（PISA）中，阅读、数学和科学方面排名非常靠后，教学质量相对较差。

2. 中等教育

吉尔吉斯斯坦的初中仍为义务教育，学制 5 年，即从中学 1 年级到中学 5 年级。完成初中学业后，学生可自由选择普通教育或职业教育。初中学生有 4 门必修课程：数学、母语、历史、吉尔吉斯语学校的俄语/乌兹别克语/塔吉克语学校（口语）。

普通高中学制 2 年，有 5 门必修课，包括：代数和分析要素、母语（论文）、历史、吉尔吉斯语学校的俄语/乌兹别克/塔吉克语学校（书面、听写）、所选择的科目。学生完成高中学业后可获得普通中学毕业证书，该证书是进入大学的前提。

3. 职业教育

学生在完成 5 年初中教育后，可进入职业学校学习。职业教育有 3 种，包括：为进入大学做准备的职业教育课程，一般学制 3 年；不进入大学的职业课程，一般学制 2 年；同时开放给成年人就读的纯职业教育，课程周期一般为 10 个月。职业教育由专科学校、技术型高中或职业技术学院提供。

4. 高等教育

吉尔吉斯斯坦有 54 所高等教育机构：33 所公立，21 所私立。著名高校有吉尔吉斯斯坦国立大学、吉美中亚大学、比什凯克人文大学、吉俄斯拉夫大学、奥什大学等。2011—2012 学年，高等教育入学率为 12.5%。吉尔吉斯斯坦高等教育由大学、学院、高等专科教育机构及研究所提供。

随着大学数量的增加，学生们纷纷涌入大学。中央政府允许大学向那些没有获得政府奖学金资助的学生收取学费。通过这种方式，大学不断扩大招生规模，以增加收入。

（四）考试、升级与证书制度

2003 年《教育法》第五条要求教育部制定基础教育的国家教育标准，并对该体系进行评价。教育部法规和标准司与吉尔吉斯教育学院一起制定了基于社会经济水平的课程和考试。

小学 1～4 年级没有晋升考试。从初中 5 年级开始，有期末考试，为学生是否能够升到下一年级提供依据。这些考试及其要求由教育部制定，学校根据教育部制定的指导方针进行管理和评分。完成初中学业的学生将获得初中毕业证书(Свидетельство о неполном общем образовании)，即不完全中等教育证书。高中学制 2 年，完成学业的学生通过考试获得高中毕业证书(Аттестат о среднем общем образовании)，也称为完全中等教育证书。

（五）成绩评价制度

吉尔吉斯斯坦多采用 5 分制评价制度。成绩满分为 5 分，老师很少给到 2 分，没有 0 分和 1 分。考试不及格的学生必须重修，新成绩将取代期末成绩中不及格的成绩。吉尔吉斯斯坦成绩评价制度见表 1。

表 1　吉尔吉斯斯坦成绩评价制度

成绩	描述(吉尔吉斯斯坦语)	描述(俄语)	对应中文意义
5	эң жакшы	отлично	优秀
4	жакшы	хорошо	良好
3	канаатандырарлык	удовлетворительно	及格
2	канаатандырарлык эмес	неудовлетворительно	不及格

（六）常见教育证书

吉尔吉斯斯坦教育证书见表 2

表 2　吉尔吉斯斯坦常见教育证书

序号	证书	证书描述
1	Свидетельство о неполном общем образовании	初中毕业证书，完成小学 4 年与初中 5 年学业获得该证书
2	Аттестат о среднем общем образовании	高中毕业证书，完成高中 2 年学业获得该证书，准入条件为获得初中毕业证书
3	Диплом о среднем профессиональном образовании	中等职业教育文凭，完成职业高中 2 年学业获得该证书，准入条件为获得初中毕业证书
4	Диплом бакалавар	学士学位，学制 4 年，准入条件为获得普通教育证书

（续表）

序号	证书	证书描述
5	Диплом специалиста	专家文凭，在学士学位的基础上完成1年学业或在普通教育证书的基础上完成5～6年学业获得该证书
6	Диплом магистра	硕士学位，在学士学位的基础上再完成2年学业或在专家文凭的基础上再完成1年学业获得该证书，准入条件为获得学士学位
7	Кандидат наук	副博士学位，学制3年，准入条件为获得专家文凭
8	Доктор наук	博士学位，学制2年，准入条件为获得副博士学位

塔吉克斯坦的教育证书评估研究

一、国家概况

塔吉克斯坦位于中亚东南部，北邻吉尔吉斯斯坦，西邻乌兹别克斯坦，南与阿富汗接壤，东接中国。东西长 700 公里，南北宽 350 公里。境内多山，约占国土面积的 93%，有“高山国”之称。塔吉克斯坦是一个面积为 14.31 万平方公里，有着 975 万(截至 2022 年 6 月)人口的国家，也是一个多民族国家，共有 86 个民族。其中塔吉克族占 80%，乌兹别克族占 15.3%，俄罗斯族占 1%。此外，还有鞑靼、吉尔吉斯、乌克兰、土库曼、哈萨克、白俄罗斯、亚美尼亚等民族。官方语言有 2 种，塔吉克语为国语，俄语为通用语。多数居民信奉伊斯兰教，多为逊尼派。塔吉克斯坦是苏联解体后教育上仍然继承了苏联教育体系的五个国家之一。

塔吉克斯坦水力资源丰富，居世界第 8 位，人均水资源拥有量居世界第一位。同时，矿产资源丰富，种类全，储量大，经过 1971—1990 年大规模勘探，发掘出 400 多个矿带，已探明有铅、锌、铋、钼、钨、锑、锶和金、银、锡、铜等贵重金属、油气和石盐、硼、煤、萤石、石灰石、彩石、宝石等 50 多种矿物质，其中有 30 多处金矿，总储量超过 600 吨；银矿多为与铅、锌伴生矿，储量 10 万吨，大卡尼曼苏尔银矿为世界最大银矿之一。油气资源匮乏，石油储量 1.131 亿吨，天然气储量 8 630 亿立方米，且无法得到有效开发。

二、教育

(一) 教育概况

苏联解体后，塔吉克斯坦仍然十分重视教育，将发展教育作为国家工作的重点。全国中小学校共 3 884 所，在校学生共 220 万人。全国现有各类高等学校 39 所(包括分校)，主要有塔吉克斯坦国立大学、塔吉克斯坦技术大学、塔吉克斯坦师范大学、斯拉夫大学、胡占德大学、塔吉克斯坦商业大学、塔吉克斯坦农业大学、塔吉克斯坦医科大学、库尔干秋别国立大学等。现有各类学科研究机构 56 所，中等职业技术学校（包括分校）74 所。苏联解体后，公民的识字率一直保持在 90%以上。

（二）教育体系

塔吉克斯坦教育体系包括 4 个层次：学前教育、中学（还包括小学一到九年级）、中等专业和职业教育以及大学/高等教育。实行小学、中学 9 年义务教育制度，学生 7 岁入学。在塔吉克斯坦，学年从 9 月开始，5 月或 6 月结束。塔吉克斯坦教育体系见图 1。

年龄
27
26
25
24
23
22
21
20
19
18
17
16
15
14
13
12
11
10
9
8
7

年级
20
19
18
17
16
15
14
13
12
11
10
9
8
7
6
5
4
3
2
1

博士学位
Доктор наук

副博士学位
Кандидат наук
2～3年

硕士学位
Диплом магистра
2年

专家文凭 1年
Диплом специалиста

硕士学位
Диплом магистра 1年

学士学位
Бакалавр
4年

专家文凭
Диплом специалиста
5～6年

高中
中等普通教育证书
Аттестат об общем среднем образовании 2年

初中
初中毕业证书
Свидетельство о неполном среднем образовании
5年

小学
начальная школа
4年

图 1 塔吉克斯坦教育体系

（三）详述

1. 初等教育

塔吉克斯坦学前教育从 3 岁开始，对学龄前儿童进行各方面的培训。学生 7 岁开始上小学，小学学制 4 年。小学净入学率为 98%，辍学率为 1.4%。

2. 中等教育

4 年小学学习后，紧接着进入 5 年的初中教育。这对大多数学生来说是个终点。塔吉克斯坦是一个贫穷的国家，这迫使学生最多只能兼职。毕业之后，可以选择就读中等职业技术学校，也可以选择进入 10 年级普通高中，11 年级正常毕业之后便可进入大学学习。

3. 职业教育

在苏联时代后期，塔吉克斯坦的技术培训质量远远低于整个苏联的标准。毕业生对技术工作的胜任远不如联盟其他地方。许多职业学校设备简陋，缺乏基本用品。塔吉克语教科书的普遍短缺也影响了职业教育发展。尽管 1990 年职业教育涉及大约 150 种行业，但这一范围远远不能满足共和国经济发展所需的各类专业人才。职业中学很大一部分学生的基本算术和俄语技能都很差。尽管塔吉克斯坦的人口有近三分之二是农村人口，但在 1990 年，85 所技术学校中只有 38 所位于农村，其中 15 所处于严重失修状态。

1991 年以来，塔吉克斯坦共和国中等职业学校增加了 23 所，一些技术学校转为学院，成为高等教育的第一阶段。近年来，研究和创新已经成为学院的重要工作，并且这些学院与研究机构、大学合作。在其框架内，在研究生院培训教师，每年举行科学和实践会议。

4. 高等教育

塔吉克斯坦的高等教育机构包括大学、学院、研究所 3 种类型。现有 39 所高等教育机构，其中包括 14 所大学、16 所学院、1 所音乐学院、4 所高等军事教育机构、4 所塔吉克和俄罗斯大学（莫斯科国立大学、MPEI、MISiS）分支机构。其中规模较大、历史最悠久的是成立于 1932 年的苦盏大学。该大学有 15 个学院 76 个系，包括数学、物理和工程、艺术和图形学、网络学、外语、管理和计算机技术学院、俄罗斯语言学、乌兹别克语言学、教育和教学、塔吉克语言学、东方语言、自然科学、历史、金融和市场经济与艺术。

（四）考试、升级与证书制度

7～15 岁的教育是免费义务教育。小学 1～4 年级没有晋升考试。在 4 年级末、5～8 年级末、10 年级末进行的考试是为了评估学生在基础教育和中等教育阶段的学业水平，由教育部负责组织，考试科目 3～7 个。考试题目由学校命题，教育局委员会审核采用。

在 9 年级和 11 年级末参加的考试属于国家级考试，目的是评估学生的知识水平，并获得相应毕业证书。学生通过 9 年级考试后获得初中毕业证书(Свидетельство о неполном среднем образовании)，即不完全中学毕业证书。该考试测试项目为 3～5 个。考试题目由学校命题，教育局委员会审核采用。

通过考试获得初中毕业证书的学生有资格再读 2 年高中，并在 11 年级末参加中等普通教育证书(Аттестат об общем среднем образовании)考试。为进入高等教育的入学考试也属于国家级考试，测试科目为 2～5 个。持有中等普通教育证书并且通过入学考试才有资格升入大学。那些未进入高中就读的学生可以接受初级职业教育(PVE)，学习 1～3 年课程或 3～6 个月课程。完成初级职业教育的学生可以获得职业教育证书。同时完成普通中学课程和初级职业教育的学生，获得两种证书。

(五) 成绩评价制度

一般来说，各级教育都采用单一的 5 分制评分标准。5 分是最高分，3 分为及格，2 分为不及格，很少有老师打 2 分，没有 1 和 0 的成绩。考试不及格的学生通常被要求重修课程。如果课程不需要考试，则给予学生合格的成绩。塔吉克斯坦成绩评价制度见表 1。

表 1　塔吉克斯坦成绩评价制度

成绩等级	描述(俄语)	对应中文意义
5	отлично	优秀
4	хорошо	良好
3	удовлетворительно	及格
2	неудовлетворительно	不及格

(六) 常见教育证书

塔吉克斯坦教育证书见表 2。

表 2　塔吉克斯坦常见教育证书

序号	证书	证书描述
1	Свидетельство о неполном среднем образовании	初中毕业证书，完成 9 年义务教育获得该证书，学生 7 岁入学
2	Аттестат об общем среднем образовании	中等普通教育证书，学制 2 年，准入条件为完成义务教育，持有初中毕业证书
3	Бакалавр	学士学位，学制 4 年，准入条件为通过大学入学考试
4	Диплом специалиста	专家文凭，学制 5～6 年，准入条件为获得中等普通教育证书，或在大学 4 年的基础上再继续学习 1 年，获得该证书
5	Диплом магистра	硕士学位，在获得学士学位的基础上再完成 2 年学业，或获得专家文凭的基础上再完成 1 年学业，获得该证书
6	Кандидат наук	副博士学位，学制 2～3 年，准入条件为获得专家文凭
7	Доктор наук	科学博士学位，该证书是在专业领域取得重大成就并发表论文后获得，完全基于研究、专业成就和公开的论文答辩，学习时间长短不一

土库曼斯坦的教育证书评估研究

一、国家概况

土库曼斯坦位于中亚西南部,为内陆国家。北部和东北部与哈萨克斯坦、乌兹别克斯坦接壤,西濒里海与阿塞拜疆、俄罗斯相望,南邻伊朗,东南与阿富汗交界。约80%的国土被卡拉库姆大沙漠覆盖。土库曼斯坦是一个面积49.12万平方公里、拥有572万(2020年6月)人口的国家,首都阿什哈巴德。主要民族有土库曼族(94.7%)、乌兹别克族(2%)、俄罗斯族(1.8%),此外,还有哈萨克、亚美尼亚、鞑靼、阿塞拜疆等120多个民族(1.5%)。官方语言为土库曼语,俄语为通用语。绝大多数居民信仰伊斯兰教(逊尼派),俄罗斯族和亚美尼亚族居民信仰东正教。

历史上波斯人、马其顿人、突厥人、阿拉伯人、蒙古鞑靼人曾在此建立国家。15世纪基本形成土库曼民族。19世纪60年代末和80年代中,部分领土并入俄国(外里海州)。1917年,土库曼人民参加了二月革命和十月社会主义革命,同年12月建立苏维埃政权。1924年10月27日成立土库曼苏维埃社会主义共和国,并加入苏联。1991年10月27日宣布独立,改国名为土库曼斯坦。同年12月21日加入独联体。1992年3月2日加入联合国。1995年12月12日,第50届联大通过决议,承认土库曼斯坦为永久中立国。2015年6月,第69届联大再次通过决议,支持其永久中立地位。

土库曼斯坦能源资源丰富,石油、天然气工业为支柱产业,石油和天然气远景储量分别为120亿吨和50万亿立方米,天然气储量居世界第四位。农业方面以种植棉花和小麦为主,也有畜牧业。

二、教育

（一）教育概况

土库曼斯坦的教育制度建立在苏联的中央集权制基础上，目前正在进行大规模改革，以实现国家教育系统现代化。土库曼斯坦的财政收入稳定，政府非常重视教育，在教育上投入了大量资金。

2007 年，有 100 万儿童在中学就读，大约有 10 万儿童开始上一年级。在 2010—2011 学年，普通教育机构有 931 272 名学生入学。共有 1 730 所学校，其中农村地区 1 232 所，城市地区 498 所（国家统计委员会）。土库曼斯坦的小学入学率高达 97%，男孩和女孩的就学率同样高。男女青年识字率分别为 99.76% 和 99.91%。青年总体识字率为 99.84%。

（二）教育体系

土库曼斯坦实行 12 年制义务教育，教育体系由学前教育、中小学教育、中等职业技术教育和高等教育组成。中小学教育实施 4—6—2 体系。学期通常从 9 月中旬开始，一直持续到 6 月中旬，城市和农村地区之间存在一些差异。大学通常将学年分为两个学期，通常在 10 月～次年 1 月之间以及 2 月～6 月/7 月。土库曼斯坦教育体系见图 1。

（三）详述

1. 学前教育

土库曼斯坦正在建立学前机构，以帮助家庭抚养和教育 1～6 岁儿童，保护他们的身心健康，发展个人能力。作为国家语言，土库曼语是土库曼斯坦所有幼儿园的主要教育和教学语言。

学前教育机构负责实施学前教育计划，组织教养教育，根据孩子的年龄、心理和健康状况提供合适的项目和教学方法。所有学前教育机构免费提供教科书和手册，并且不断引进世界现代教育技术设备、交互式多媒体和计算机技术，采用先进的教学方法。

2. 初等教育

1993 年以前，一直与苏联其他共和国的教育体系相同，并普遍保留了苏联中等教育的传统。近年来，土库曼斯坦的中等教育经历了重大改革。时任总统萨帕尔穆拉特·尼亚佐夫（Saparmurat Niyazov）发起了一系列改革。从 2013 年起，土库曼斯坦开始引入全新的 12 年基础教育体系。第一阶段是初级阶段，学制 4 年。

年龄
28 27 26 25 24 23 22 21 20 19 18 17 16 15 14 13 12 11 10 9 8 7 6

博士学位
Ylymlaryń Ylymlaryń doktory
2～3年

副博士学位
Ylymlaryń dalašgäri
3年

专家文凭 1年
Hünärmen diplomy

学士学位
Bakalawr
4年

专家文凭
Hünärmen diplomy
5～6年

中等教育证书
Umumy Orta Bilim Sahadatnamasy
2年

初中
6年

小学
4年

年级
22 21 20 19 18 17 16 15 14 13 12 11 10 9 8 7 6 5 4 3 2 1

图 1　土库曼斯坦教育体系

3. 中等教育

小学教育结束后，学生们开始 6 年的初中生活。中学提供的课程较为丰富，包含多种科目，主要有土库曼语、土库曼文学、历史、物理、数学、俄语、化学、外语、世界文化和体育。还有一些选修科目可供学生选择。

初中毕业后，学生可以选择继续在高中阶段学习技术或常识。普通中学的高中学制为2年。中等教育结束后，每个学生都会得到学校颁发的官方成绩单，每份成绩单有校长、副校长、班主任、主要任课老师签字，以及校长章才能生效。成绩单也有对应的俄语版和英语版，用于申请留学国外大学。

4. 职业教育

初中毕业后，一部分学生进入普通高中，一部分学生进入职业技术中学接受职业技术教育。职业学院和技术学院为中学毕业生提供2年的课程，为进入大学做准备，以及进行技术培训。职业和技术教育由以下机构提供：职业培训中心（1～6个月的学习，根据专业获得资格证书）；职业学院（6～10个月的学习，获得文凭）；以及另一种职业学院（一年半的学习，获得文凭）。中学后的专业教育由学院（医学、教育学、音乐和艺术）和技术学校提供。课程的持续时间从2～4年不等。完成课程后，通过国家考试的学生可获得中等专业教育文凭。

5. 高等教育

土库曼斯坦著名大学有国立马赫图姆库里大学、国立阿扎季世界语言学院、国际石油与天然气大学、外交部国际关系学院、农业大学、国立交通通讯大学等。高等教育委员会负责监督土库曼斯坦国立大学、共和国的8所学院和2所教学学院，除查耶夫教学学院外，其余都位于阿什哈巴德。

（四）考试、升级与证书制度

在土库曼斯坦，学生6～7岁开始入学，实行12年义务教育。小学三年级后，学生每年都要参加学校考试。在12年义务教育结束时，参加国家考试。根据年度成绩和考试结果，在毕业证书中给出分数。对于那些没有考试的科目，每年的成绩也都会记录在证书上。

由于进入高等教育机构通常竞争激烈，学生必须通过冗长的、富有压力的全国入学考试。与教育系统中的所有其他测试和评估一样，该考试包括笔试和口试部分。只有拥有中等教育证书（Umumy Orta Bilim Sahadatnamasy）并通过全国入学考试的学生，才有机会进入高等教育机构就读。选择职业教育的学生在完成职业技术教育学业后，可获得中等专业教育证书（Orta yörite bölüm diplomy）。

高等教育机构的录取基于入学考试结果，课程的持续时间从4年～6年不等（医学和一些艺术学院为6年），可获得学士学位和专家文凭。授予副博士学位的研究生课程一般为期3年，涉及论文的准备和答辩。授予科学博士学位的博士课程需要额外2～3年学习和研究。

（五）成绩评价制度

土库曼斯坦在教育制度上仍沿用苏联的5分制评分标准。5分是最高分，2分为及格分，老师很少给到学生 2 分，没有 1 分和 0 分的成绩。如果不需要考试，则给予合格成绩。考试不及格的学生通常被要求重修课程。土库曼斯坦成绩评价制度见表 1。

表 1　土库曼斯坦成绩评价制度

成绩等级	描述	对应中文意义
5	Örän ÿagšy	优秀
4	ÿagšy	良好
3	Kanagatlanarly	中等
2	Kanagatlanarly däl	及格

（六）常见教育证书

土库曼斯坦常见教育证书见表 2。

表 2　土库曼斯坦常见教育证书

序号	证书	证书描述
1	Umumy Orta Bilim Sahadatnamasy	中等教育证书，学制 12 年，顺利完成小学和中学教育学业，并通过毕业考试获得该证书
2	Orta yörite bölüm diplomy	中等专业教育证书，学习时间长度从 2 到 4 年不等
3	Bakalawr	学士学位，一般学制 4 年，准入条件为获得中等教育证书和通过国家入学考试
4	Hünärmen diplomy	专家文凭，一般学制为 5 至 6 年，也可在获得学士学位的基础上再完成 1 年学业后获得
5	Ylymlaryń dalašgäri	副博士学位，学制 3 年，完成学业和论文答辩后被授予学位，准入条件为获得专家文凭
6	Ylymlaryń doktory	博士学位，学制 2～3 年，完成对该领域有重大贡献的论文答辩后，获得该学位

乌兹别克斯坦的教育证书评估研究

一、国家概况

乌兹别克斯坦共和国，简称乌兹别克斯坦。位于中亚腹地的“双内陆国”，自身无出海口且5个邻国也均是内陆国。南靠阿富汗，北部和东北与哈萨克斯坦接壤，东、东南与吉尔吉斯斯坦和塔吉克斯坦相连，西与土库曼斯坦毗邻。面积44.89万平方公里，人口3 540万(2022年4月)，首都塔什干。是一个多民族国家，共有130多个民族，其中乌兹别克族占83.8%，俄罗斯族占2.3%，塔吉克族占4.8%，哈萨克族占2.5%，此外，还有土库曼、乌克兰、维吾尔、亚美尼亚、土耳其、白俄罗斯族等。乌兹别克语为官方语言，俄语为通用语言。多数居民信奉伊斯兰教(逊尼派)，其余多信奉东正教。

9—11世纪，乌兹别克民族形成。13世纪被蒙古人征服。14世纪中叶，阿米尔·帖木儿建立以撒马尔罕为首都的庞大帝国。16—18世纪，建立布哈拉汗国、希瓦汗国和浩罕国。19世纪60—70年代，部分领土(现撒马尔罕州和费尔干纳州)并入俄罗斯。1917—1918年建立苏维埃政权，1924年10月成立乌兹别克苏维埃社会主义共和国并加入苏联。1991年8月31日宣布独立，定9月1日为独立日。

乌兹别克斯坦自然资源丰富，是世界上重要的棉花、黄金产地之一。国民经济支柱产业是“四金”：“黄金”“白金”(棉花)、“乌金”(石油)、“蓝金”(天然气)。经济结构单一，制造业和加工业落后。近年来，乌兹别克斯坦分阶段、稳步推进市场经济改革，大力发展中、小企业，基本实现能源和粮食自给，保持了宏观经济和金融形势的稳定，经济实现较快发展。

二、教育

（一）教育概况

乌兹别克斯坦有学前教育部、人民教育部（负责初等和普及中等教育）和高等教育部（负责专业中等、高等教育及教育培训等）三个教育部门。近两年大力推行教育改革，包括将中小学教育从 12 年缩短为 11 年、9 年制义务教育调整为 11 年制义务教育、大力引进外国高校分校等。成人识字率约为 99%。

20 世纪 90 年代中期，乌兹别克斯坦开始了重大的课程改革。国家教育变革声明如下：教育系统必须做好应对未来变化，通过教育自身变革以克服不平等的教育危机，并为人类和平、包容和可持续未来作贡献。2017/2018 学年，拥有学前教育机构 5 186 所，其中 39.5% 在农村地区；中小学 9 774 所，其中 62% 在农村地区，学生 585 万，教师 44.42 万；1 117 所职业教育学校。

（二）教育体系

乌兹别克斯坦教育体系包括 4 个层面，即学前教育、初等教育、中等教育、高等教育。初等教育确保基础教育，中等教育保障普通教育和技术教育，第三级教育为人们提供高等教育，培养顶尖人才。中小学实施 4—5—2 教育体系。儿童入学年龄为 6～7 岁，进入小学学习 4 年，初中 5 年。完成 9 年教育后，学生可选择进入普通高中学习，也可以进入职业技术学校学习，学制均为 2 年。一学年有 2 个学期，分为秋季学期和春季学期。秋季学期 9 月初开始，到 1 月底结束。春季学期 2 月初开始，到 6 月底结束。乌兹别克斯坦教育体系见图 1。

（三）详述

1. 学前教育

乌兹别克斯坦学前教育旨在为儿童塑造健康和聪明的人格，并为儿童进行系统教育做好准备。当地社区、公共和慈善机构积极为 3～6 岁儿童提供照顾性服务，并有详细的监督、教育和积极的康复机制。

学前教育的基本任务之一是将儿童引入教育过程，并使其均衡发展。根据幼儿园的教育计划，这一过程包括：游戏、认识自然、道德教育、体育训练、艺术和音乐、语言训练、实践活动、初级数学以及阅读和写作入门。有轻度残疾的儿童接受特殊课程。除主要教育计划外，特殊教育机构还提供心理诊断、心理矫正、语言、视觉、听觉和动作矫正。

年龄

28 27 26 25 24 23 22 21 20 19 18 17 16 15 14 13 12 11 10 9 8 7 6

博士学位
Fanlari Doktori
3年

副博士学位
Fanlari Nomzodi
3年

硕士学位
Magistr Diplomi
2年

学士学位
Bakalavr Diplomi
4年

高中
中等教育证书
O'rta Ma'lumot To'g'risida Shahodatnoma 2年

初中
5年

小学
4年

年级

23 22 21 20 19 18 17 16 15 14 13 12 11 10 9 8 7 6 5 4 3 2 1

图 1　乌兹别克斯坦教育体系

2. 初等教育

乌兹别克斯坦初等教育 4 年属于义务教育。初等教育从 6～7 岁开始。教学科目基本为乌兹别克语、乌兹别克斯坦文化、数学、地理、美术、音乐、体育等课程。

3. 中等教育

乌兹别克斯坦中等教育分为两个阶段。第一阶段为 5 年,第二阶段 2 年,包括普通中等教育、专业中等教育和职业中等教育。以前,苏式所有学校共用同样的教学大纲,讲授同样的课程内容。现在课程不再那么严格,学生增加了 2 个新科目:乌兹别克语和基础生态学课程。所有同年级的学生一起学习。乌兹别克斯坦标准化测试很少见,教师对课堂和考试中的学生口头答案进行打分评价,学生成绩很平均。

苏联时期,师范学院的毕业生或者新体制下的硕士研究生才能做中学教师。此外,教师还要求必须研究其专业领域的方法论,至少可以教授 2 门科目,传统的搭配如下:语言—文学、数学—物理、化学—生物、英语—德语或法语、历史—地理。还有一部分教师来自专业院校,如工程师可以教授画图,会计师可以教授数学。在职业中学,专业人员教授相关专业。

4. 职业教育

乌兹别克斯坦陆续开设新的职业学校和中专学校,并配备了新的教学设备,教学、实习条件得到了很大改善,这对毕业生顺利就业起到了良好的促进作用。乌兹别克斯坦大约有 440 所中等专业教育机构,其中包括近 210 所贸易(专业)学校,180 所技术学院和 50 所商学院。这些学校涵盖了 260 多个专业,大约 221 000 人在校学习。职业教育培养了诸多行业的蓝领工人,如电工、车工、技术员、厨师、美发师、水管工、裁缝、医务人员和机械师。

5. 高等教育

在过渡时期,高等教育因缺乏实验室、图书馆、计算机、数据库而发展受阻。截至 2019 年 11 月 1 日,乌兹别克斯坦共有 119 所高校(军事学院除外),其中 7 所研究院、17 所外国高校分校、58 所大学及 5 所宗教高校。排名靠前的高校有乌兹别克斯坦国立大学、塔什干国立东方学院、塔什干灌溉与农业机械化工程学院、塔什干纺织轻工业学院、撒马尔罕国立大学、塔什干医学院、塔什干国立牙医学院、乌兹别克斯坦国立世界语言大学、塔什干铁路交通工程学院、塔什干信息技术大学、世界经济与外交大学。

(四)考试、升级与证书制度

在基础教育阶段,学生自动升级。在小学 4 年级结束时所有学生都升入初中。完成高中学业后,学生获得中等教育证书(O'rta Ma'lumot To'g'risida Shahodatnoma)。该证书由学校以乌兹别克语和俄语颁发,并加盖高等和中等专业教育部印章。获得中等教育证书的学生都有资格参加每年 8 月 1 日举行的全国高等教育招生考试。入学测试分为两个部分，第一部分是乌兹别克语或者母语（俄语或卡拉卡尔帕克语）、数学和历史。第二部分中的2门课以特定的方式进行测试。每个高等教育机构都根据考试成绩确定自己的录取标准。由于资源限制，被高等教育机构录取的学生人数有限。

乌兹别克斯坦本科学士学位项目一般学制4年，护理学专业学制一般为3年，口腔医学学制5年，预防医学学制6年，儿科医学学制7年。学士学位附有学士学位附件（Bakalvr Diplomiga Ilova），学士学位附件是学士学位课程的官方成绩单，显示招生信息、所学课程科目列表、每门科目成绩、每门学科的教学时数以及实践培训、期末论文或项目（如有需要）和期末考试等。附件以乌兹别克语签发，与学士学位结合使用有效，否则无效。

硕士学位项目以学士学位为基础，强调该学科的专业化或应用，一般仅对同一研究领域的学士学位持有者开放，硕士学位课程一般至少2年。硕士学位必须附有硕士学位附件（Magistr Diplomiga Ilova），也就是硕士学位课程官方成绩单，列出科目和成绩，否则学位无效。科学副博士学位项目一般学制3年，准入条件为获得硕士学位，官方翻译成英文时一般译为“Doctor of Philosophy”（哲学博士学位），是研究学位的第一阶段；科学博士学位项目为研究学位的第二阶段，准入条件为获得科学副博士学位。

（五）成绩评价制度

乌兹别克斯坦证书均由乌兹别克斯坦语、俄语构成。具体见表1。

表1 乌兹别克斯坦中小学成绩评价制度

等级	描述（俄语）	描述（乌兹别克语）	对应中文意义
5	отлично	a’lo	优秀
4	хорошо	yahshi	良好
3	удовлетворительно	qoniqarli	及格

（六）常见教育证书

乌兹别克斯坦常见教育证书见表2。

表2 乌兹别克斯坦常见教育证书

序号	证书	证书描述
1	O’rta Ma’lumot To’g’risida Shahodatnoma	中等教育证书，完成11年普通高中或职业高中学业后授予该证书，入学年龄为6岁

（续表）

序号	证书	证书描述
2	Bakalavr Diplomi	学士学位，学制 4 年（除护理、牙科和医学外），准入条件为获得中等教育证书，并且通过国家高等教育入学考试，毕业后可就业或继续下一级教育
3	Diplomi	口腔医学、医学等专业毕业生一般获得专业文凭证书，口腔医学学制 5 年，预防医学学制 6 年，儿科学制 7 年，专业文凭持有者可以在此基础上完成 2～3 年学业后获得医学专业硕士学位，准入条件为获得中等教育证书，并且通过国家高等教育入学考试
4	Magistr Diplomi	硕士学位，学制 2 年，准入条件为在同一研究领域获得学士学位
5	Fanlari Nomzodi	副博士学位，学制 3 年，学位的授予是基于科研，论文准备和论文答辩，准入条件为获得硕士学位
6	Fanlari Doktori	博士学位，学制 3 年，完成学业，通过论文的撰写和论文答辩后，可被授予博士学位，准入条件为获得副博士学位

西亚国家

阿富汗的教育证书评估研究

一、国家概况

阿富汗是亚洲中西部的内陆国家，北邻土库曼斯坦、乌兹别克斯坦、塔吉克斯坦，西接伊朗，南部和东部连巴基斯坦，东北部凸出的狭长地带与中国接壤。群山将这个国家划分为三个截然不同的地区：中部高地、北部平原以及西南沙漠高原。兴都库什山脉（The Hindu Kush Mountains）分隔了该国的西部和东部地区，并横跨中部高地成为山区。北部平原非常肥沃，拥有阿富汗最好的土壤，而西南部高原不适合居住，是一个高原和沙漠地区，覆盖面积超过 5 万英里。

阿富汗人口约 3 360 万（阿富汗中央统计局，2022 年）。普什图族占 40%，塔吉克族占 25%，还有哈扎拉、乌兹别克、土库曼等 20 多个少数民族。普什图语和达里语是官方语言，其他语言有乌兹别克语、俾路支语、土耳其语等。逊尼派穆斯林占 86%，什叶派穆斯林占 13%，其他占 1%。

纵观历史，由于阿富汗的战略地理位置，一些大国一直在寻求对它的控制。历史上有两位杰出的历史人物试图征服阿富汗：公元前 500 年的大流士一世和公元前 330 年的亚历山大大帝。从 1813 年到 1907 年的英俄公约，阿富汗一直是英国和沙皇俄国争夺中亚统治权的焦点。1979 年，苏联入侵阿富汗并占领了阿富汗。随着苏联对阿富汗的占领，苏联展露出要建立阿富汗标准教育体系的雄心壮志，直到 1989 年苏联正式撤军。1994 年阿富汗塔利班兴起，1996 年 9 月攻占喀布尔，建立政权。“9・11”事件后，阿富汗塔利班政权在美国军事打击下垮台。2004 年 10 月，卡尔扎伊当选首任民选总统。2021 年 4 月，美国宣布从阿富汗全面撤军，美国盟友和北约国家宣布同时撤军，引发阿富汗局势快速演变。8 月 15 日，阿富汗塔利班进占喀布尔，加尼总统辞职出走。

阿富汗是最不发达国家。历经 30 多年战乱，交通、通信、工业、教育和农业基础设施遭到严重破坏，曾有 600 多万人沦为难民。经济发展主要依赖外援。

二、教育

（一）教育概况

1996年到2001年塔利班统治阿富汗大部分地区期间，女性被剥夺了受教育的机会，阿富汗教育体系经历了一场变革。今天的阿富汗正在重建其教育体系，阿富汗塔利班在2021年重新掌权后，允许女性接受教育。截至2021年12月，34个阿富汗省份中，有5个省份的中学女孩开始返校上课。2022年3月，塔利班政府宣布6年级以上的女子学校将很快重新开放。然而，在即将重新开放之际，该命令被撤销，中学女子学校仍然关闭。

阿富汗教育水平落后，师资力量薄弱，缺少基本教育设施和经费。截至2018年，15岁及以上人口的识字率为43.02%(男性为55.48%，女性为29.81%)。由于战乱和贫困，阿富汗教育仍是世界上性别差距最大的国家之一。联合国教科文组织2021年9月报告显示，在400万阿富汗失学儿童中，女性占比为60%。

阿富汗实行12年义务教育。学校分为公立和私立两类，公立学校实行完全免费义务教育，学费全免。私立学校收费较贵。阿富汗教育事业受到战争严重破坏，但在国际社会的大力援助下，近年来取得很大进步。2023年11月底，全国共有1.6万余所初等教育学校，约160所高等院校和研究机构。

2020年新冠疫情初期，阿富汗教育部曾通过广播、电视等手段推广远程学习。但由于阿富汗近四分之三的人生活在农村，西南部和南部等边远省份的生活条件极为艰苦，全国70%的学生用不上电，无法保证学习。

（二）教育体系

阿富汗教育体系参照美国教育体系，包括K-12和高等教育。小学6年，初中3年，高中3年，本科4年。实施12年义务教育。阿富汗寒冷地区学年从3月到12月，温暖地区学年从9月到6月。这些“温暖地区”学校大多位于阿富汗南部和东部。阿富汗教育体系见图1。

年龄

28

27

26

25

24

23

22

21

20

19

18

17

16

15

14

13

12

11

10

9

8

7

博士学位
Doctor's Degree
3年

硕士学位
Masteri
2年

学士学位
Bachelor/Leicanc
4～5年
（医学7年）

医师证书
Doctori
5～7年

专科文凭
Diplom
2～3年

普通高中
12年级毕业证书
12th Grade Graduation Certificate
3年

职业/技术高中
职业/技术教育证书
Vocational/Technical
Baccalaureate
3年

初中
Middle Secondary Education
3年

小学
Primary School
6年

年级

21

20

19

18

17

16

15

14

13

12

11

10

9

8

7

6

5

4

3

2

1

图 1　阿富汗教育体系

（三）详述

1. 初等教育

初等教育对阿富汗政府来说至关重要。小学从 7 岁开始，持续 6 年。初等教育有多种类型，包括社区学校、政府学校、家庭学校和宗教学校，以及由非政府组织管理的学校。对所有学生来说，小学教育是免费义务教育。在不太安全的地区，比如南部省份，采取以社区为基础的教育，这种类型的教育通常由伊玛目在清真寺提供，重点教授宗教科目。

小学课程在全国范围是统一的，但教师可以根据当地情况对其进行调整。初等教育分为两个阶段。第一个阶段包括 1～3 年级，课程包括宗教研究、第一语言（达里语或普什图语，取决于地区）、数学、艺术和体育等科目。第二阶段包括 4～6 年级。课程包括与第一阶段相同的科目，以及自然科学、历史、地理和第二语言（达里语或普什图语，取决于地区）等附加科目。

2. 中等教育

阿富汗 5%到 11%的人口是中学适龄儿童。中等教育是义务教育，分为两个阶段，即初中教育（7～9 年级）和高中教育（10～12 年级）。初中课程包括宗教研究、地方语言、数学、自然科学、社会科学、体育和外语（英语、德语、法语和俄语）等科目。3 年的初中学习之后，如果学生希望继续学习，他们必须在这一阶段结束时通过一项测试。初中教育阶段结束后，学生可以选择继续 3 年的普通高中学术课程，然后考取大学，或者学习应用农业、航空学、艺术、商业和教师培训等职业课程。

3. 职业教育

学生至少完成 8 年学业后才可以进入职业教育学校学习。阿富汗的职业教育对国家重建具有特别重要的意义。过去几十年，战争摧毁了教育体系，国家缺少一批受过教育和培训的劳动力资源。2015 年的报告《阿富汗职业教育提供者名录》列举了职业教育体系中存在的一些不利因素，例如职业教育与市场需求脱节、在线网络资源利用率低下、女性参与职业教育比率低。很大比例的女性在非正规部门参加传统的培训，如缝纫、手工艺品、地毯编织和美容师服务。几乎所有的非营利组织都在教女性缝纫，并且在培训结束后为她们提供缝纫机器。大量妇女从事缝纫编织工作，但没有人参与销售和买卖活动。为了解决这种不平衡的状况，政府部门需要重新构建职业教育体系，加快职业教育发展。

4. 高等教育

高等教育部管理高等教育。全国共有高等教育机构 160 多所。从 3 月到次年 1 月为一学年。教学语言是普什图语或波斯语，有时也用英语。阿富汗高等教育部是负责管理、扩大和发展阿富汗高等教育机构的政府部门。高等教育部在许多方面都扮演着非常重要的角色，尤其是在组织和指导高等教育体系构建方面。阿富汗高等教育部也负责教师培训，建立全国性高等教育课程和特殊教育项目，以及组织在职培训和促进大学教师继续教育。

阿富汗的顶尖大学是阿富汗美国大学（American University of Afghanistan），其次是喀布尔大学（Kabul University），这两所大学都位于喀布尔。喀布尔大学成立于1932年，是全国最高学府，在校学生约2.3万名，在该国教育中发挥了重要作用。阿富汗国家军事学院以美国西点军校为蓝本，是一所学制为4年的军事发展机构，致力于培养阿富汗武装部队的应届军官。阿富汗国防大学建于喀布尔的卡哈（Qargha）附近。喀布尔以外的主要大学包括南部的坎大哈大学、西北部的赫拉特大学、北部的巴尔赫大学和昆都士大学、东部的楠格哈尔大学和霍斯特大学，其中赫拉特大学是阿富汗西部教育中心。

（四）考试、升级与证书制度

教育部负责初等教育、中等教育、职业教育和宗教教育的管理，包括资助、政策制定、课程设计、评估和基础教师教育。高等教育部负责高等教育的管理。

小学6年级结束时学生必须通过考试进入初中教育。学生可以选择宗教教育，也可以选择普通教育，大多数学生选择普通教育。

初中9年级结束时，通过考试的学生可以继续接受普通高中教育，也可以选择中等职业技术教育。普通高中课程主要取决于学生是选择了自然科学方向还是社会科学方向。不论学生选择哪个方向，都必须在12年级的时候通过毕业考试以获得毕业证书。

中等职业技术教育为学生提供了另一种选择。根据专业领域和学生的入学水平，技术课程2～5年不等。无论学生以哪种方式入学，该课程在14年级时都被视为完成。学生完成学业后获得中等职业教育证书。

公立高等教育机构的录取取决于学生在全国大学入学考试中的成绩表现。私立高等教育机构通常不要求学生参加全国大学入学考试。阿富汗高等教育体系和美国高等教育体系一样，本科一年级的学生在选择学习领域或专业之前要先学习一年的通识教育课程。学制与必修课程因专业而异。文科或理科学士学位通常需要4年的全日制学习。工程学、药学和兽医学通常学制5年。学生可以在本科阶段开始医学学位课程。医学课程通常持续7年，包括第一年和最后一年的实习。医学专业毕业生被授予医学博士学位。

完成学士学位的学生有资格攻读硕士学位。阿富汗高等教育机构硕士项目非常少，而且大多由私立机构提供。与瑞典、德国、美国和英国等国外大学的合作推动了阿富汗硕士层次高等教育的发展。阿富汗博士课程项目很少。位于贾拉拉巴德的公立高校楠格哈尔大学(Nangarhar University)于2014年秋季启动了该国首个博士项目。

美国阿富汗大学本科项目的录取要求为：学生完成在线英语等级考试，线上填写本科申请表，获得多邻国在线考试90分及以上或雅思6.0分以上或托福ITP500分/IBT61以上，并提供英语水平证书。申请人还需提供高中毕业证书和成绩单。

卡丹大学(Kardan University)是阿富汗私立大学。本科项目招生录取要求为：通过大学入学考试；经教育部认证的12年级毕业证书和成绩单。硕士项目招生录取要求为：申请人的本科课程平均成绩GPA至少达到2.0或同等水平，或本科课程平均成绩达到6分及以上；成功通过入学考试及面试；中级英语水平。

（五）成绩评价制度

阿富汗中学成绩评价制度见表1。

表1 阿富汗中学成绩评价制度

分数	成绩描述	对应中文意义
90～100	A	优秀
80～89	B	良好
55～79	C	中等
40～54	D	及格
0～39	F	不及格

（六）常见教育证书

阿富汗常见教育证书见表2。

表2 阿富汗常见教育证书

序号	证书	证书描述
1	12th Grade Graduation Certificate	12年级毕业证书，完成6年小学教育和6年普通中学教育，并通过考试后获得该证书
2	Vocational/Technical Baccalaureate	职业/技术教育证书，完成6年小学教育和6年职业/技术教育获得该证书

（续表）

序号	证书	证书描述
3	Higher Teachers College Certificate	高等师范学院证书，在高等师范学院完成1～2年学业，获得该证书
4	Diplom	专科文凭，在高等职业技术学院完成2～3年不同领域的职业/技术教育后，获得该证书
5	Bachelor/Leicanc	学士学位，完成4～5年的本科学业，获得该证书，准入条件为获得12年级毕业证书
6	Doctori	医师证书，医学或兽医学专业完5～7年学业后获得该证书，准入条件为获得12年级毕业证书
7	Masteri (M.A., M.S.)	硕士学位，完成2年学业获得该学位，准入条件为获得学士学位
8	Doctor of Philosophy (Ph.D.)	哲学博士学位，一般学制为3年，准入条件为获得硕士学位

阿联酋的教育证书评估研究

一、国家概况

阿拉伯联合酋长国，简称为阿联酋，首都阿布扎比。位于阿拉伯半岛东部，北濒波斯湾，西北与卡塔尔为邻，西和南与沙特阿拉伯交界，东和东北与阿曼毗连。海岸线长 734 公里，总面积 83 600 平方公里。人口 930 万(2021 年)，外籍人口占 87.9%，主要来自印度、巴基斯坦、埃及、叙利亚、巴勒斯坦。居民大多信奉伊斯兰教，多数属逊尼派。阿拉伯语为官方语言，通用英语。

公元 7 世纪，阿联酋隶属阿拉伯帝国。自 16 世纪开始，葡萄牙、荷兰、法国等殖民主义者相继侵入。19 世纪初，逐步沦为英国的保护国。1971 年 3 月 1 日，英国宣布同各酋长国签订的条约于年底终止。同年 12 月 2 日，阿拉伯联合酋长国宣告成立，由阿布扎比、迪拜、沙迦、富查伊拉、乌姆盖万和阿治曼 6 个酋长国组成联邦国家。1972 年 2 月 10 日，哈伊马角加入联邦。

阿联酋是一个以产油著称的西亚沙漠国家，有“沙漠中的花朵”的美称。目前，阿联酋是阿拉伯世界表现最好的经济体之一，并且是世界上十大石油生产国之一。阿联酋首都是阿布扎比，但迪拜是阿联酋最著名的城市。阿联酋迪拜的帆船酒店是世界上唯一一个七星级酒店。2015 年 10 月 28 日，第 70 届联合国大会改选联合国人权理事会成员，阿联酋成功获选。2021 年 10 月 15 日，阿联酋第三次当选联合国人权理事会成员，任期为 2022—2024 年。

二、教育

(一) 教育概况

1970 年及以前，阿联酋只有城市地区提供教育，如果想要接受高等教育，必须到国外学习。自 1971 年独立，教育被视为国家复兴的希望，并始终被置于优先发展的地位。国家重视发展教育事业，注重培养本国科技人才，尤其是在扎耶德总统提出“人是国家的第一资源”“唯科学技术才是进步和繁荣的途径”这一理念后，教育得到了社会各界的重视与政府部门的优先扶持。在短短30年时间内，阿联酋实现了教育现代化。阿联酋2010年颁布了《阿联酋愿景2021国家议程》(UAE Vision 2021 National Agenda)，主张“教育是国家发展的基础”，并将“建立一流的教育体制”列为重要目标，力图“让阿联酋学生跻身世界最佳学生之列”。目前，阿联酋正在通过实施有效的国际化战略，推进“国家高等教育发展2030计划”，努力成为全球最佳国际教育中心之一。

阿联酋实行免费教育制度，倡导女性和男性享有平等的教育机会。2015年数据显示，阿联酋的平均识字率(不分男女)已经达到77.9%，女性识字率为77.1%，男性识字率为81.7%，女性平均识字率在阿拉伯世界以及海湾地区名列前茅。共开设公立学校1 000多所，在校学生超过80万人，教师4.5万余人。

(二) 教育体系

阿联酋教育体系为6—3—3制度。小学6年，毕业后进入普通初中或职业中学。普通初中也被称为预备学校，学制3年，普通高中学制3年。职业中学也包括初中3年，高中3年。学年9月开始，次年6月结束。自2010年以来，学年分为3个学期，总共180天的教学。12月的寒假大约放假3周，3月放假2周。学校在7月和8月的大部分时间都关闭。与公立学校相比，私立国际学校通常采用两学期制。大学通常有完整的春季和秋季学期，以及介于两者之间的较短的夏季学期。公立学校采用阿拉伯语授课，男女生均免费接受义务教育。而私立学校采用15种不同语言的课程。阿联酋教育体系见图1。

(三) 详述

1. 基础教育

在阿联酋，学前教育是强制的义务教育。儿童4岁可以入幼儿园，通常6岁上小学，基础教育为期6年。教学语言为阿拉伯语，但英语作为第二语言也同样被重视。基础教育课程强调基本的读写和计算技能，包括语言、数学和科学。非阿联酋国民可以上公立学校，但必须付费，而阿联酋公民免费接受公共教育。40%的小学生上私立学校，阿联酋为移民社区开设外语授课教育，并保护其文化。在公立学校，所有年级的男孩和女孩都是分班上课的。

2. 中等教育

基础教育结束后，学生可升入初中教育阶段，学制3年。公立学校没有单独的入学考试。所学学科科目与基础教育阶段的学科科目基本相同，但不再提供音乐

年龄

22

21

20

19

18

17

16

15

14

13

12

11

10

9

8

7

6

硕士学位
Shahadat Master's
1~2年

学士学位
Shahadat Bachelor's
4年
牙科5~6年
医学6年

高等专科文凭
Shahadat Higher Diploma
3年

高等教育文凭
Shahadat Diploma
2年

普通高中
普通中学毕业证书
Shahadat Al-Thanawiya Al-Amma
3年

职业高中
技术中学毕业证书
Shahadat Al-Thanawiya Al-Fanniyya
3年

初中
Preparatory Education
3年

小学
Primary Education
6年

年级

17

16

15

14

13

12

11

10

9

8

7

6

5

4

3

2

1

图 1　阿联酋教育体系

等学科课程，升学和毕业是由平时测试以及学期和学年末考试决定的。九年级结束后，学生可以选择就读职业高中或继续普通高中学习。

进入普通高中阶段的学生在第二年开始分科，分文科和理科方向。然而，自2015 年以后文理分科被取消了，根据学生九年级的学业成绩，进入普通或高级课程学习。高级课程的学生接受更深入的数学和科学教学，为他们在工程、医学和自然科学等学科的大学学习做好更充分的准备。这一变化是政府培养 21 世纪技能和促进“科学、技术、工程、数学和其他领域的知识整合”所做的部分努力，目的是加强国家对知识经济的重视。高中科目包括阿拉伯语、英语、伊斯兰教育、数学、社会科学、信息技术、健康科学、体育以及艺术和科学科目。这些科目在普通班和高级班教授内容有所不同。尽管教学语言是阿拉伯语，但根据正在逐步实施的阿联酋学校模式课程，数学和科学是用英语教授的。

3. 职业教育

虽然学生在初中阶段就可以进入职业学校，但这并不是阿联酋的主要教育模式。中等职业学校的学习通常从 9 年级结束开始，为期 3 年(10～12 年级)。职业高中教育主要分为技术、农业和商业 3 种类型。职业技术学校提供的课程更适合就业，除数学、科学、阿拉伯语和英语等核心学术课程外，通常还涉及职业课程学习。一些学校要求学生通过入学考试才能被录取。

4. 高等教育

在高等教育方面，阿联酋有很多在国际上享有较高声誉的大学。阿联酋大学(United Arab Emirates University)、阿吉曼大学(Ajman University)和高等技术学院(Higher Colleges of Technology)都是知名的高等学府。阿联酋大学位于阿布扎比酋长国艾因，成立于 1976 年，有 9 个专业学院。这所大学已经成为教育、研究和社区服务方面的领先机构和阿联酋最受欢迎的高等院校，目前有近 15 000 名学生在校学习。截至 2022 年 1 月，学校在整个阿拉伯世界中排名第 7 位。

在政策和资金的大力支持下，阿联酋高校数量可观，教学质量也远近驰名，吸引着越来越多的国际学生前来求学深造。截至 2019 年，这里有超过 70 所经阿联酋教育部认证的高等教育机构。同时，阿联酋也是世界上拥有最多分校的国家，阿布扎比巴黎索邦大学(Sorbonne University Abu Dhabi)和纽约大学阿布扎比分校(New York University Abu Dhabi)这样的知名国际高校纷纷落户于此，仅在迪拜就有超过 30 所国际大学分校。哈利法大学、阿联酋大学、沙迦美国大学、扎耶德大学等很多高校在近两年的 QS 世界大学排名中也都取得了不错的排名成绩。根据联合国教科文组织的数据，近年来，来此攻读学位的国际学生数量在 2011—2016 年短短五年间就从 48 653 人增加至 77 463 人。在过去的十多年中，国际学生人数已实现大幅增长，并将持续保持增长态势。前往阿联酋留学可以享受到入学门槛低、奖学金丰厚、国际化程度高的高等教育。凭借这些条件，如今的阿联酋已经成为全球青年心中富有吸引力的目的地之一。

为了更好地促进国内和国际教育发展，秉持着包容和开放原则，在创新教育发展方面，阿联酋还投入上百亿迪拉姆建设了迪拜知识村(Knowledge Village)和迪拜国际学术城(Dubai International Academic City)，其中迪拜国际学术城是全球唯一的“高教自由区”。迪拜知识村和迪拜国际学术城是国际分校的主要聚集地。

（四）考试、升级与证书制度

在阿联酋，小学阶段的升学和毕业是根据平时的学习过程评估以及学期和年终考试结果决定的。中学主要为学生升大学做准备，此外还为学生直接进入劳动力市场提供技术或职业技能培训。在阿联酋，大多数学生倾向于上大学接受高等教育，而不是进入职业技术学院。无论是公立学校还是私立学校，学生完成 12 年学业时都可以参加普通中学毕业证书（Shahadat Al-Thanawiya Al-Fanniyya，即 General Secondary Education Certificate）考试。中等职业技术学校开设的专业包括与商业相关的会计和金融、人力资源管理等，还有工程、计算机技术、旅游、外语、健康科学、航空管理等。通过 12 年级末的最终毕业考试后，学生将获得职业技术中学毕业证书（Shahadat Al-Thanawiya Al-Amma，即 Secondary Technical School Certificate）。普通中学毕业证书和职业技术中学毕业证书可证明学生具备接受高等教育的资格。

自 2017 年以来，除了 12 年级毕业考试外，遵循国家课程的公立学校和私立学校的学生还必须参加阿联酋标准化考试（EmSAT），这是大多数公立大学和学院录取的先决条件。EmSAT 是一系列标准化的计算机考试，取代了以前用于确定大学入学资格的普通教育能力评估（CEPA）。在 12 年级，学生必须参加数学、物理、英语和阿拉伯语的 EmSAT 考试，高级课程的学生还必须参加化学考试。院校通常要求学生在毕业考试（CEPA，现为 EmSAT）中取得入学分数。由于英语是大学主要的教学语言，高等院校也要求学生在托福或雅思等英语水平测试中取得最低录取分数。除此之外，一些高等教育机构可能还会强制要求额外的入学考试。

（五）成绩评价制度

阿联酋成绩评价制度见表 1。

表 1　阿联酋成绩评价制度

成绩绩点	分数	描述	对应中文意义
3.6～4.0	90～100	excellent	优秀
3.0～3.5	80～89	very good	良好
2.5～2.9	70～79	good	中等
2.0～2.4	60～69	pass	及格
0～1.9	0～59	fail	不及格

（六）常见教育证书

阿联酋常见教育证书见表 2。

表 2　阿联酋常见教育证书

序号	证书	描述
1	Shahadat Al-Thanawiya Al-Amma/ General Secondary School Leaving Certificate	普通中学毕业证书，完成 3 年普通高中学业后获得该证书
2	Shahadat Al-Thanawiya Al-Fanniyya/ Technical Certificate of Secondary School	技术中学毕业证书，继基础教育后完成 6 年中等技术教育学业后获得该证书
3	Shahadat Diploma/Postsecondary Diploma	高等教育文凭，在高等技术学院完成 2 年学业后获得该证书
4	Shahadat Higher Diploma/Higher Diploma	高等专科文凭，在高等技术学院完成 3 年学业后获得该证书
5	Shahadat Bachelor's/Bachelor's Degree	学士学位，通常完成 4 年本科学业 132～136 学分课程后获得该证书
6	Shahadat Master's/Master's Degree	硕士学位，在学士学位的基础上再修读 24～30个学分
7	Shahadat Doctor/Medical Doctor Degree	医学学士学位，完成 6 年学业和 1 年临床获得该证书

阿曼苏丹国的教育证书评估研究

一、国家概况

阿曼苏丹国简称阿曼，位于阿拉伯半岛东南部，与阿联酋、沙特、也门等国接壤，濒临阿曼湾和阿拉伯海。面积 30.95 万平方公里。人口 488 万（2022 年），其中阿曼人占 58.6%。伊斯兰教为国教。85.9%人口为穆斯林，大多为伊巴德教派。阿曼人口包括阿拉伯人、俾路支人、南亚人（印度人、巴基斯坦人、斯里兰卡人、孟加拉人）和非洲民族。官方语言为阿拉伯语，通用英语。俾路支语、乌尔都语和印度方言也被使用。

阿曼是阿拉伯半岛最古老的国家之一。公元前 2000 年已广泛进行海上和陆路贸易活动，并成为阿拉伯半岛的造船中心。作为一个穆斯林占主导地位的国家，阿曼与西方和伊斯兰世界都保持着外交关系。阿曼人口的大多数（约 75%）是适度保守的伊斯兰教伊巴德教派，这是阿曼有别于其他伊斯兰世界的地方。

阿曼是世袭君主制国家，禁止一切政党活动。苏丹（指在伊斯兰教历史上类似总督的官职，后演变为对特殊统治者的称号）享有绝对权威，颁布法律、任命内阁、领导军队、批准和缔结国际条约。2020 年 1 月 11 日，卡布斯苏丹逝世，其堂弟、文化和遗产大臣海赛姆根据卡布斯遗诏继任苏丹并实现政权平稳过渡。

石油、天然气产业是阿曼的支柱产业，油气收入占国家财政收入的 68%，占国内生产总值的 41%。工业以石油开采为主，近年来开始重视天然气工业。实行自由和开放的经济政策，利用石油收入大力发展国民经济，努力吸引外资，引进技术，鼓励私人投资。为逐步改变国民经济对石油的依赖，实现财政收入来源多样化和经济可持续发展，政府大力推动产业多元化、就业阿曼化和经济私有化，增加对基础设施建设的投入，扩大私营资本的参与程度。农业不发达，粮食主要靠进口。渔业资源丰富，是阿曼传统产业，除满足国内需求外，还可供出口，是阿曼非石油产品出口收入的主要来源之一。

二、教育

（一）教育概况

阿曼实行免费教育制度。从小学到中学毕业，教育都是免费的，但不是强制性的。1970年以前，全国只有3所正规学校，都是1960年以前建立的，学生不到1 000人（全是男生）。1970年，苏丹卡布斯·本·赛义德·阿尔赛义德上台后，阿曼经历了一次现代复兴。最重要的成就之一是致力于全民教育。苏丹卡布斯启动了一系列教育改革，首先从在全国各地建设新学校开始。他认识到女性接受教育的价值，如今已有1 000多所学校同时招收男女学生。阿曼的国家教育计划在20世纪七八十年代迅速推进。2006—2007年，约有560 000名学生就读于1 053所公立学校。私立学校的学生人数约为65 000人。一些私立学校采用英国教育体系（O-level和A-level体系）或提供国际文凭课程。阿曼还在全国开展扫盲和成人教育，截至2023年10月，有各类学校1 642所，在校生69万，有扫盲中心14个。卡布斯大学于1986年9月建成开学，是阿曼最高学府，在校生约1.5万人。2003年阿曼政府批准的第一所私立大学苏哈尔大学建立，该校注册在校生1 150名，教师62名。根据《人类发展报告》，阿曼成人识字率达到93.0%，高于1990年的54.7%。同期，青年识字率从85.6%提高到97.3%。据报道，教育方面的公共支出占GDP的4.6%，占政府总支出的26.1%。

（二）教育体系

1970年，阿曼开始实行6—3—3教育体系：小学6年（6岁上学）、预备学校3年、高中3年。1998年，阿曼开始实行4—6—2教育体系：基础教育制度10年，包括4年的基础教育第一阶段和6年的基础教育第二阶段，这两个阶段之后是2年的后基础教育阶段（中等教育）。这一制度旨在取代由6年初等教育和3年预备教育组成的旧基础教育体系。然而，目前这两种体系并行运作。阿曼学校一学年有三个学期，第一学期9月开始，12月中旬结束；第二学期1月开始，4月结束；第三学期4月中旬开始，6月底结束。阿曼教育体系见图1。

（三）详述

1. 初等教育

1997年，教育部开始制定新的教育计划，以逐步取代三级基础教育体系。改革目的是建立一个涵盖前十年教育的统一基础教育体系。基础教育分为两个阶段：第一个阶段涵盖1～4年级，第二个阶段涵盖5～10年级。这两个阶段之后是

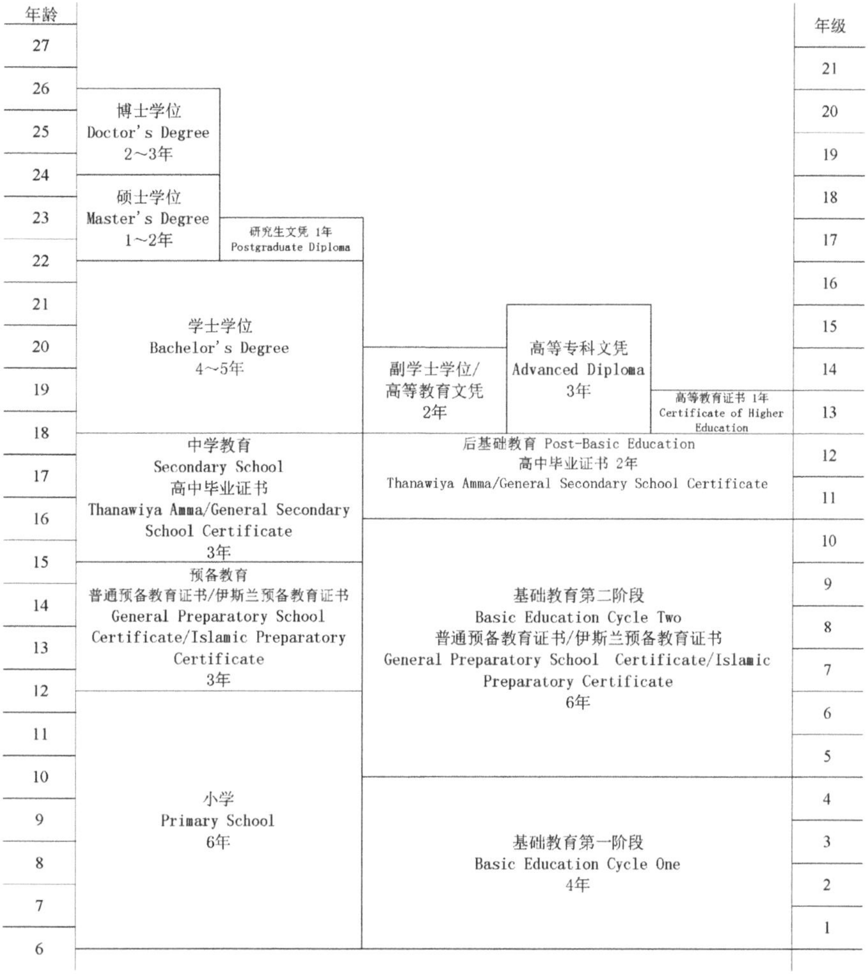

年龄 27 26 25 24 23 22 21 20 19 18 17 16 15 14 13 12 11 10 9 8 7 6

年级 21 20 19 18 17 16 15 14 13 12 11 10 9 8 7 6 5 4 3 2 1

博士学位
Doctor's Degree
2～3年

硕士学位
Master's Degree
1～2年

研究生文凭 1年
Postgraduate Diploma

学士学位
Bachelor's Degree
4～5年

副学士学位/
高等教育文凭
2年

高等专科文凭
Advanced Diploma
3年

高等教育证书 1年
Certificate of Higher Education

中学教育
Secondary School
高中毕业证书
Thanawiya Amma/General Secondary School Certificate
3年

后基础教育 Post-Basic Education
高中毕业证书 2年
Thanawiya Amma/General Secondary School Certificate

预备教育
普通预备教育证书/伊斯兰预备教育证书
General Preparatory School Certificate/Islamic Preparatory Certificate
3年

基础教育第二阶段
Basic Education Cycle Two
普通预备教育证书/伊斯兰预备教育证书
General Preparatory School Certificate/Islamic Preparatory Certificate
6年

小学
Primary School
6年

基础教育第一阶段
Basic Education Cycle One
4年

图 1　阿曼苏丹国教育体系

为期两年的中等教育(11～12 年级)。虽然基础教育并非强制,但由于广泛的教育支持,越来越多的阿曼儿童进入学校学习。首批学校于 1998～1999 学年开始引入新体系。跨入 21 世纪后,阿曼在中小学进行学制改革,将传统的中小学教育合成 10 年的"基础教育"和 2 年的"中等教育"。在新推行的"基础教育"体系中,原来从小学一入学就开始的男女分校,推迟到从 5 年级开始。教学大纲根据时代的需要也进行了重大改革,由原来以教师为中心的"填鸭式"教学,改为以学生为中心的"主动学习",要求加强教学互动。提倡发挥学生的个性和培养批判性思考能力,为不同性格和兴趣的学生制定个性化的教学方式。

2. 中等教育

新的中等教育学制 2 年。中等教育阶段开设必修课和选修课。学生可以根据基础教育阶段的成绩及个人能力，选择专攻理科或文科，完成学业后获得中学毕业证书。旧的通识教育体系(1～12 年级)仍然与新的基础教育体系并存。

阿曼保留了一些国际知名的文法学校，其中大多数是私立教育机构，提供拉丁语和希腊语外的经典课程，包括梵语、希伯来语和阿拉伯语的古代文学研究。著名的国际文法学校包括美国马斯喀特国际学校、巴基斯坦马斯喀特学校、巴基斯坦塞拉莱学校、印度马斯喀特学校、美国英国学院、英国马斯喀特学校、苏丹学校等。

3. 职业教育

完成基础教育的学生可升入普通高中，或进入社会事务和劳动部主办的 3 年制职业培训学校，以及其他部属学校，如卫生学校等。职业培训学校设文秘、会计、金工、电工和汽车修理课程，学生毕业即可就业。师范教育有 3 所高等教育层次的学院——教师培训中间学院，男校 2 所、女校 1 所，均为 2 年制，招收高中毕业持有普通中等教育证书的学生。另设教师培训班，负责无证书和不合格教师的在职培训。

4. 高等教育

阿曼高等教育体系相对年轻，作为阿曼第一所公立大学，苏丹卡布斯大学(Sultan Qaboos University)成立于 1986 年。在苏丹卡布斯大学成立之前，政府派部分学生到阿联酋、科威特、约旦和埃及等阿拉伯周边国家深造，也有部分学生获得奖学金赴英、美留学。

该国的高等教育部自 1994 年成立以来，一直致力于建设高质量的高等教育系统，其管辖下的 6 所教育学院改制为提供教育学士学位的教育学院。2005/2006 学年，根据教育部的规划，师范院校改为授予学位的应用科学院校。这些应用科学学院学制为 5 年，包括 1 年的预科课程和 4 年的学士学位课程，提供信息技术、国际商业管理、传播学、设计等专业课程。其中，化学工程、电气工程、机械工程专业的课程仅限在苏哈尔应用科学学院教授，学习时间为 6 年。阿曼现有应用科学学院 6 所，技术学院 7 所，高等技术学院 1 所。除高等教育部外，劳工部、卫生部、中央银行、宗教事务部、旅游部也对部分附属高等专科院校进行管理。

2001 年，阿曼第一所私立大学——苏哈尔大学成立，该校附属于澳大利亚昆士兰大学，随后阿拉伯开放大学以及德国、英国等国的大学也在阿曼建立分校、开展联合办学项目等。此外，阿曼成立了阿曼学术认证机构(Oman Academic Accreditation Authority)，对高等教育机构及其开展的项目进行认证，提高高等教育质量。

（四）考试、升级与证书制度

儿童6岁开始入学。小学教育之后是预备学校的学习，预备学校的学业成绩决定了学生未来将接受的中等教育类型。小学毕业考试由地区教育部门组织。完成6年初等教育、3年预科教育，或10年基础教育（新体制）学业后，学生可获得普通预备学校证书或伊斯兰预备学校证书（General Preparatory School Certificate/Islamic Preparatory Certificate）。

预备教育阶段学生除了学习普通课程外，还参加木工、金工、园艺与家政活动，毕业可升入高中或进入社会事务和劳动部主办的3年制职业培训学校或其他部属学校，如卫生学校等。高中二、三年级分文、理科。高中毕业时，学生需参加国家考试，由教育和青年事务部负责实施。高中毕业考试合格者获得普通中学证书（Thanawiya Amma），可升入国内大学或出国留学。

职业培训学校设文秘、会计、金工、电工和汽车修理课程，学生毕业即可就业。在技术/职业学院进修1年后获得高等教育证书（Certificate of Higher Education）。学分可以按每门课程来计算。进修2年获得阿曼国家文凭（Oman National Diploma）或高等教育文凭（Diploma of Higher Education）。

高等教育由公立和私立大学、一些专门机构、技术和职业学院以及教育学院提供。本科提供4个水平的教育文凭：1年的证书（Certificate），2年的文凭（Diploma or Associate Degree），3年的高级文凭（Advanced Diploma或Higher National Diploma），4～5年的学士学位，1～2年的硕士学位和2～3年的博士学位。学院通常只提供学士学位课程，大学同时提供学士和硕士学位课程。由于在阿曼攻读博士学位条件有限，许多学子奔赴国外以取得更高学历。

学前、基础教育和中学的教师在教育学院接受师范教育并获得学士学位。教育院校有3所，其中男校2所、女校1所，2年制，招收持有普通中等教育证书的高中毕业生，学生毕业后获得教师资格证书（Teaching Diploma）。

（五）成绩评价制度

阿曼采用百分制评价学生学业。阿曼成绩评价制度见表1。

表1　阿曼成绩评价制度

成绩百分比	描述	对应中文意义
90%～100%	exceptional	优秀
80%～89%	very good	良好

（续表）

成绩百分比	描述	对应中文意义
65%～79%	satisfactory	中等
50%～64%	minimally acceptable	及格
0～49%	unacceptable	不及格
50分是最低及格分		

（六）常见教育证书

阿曼常见教育证书见表2。

表2　阿曼常见教育证书

序号	证书	证书描述
1	General Preparatory School Certificate/Islamic Preparatory Certificate	普通预备教育证书/伊斯兰预备教育证书，完成继6年小学教学后的3年预备教育，或完成10年基础教育学业后获得该证书
2	Thanawiya Amma/General Secondary School Certificate	高中毕业证书，完成3年中学教育或2年基础教育学业后获得该证书
3	Certificate of Higher Education	高等教育证书，完成技术或职业学院1年学业后获得该证书
4	Oman National Diploma/Diploma of Higher Education	阿曼国家文凭/高等教育文凭，完成技术或职业学院2年学业后获得该证书
5	Diploma/Associate Degree	专科文凭或副学士学位，完成私立学院或大学2年学业后获得该文凭
6	Advanced Diploma/Higher National Diploma	高等专科文凭或高等国家文凭，完成私立学院或大学3年学业后获得该文凭
7	Bachelor's Degree	学士学位，在公立或私立大学完成4～5年学业后获得该学位
8	Teaching Diploma	教师资格证书，在学士学位的基础上完成某教育领域1年学业后获得该文凭证书
9	Postgraduate Diploma	研究生文凭，完成1年研究生学业获得该文凭
10	Master's Degree	硕士学位，完成1～2年研究生学业和论文或通过复合考试后获得该文凭

（续表）

序号	证书	证书描述
11	Doctor of Medicine(M.D.)	医学专业学位，在阿曼医学院完成 7 年大学学业或获得健康科学学士学位的基础上在苏丹卡布斯大学医学院完成 3 年临床医学学业后获得该文凭
12	Doctor's Degree	博士学位，在硕士学位的基础上再完成 2～3 年研究生学业，并通过论文答辩后获得该学位

阿塞拜疆的教育证书评估研究

一、国家概况

阿塞拜疆共和国，简称阿塞拜疆，国名意为“火的国家”，源于历史上的阿塞拜疆人对拜火教的崇拜，是东欧和西亚的“十字路口”。位于外高加索东南部，北靠俄罗斯，西部和西北部与亚美尼亚、格鲁吉亚相邻，南接伊朗，东濒里海。面积 8.66 万平方公里，人口 1 016.72 万(2022 年 4 月)。共有 43 个民族，其中阿塞拜疆族占 91.6%，列兹根族占 2.0%，俄罗斯族占1.3%，亚美尼亚族占 1.3%，塔雷什族占 1.3%。官方语言为阿塞拜疆语，居民多通晓俄语。

阿塞拜疆是一个发展中国家，在人类发展指数中排名第 88 位。经济发展速度快，识字率高，失业率低。1991 年获得独立后，阿塞拜疆成为国际货币基金组织、世界银行、欧洲复兴开发银行、伊斯兰开发银行和亚洲开发银行的成员。油气工业是阿塞拜疆支柱产业。2019 年国内生产总值 471.7 亿美元，同比增长 2.2%，通货膨胀率 2.6%。2020 年国内生产总值为 426.1 亿美元，同比下降 4.3%，通货膨胀率 2.8%。2021 年以来，随着对外交往合作逐步恢复、能源价格稳步回升，阿塞拜疆经济止跌回升。2022 年，国内生产总值约为 800 亿美元，同比增长 4.6%，通货膨胀率为 13.9%。

二、教育

(一) 教育概况

在阿塞拜疆，教育被视为国家和社会发展基础中具有战略意义的重要领域。所有公民都有权接受 9 年普通义务教育。受教育权是阿塞拜疆共和国公民的基本权利，这在阿塞拜疆共和国宪法和阿塞拜疆共和国教育法中均有规定。

阿塞拜疆在脱离苏联独立之前一直遵循苏联的教育模式。1993 年教育改革后，学校更加独立，政府控制减少。教学语言是阿塞拜疆语，不过有些学校采用格鲁吉亚语和亚美尼亚语教学。根据2009年联合国开发计划署报告，阿塞拜疆的识字率为99.5%。较高比例的阿塞拜疆人接受过某种形式的高等教育，尤其是在科学和技术学科方面。

阿塞拜疆自2005年起成为博洛尼亚进程的正式成员后，进一步进行教育改革，推动高等教育对标欧洲的共同标准。2005年通过了《2006—2010年行动计划》，以实施《博洛尼亚宣言》。

（二）教育体系

阿塞拜疆教育体系分为学前教育、普通中小学教育、职业技术教育和高等教育。2014年，全国有全日制普通学校4 539所，学生136.49万人；中等专业学校74所，学生7.91万人；国立高等院校37所，学生11.79万人；私立高等院校16所，学生2.13万人。

阿塞拜疆现行中小学教育体系为4—5—2。实行九年制义务教育，6岁入学，小学4年，初中5年，高中2年。学年一般为9月至次年6月。除了圣诞节和暑假，11月、3月或4月有一周的期中假期。阿塞拜疆教育体系见图1。

（三）详述

1. 初等教育

阿塞拜疆小学学前教育主要培养孩子的理解力、天性、品味和对周围事物的理解。阿塞拜疆的小学教育一般从6岁开始，包括1～4年级。小学课程注重阅读、写作和计算能力的培养，其目的是帮助学生建立对社会的基本认识和培养运用逻辑推理的能力。大多数人在公立学校接受小学教育，也有许多私立学校可供选择。

2. 中等教育

初中普通中等教育是义务教育，包括5～9年级，一般年龄在10～14岁。公立学校的初中也是免费的。普通中学的主要目标包括培养熟练的写作技能、口头表达和沟通能力、加强逻辑思维的能力，以及运用现代科技和通信工具促进学习的能力。在此期间，学生对文学、数学、语言、历史、文化、体育、科学、艺术等有更深入的了解。

完全中等教育包括10年级和11年级，阿塞拜疆公立高中也是免费的。在这个阶段，学生们已经选择了他们未来的职业方向，为大学入学考试做准备。这个阶段被认为是学生时代最残酷的时期，主要是因为学生们面临着大学入学考试的压力。大学入学考试竞争激烈，学生们为了获得政府全额奖学金来支付大学学费，都尽力争取更高的分数。

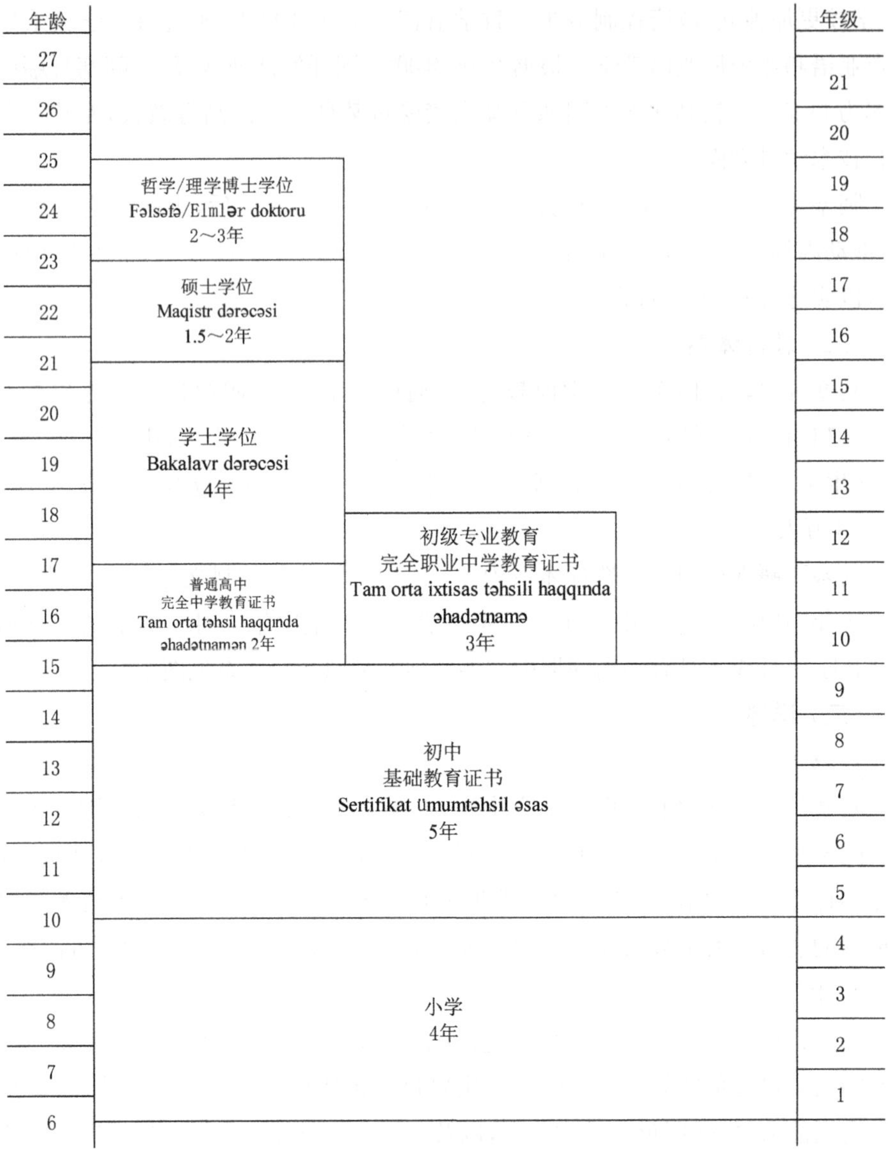

年龄 27 26 25 24 23 22 21 20 19 18 17 16 15 14 13 12 11 10 9 8 7 6

年级 21 20 19 18 17 16 15 14 13 12 11 10 9 8 7 6 5 4 3 2 1

哲学/理学博士学位
Fəlsəfə/Elmlər doktoru
2～3年

硕士学位
Maqistr dərəcəsi
1.5～2年

学士学位
Bakalavr dərəcəsi
4年

普通高中
完全中学教育证书
Tam orta təhsil haqqında
əhadətnamən 2年

初级专业教育
完全职业中学教育证书
Tam orta ixtisas təhsili haqqında
əhadətnamə
3年

初中
基础教育证书
Sertifikat ümumtəhsil əsas
5年

小学
4年

图 1　阿塞拜疆教育体系

3. 职业教育

阿塞拜疆学生在接受 4 年制初等教育和 5 年制普通中等教育之后可以进入职业教育阶段。初级中等职业教育是阿塞拜疆中等教育体系中不可或缺的一部分，是按照社会和劳动力市场的要求，在普通教育的基础上面向各类工艺和大众专业技术工人提供培训，毕业生除了可以获得相应的专业技术资格证书外，学校还提供相关的国家正式教育文凭。职业高中和专业技术学校同时提供专业教育和普通教育，毕业生有机会升入高等教育学校继续学习。

4. 高等教育

阿塞拜疆的高等教育机构包括公立和私立机构。机构可以决定他们将采用哪种方法来教育学生，选择什么课程内容，并为每个专业领域制定学术计划。高等教育体系的一项重要改革始于 2009 年，当时阿塞拜疆开始实施《阿塞拜疆共和国高等教育体系改革国家方案》。改革的目的是使该国的高等教育与欧洲教育领域保持一致，并改变其内容以适应 2005 年加入的博洛尼亚进程。高等教育领域由此产生了一系列发展变化，包括创建提高教师技能的项目，制定特定领域国外进修和再培训计划以及扩展现有项目等。

阿塞拜疆著名高校有巴库国立大学和国家石油学院。巴库国立大学创建于 1919 年，现有 17 个系、2 个研究所、4 个博物馆和 3 个图书馆。在校学生约 13 000 人，教师 2 300 人。阿塞拜疆国家石油学院，创建于 1920 年，现有 24 个专业、7 个系、63 个教研室和 18 个科学实验室。在校学生约 7 000 人，教师 1 000 人。

（四）考试、升级与证书制度

阿塞拜疆对 6～15 岁的儿童实行免费义务教育。小学从 6 岁开始，为期 4 年。普通初中教育是在小学之后，学制 5 年，所有的学生在普通中等教育结束时都要参加考试，成功通过考试的学生将获得基础教育证书（Sertifikat ümumtəhsil əsas），表明他们有资格进入下一阶段的教育。普通高中为期 2 年，完成学业后学生获得完全中学教育证书（Tam orta təhsil haqqında əhadətnamə）。在中学阶段，学生可以在职业技术学校开始他们的专业学习。广泛的专业领域包括技术、人文学科和自然学科。学生还需要掌握一种或多种外语技能。职业中等教育的年限一般为 3 年，学生完成学业后，颁发完全职业中学教育证书。

阿塞拜疆大学入学考试每年夏天在不同地区举行，属于官方考试。在 2017 年前，该考试是免费的，每年举行一次。从 2017 年开始，该考试每年举行两次。第一次考试对所有考生免费，第二次考试费用为 40 欧元。考试最高分数为 700 分。根据学生的学习方向，要求学生回答他们所选择的学科组中每门学科的 25 个问题。一共有 5 个学科组，其中 4 个为专业学科组，还有 1 个额外的学科组专供需要参加某些特殊技能领域的学生选择。政府为分数较高的学生免除学费。

大学的第一个阶段为本科，一般学制 4 年，最终获得学士学位（Bakalavr dərəcəsi）。在此期间，学生可以学习人文、自然科学以及所选专业的基础知识。过去旧的教育体制中五年制的专业人员文凭正在逐步取消。大学的第二个阶段为硕士研究生阶段，为期 1.5～2 年，学生在人文和自然科学方面获得深入的知识和专业培训，完成硕士研究生学业后获得硕士学位（Magistr dərəcəsi）。过去完成三年研究生学业后授予的副博士学位正在逐步淘汰。大学教育的第三个阶段为博士研究生阶段。硕士阶段最好的毕业生可进入博士研究生阶段继续深造，博士学制一般为 2～3 年，学生完成博士阶段学业后获得哲学或理学博士学位（Fəlsəfə/Elmlər doktoru）。曾经在副博士学位之后根据论文授予的科学博士学位正在逐步淘汰。

（五）成绩评价制度

阿塞拜疆中等教育成绩评价制度见表 1。

表 1　阿塞拜疆中等教育成绩评价制度

成绩	等级	描述	对应中文意义
90%～100%	5	ə'la	优秀
70%～89%	4.00～4.99	yaxsi	良好
60%～69%	3.00～3.99	kafi	中等
50%～59%	2.00～2.99	meqbul	及格
0～49%	1.00～1.99	qeyri-meqbul	不及格

（六）常见教育证书

阿塞拜疆常见教育证书见表 2。

表 2　阿塞拜疆常见教育证书

序号	证书	证书描述
1	Sertifikat ümumtəhsil əsas	基础教育证书，完成 9 年义务教育学业后获得该证书
2	Kiçik mütəxəssis	初级专业人员证书，完成 2 年职业高中学业后获得该证书
3	Tam orta ixtisas təhsili haqqında əhadətnamə	完全职业中学教育证书，完成 3 年职业高中学业后获得该证书
4	Tam orta təhsil haqqında əhadətnamə	完全中学教育证书，完成 2 年普通高中学业后获得该证书
5	Bakalavr dərəcəsi	学士学位，完成 4 年的大学本科学业后获得该学位
6	Maqistr dərəcəsi	硕士学位，完成 1.5～2 年的研究生学业后获得该学位
7	Fəlsəfə doktoru	哲学博士学位，完成博士研究生学业和论文答辩后获得该学位证书

（续表）

序号	证书	证书描述
8	Elmlər doktoru	理学博士学位，完成博士研究生学业和论文答辩后获得该学位证书

巴勒斯坦的教育证书评估研究

一、国家概况

巴勒斯坦位于亚洲西部。北接黎巴嫩，东邻约旦，西南接埃及的西奈半岛，西濒地中海，由加沙和约旦河西岸两部分组成。加沙地带面积 365 平方公里，约旦河西岸地区面积 5 884 平方公里，实际控制领土为 2 500 平方公里。人口约 1 350 万人，其中加沙地带和约旦河西岸人口为 523 万(2021 年底)，其余为在外的难民和侨民。主要居民为阿拉伯人，通用阿拉伯语，主要信仰伊斯兰教；也有少量犹太人，讲希伯来语，信仰犹太教。

巴勒斯坦古称迦南，包括现在的以色列、约旦、加沙和约旦河西岸。历史上，犹太人和阿拉伯人都曾在此居住。公元前 1000 年左右，犹太人在巴勒斯坦地区建立以色列国。公元 7 世纪，阿拉伯人占领巴勒斯坦。1947 年 11 月 29 日，联大通过第 181 号决议，规定在巴勒斯坦地区建立一个阿拉伯人的国家和一个犹太人的国家。广大阿拉伯国家反对和拒绝该决议，就此与以色列展开了长达几十年的中东战争。1988 年 11 月 15 日，巴勒斯坦全国委员会第 19 次特别会议宣布接受联大第 181 号决议，建立以耶路撒冷为首都的巴勒斯坦国。2013 年 1 月，巴勒斯坦民族权力机构主席阿巴斯签署命令，要求将法规、公文、证件等使用的“巴勒斯坦民族权力机构”称谓统一改为“巴勒斯坦国”。2019 年 4 月 14 日，巴勒斯坦新政府宣誓就职，哈马斯抵制。2021 年 12 月和 2022 年 3 月，巴方举行两轮地方选举，由于哈马斯等抵制，加沙居民未参与投票。

巴勒斯坦以农业为主，工业水平很低，主要是加工业。巴勒斯坦经济严重依赖外来援助，经济发展受制于以色列，巴以冲突持续对巴勒斯坦经济发展形成严重制约。2021 年国内生产总值 150.27 亿美元，国内生产总值增长率 7.1%，人均国内生产总值约 3 655 美元。通货膨胀率 1.2%，失业率 26.4%。

二、教育

（一）教育概况

受巴以冲突影响，巴勒斯坦教育状况总体落后，但是文盲率较低，为2.6%。巴勒斯坦政府一直致力于改善与教育相关的基础设施、教师培训、课程标准化及综合教育体系发展。教育主要有三个部门负责：教育部、高等教育部和劳动部。巴勒斯坦主要大学有比尔宰特大学、成功大学、圣城大学、伯利恒大学等。教育系统的资金来自政府预算。在巴勒斯坦，上学主要受到物质条件和行动自由的限制。然而，政府对升级教育的投资不足，导致学习环境拥挤和恶化，学生获得基本学习用品和资料困难。西岸和加沙地带之间资源分配不平等也变得严重。

在巴勒斯坦，6～15岁的儿童接受义务教育。义务教育有三类学校。第一类是公办学校，所有适龄巴勒斯坦人都有机会接受免费义务教育。第二类是私立学校，这类学校因学校声誉和软硬件不同收费也不同。第三类则是由联合国捐助的难民子弟学校，唯有难民身份的巴勒斯坦人的孩子能够就读于此类学校，所有费用全免。三类学校中，联合国办的学校不太稳定。

（二）教育体系

巴勒斯坦实行6～15岁的10年义务教育。巴勒斯坦的教育制度为6－4－2制，即：小学（1～6年级），中学（7～10年级），高中（11～12年级）。义务教育为1～10年级，其中预备阶段为1～4年级，赋权阶段（Empowerment stage）为5～10年级。基础教育的学年为9月开始，次年6月结束。巴勒斯坦教育体系见图1。

（三）详述

1. 初等教育

儿童教育是巴勒斯坦的国家优先事项。红十字会于1949年建立了第一批难民营学校。首所由联合国救济工程处支援的6年制小学始于1959/1960学年。联合国儿童基金会报告显示，在2008/2009学年，大约75%的学校（1 871所）由教育与高教部管理，13%的学校（315所）由联合国救济工程处管理。11%的学校（302所）是私立学校。联合国救济工程处管理的学校只涵盖9个年级，所以学生只能在由教育与高教部管理的学校完成完整的免费义务基础教育周期（1～10年级）。然而，这些学校往往规模小，条件落后，卫生差，而且男女分校。

1～4年级主要课程为伊斯兰教育、阿拉伯语、英语、数学、艺术手工、体育、科学概论、社会科学与国家教育等，每周30课时。5～6年级除基础课程外，还提供

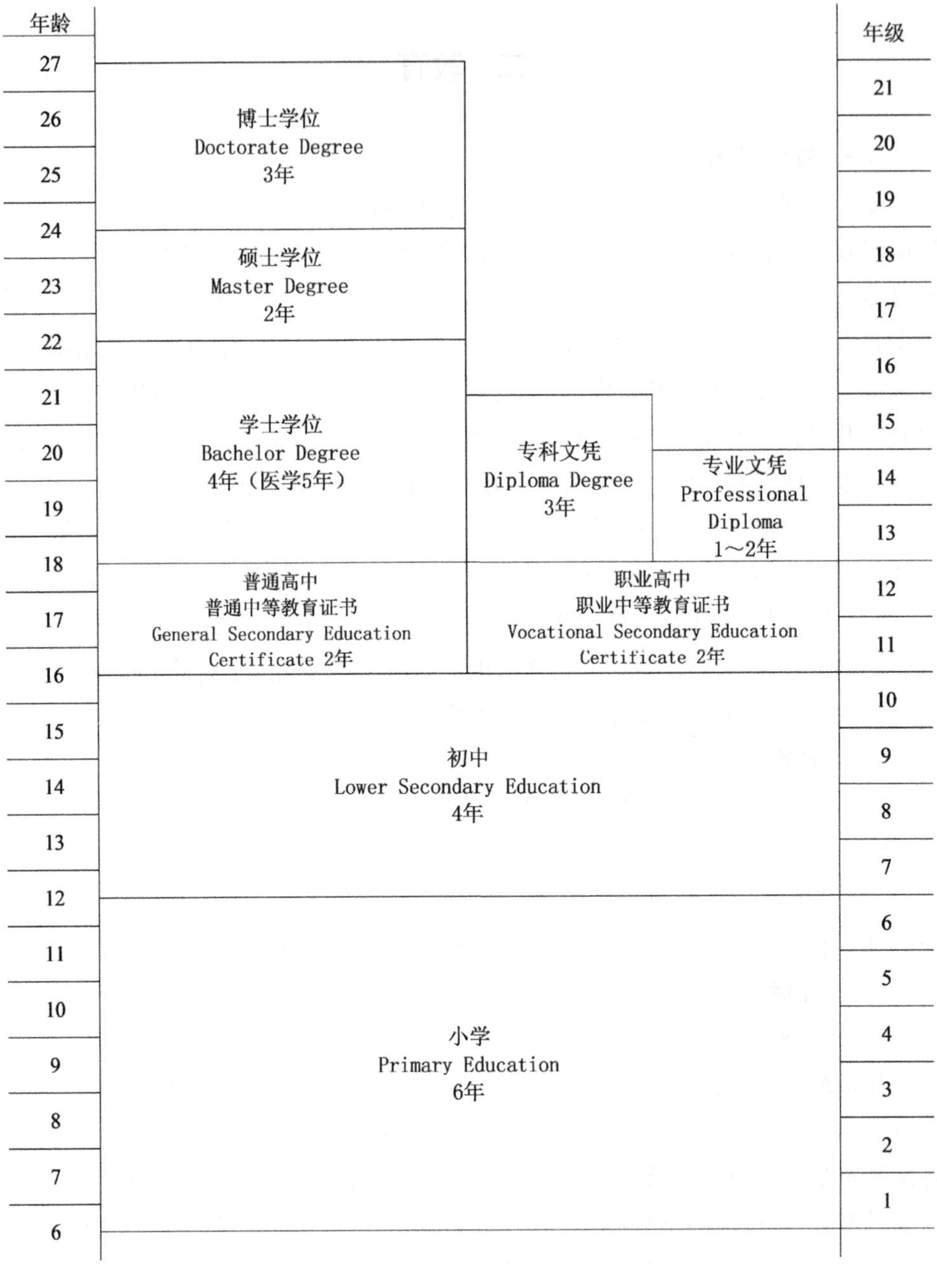

年龄

27
26
25
24
23
22
21
20
19
18
17
16
15
14
13
12
11
10
9
8
7
6

博士学位
Doctorate Degree
3年

硕士学位
Master Degree
2年

学士学位
Bachelor Degree
4年（医学5年）

专科文凭
Diploma Degree
3年

专业文凭
Professional
Diploma
1～2年

普通高中
普通中等教育证书
General Secondary Education
Certificate 2年

职业高中
职业中等教育证书
Vocational Secondary Education
Certificate 2年

初中
Lower Secondary Education
4年

小学
Primary Education
6年

年级

21
20
19
18
17
16
15
14
13
12
11
10
9
8
7
6
5
4
3
2
1

图 1　巴勒斯坦教育体系

科学与应用科学、选修课（如第三外语、家政、健康、环境科学）等课程，每周 36 课时。

2. 中等教育

完成初等教育后，学生参加中等教育。中等教育分为学术型、技术型与职业型三种类型。大多数学生在巴勒斯坦提供的学校注册，约 3%的学生在私立学校注册。联合国救济工程处不提供中等教育。

3. 职业教育

正规职业教育从基础教育后开始，持续 2 年。巴勒斯坦职业教育主要由工业学校、社区学院等提供。职业培训有五个方向：工业、农业、商业、酒店和家政。2016 年巴勒斯坦有 18 所社区学院，以培养中级技工为目标，主要提供 2 年技术和商业专业的文凭课程，共 72 个学分。学生毕业后可以进入学院（2 年制）或大学（2 年制文凭或 4 年制学士学位）学习。

少数社区学院的申请人数较多，但名额有限，约 200～300 人。手工技能职业的地位较低，只有学术能力低的学生才会进入技术和职业教育与培训机构。此外，劳动和社会事务部还提供其他技术和职业教育机会。该部管理着 12 个针对辍学者、学习缓慢者的康复中心。联合国救济工程处也提供短期职业课程（8～40 周）。

4. 高等教育

巴勒斯坦常年受巴以冲突影响，高等教育处于起步阶段，高校综合实力相对薄弱。巴勒斯坦国家统计局数据显示，截至 2020 年，巴勒斯坦 5.9%的国民具有高等职业技术学校学历，17.1%具有本科及以上学历。巴勒斯坦的高等教育机构包括：政府高等教育机构、公共高等教育机构及私立高等教育机构。根据教学内容不同，巴勒斯坦高等教育机构分为：大学、大学学院及社区学院。大学本科修业年限为 4 年，完成学业后可以获得学士学位，部分大学还可以授予硕士和博士学位；大学学院修业年限为 2～3 年，主要提供学术或职业技术教育；社区学院修业年限一般不超过一年，以职业技术教育为主。

巴勒斯坦共有 14 所传统大学、18 所大学学院、20 所社区学院和 1 所开放大学。其中当地著名大学有比尔宰特大学（Bilzeit University）、纳贾赫国立大学（An-Najah National University）、希伯仑大学（Hebron University）、伯利恒大学（Bethlehem University）等。其中比尔宰特大学入选“阿拉伯世界最好的 100 所大学”（top 100 universities in the Arab world）行列，纳贾赫国立大学是巴勒斯坦规模最大的大学，也是巴勒斯坦唯一一所国立大学。2020 年 QS 大学排行榜显示，巴勒斯坦的大学均排在第 1 000 名以后。巴勒斯坦的高等教育起步较晚，1972 年才拥有第一所大学。其发展过程非常坎坷，以色列当局对其高等教育事业的发展加以干扰和刁难，动辄下令关闭大学，阻碍大学的扩建，限制学术自由，甚至蓄意迫害大学的师生。此外，巴勒斯坦高等教育存在文理学科发展不均衡问题，其中理工科学科专业发展水平较低。

（四）考试、升级与证书制度

在中学阶段结束时，12 年级的高中生需要参加全国统一考试（Tawjihi），这是通往巴勒斯坦高等教育的入学考试。通过考试的学生获得普通中等教育证书（General Secondary Education Certificate），可以升入大学学习。

巴勒斯坦所有大学都提供学士学位课程。申请大学入学的前提条件是完成中学教育，通过中等教育毕业考试，学生证书成绩不低于 65%。大学和学术研究学院组织本科学习，通常持续 4 年（至少 121 学分）。完成这一阶段学业后，学生获得学士学位。巴勒斯坦高等教育研究的学科分支包括教育、技术和技术科学，人文社会科学，自然科学和数学，医疗和保健科学及服务，艺术，农业科学，管理科学与工程等。

硕士研究生学习时间为 2 年（一般为 36 学分）。研究方向分为学术型和应用型。本科 GPA 达到合格时，可申请攻读研究生课程。在巴勒斯坦，博士研究生教育仍处于起步阶段。只有 2 所大学提供 1～2 个学科的博士学位项目。博士研究生完成学位的最短学制要求为 6 个学期，最长为 12 个学期。获得博士学位需完成 48 学分，平均绩点不低于 2.5（不低于百分制中的 75 分）。

（五）成绩评价体系

巴勒斯坦中等教育成绩评价制度见表 1。

表 1　巴勒斯坦成绩评价制度

成绩(%)	描述	对应中文意义
90～100	excellent	优秀
80～89	very good	良好
70～79	good	中等
60～69	acceptable	一般
50～59	poor	及格
0～49	fail	不及格

（六）常见证书

巴勒斯坦常见教育证书见表 2。

表 2　巴勒斯坦常见教育证书

序号	证书	证书描述
1	General Secondary Education Certificate	普通中等教育证书，完成 12 年级学业并通过全国统一考试后获得该证书
2	Professional Diploma	专业文凭，在大学或学院完成 1～2 年的文凭课程获得该证书
3	Diploma Degree	专科文凭，在大学完成 3 年职业教育课程获得该证书
4	Teaching Diploma Degree	师范文凭，在大学完成 3 年师范教育课程获得该证书
5	Bachelor Degree	学士学位，学制通常为 4 年，医学 5 年
6	Master Degree	硕士学位，完成 2 年硕士学业获得该证书，准入条件为获得学士学位
7	Doctorate Degree	博士学位，完成 3 年博士学业后获得该证书，准入条件为获得硕士学位

巴林的教育证书评估研究

一、国家概况

巴林王国，简称巴林，为波斯湾西南部的岛国，界于卡塔尔和沙特阿拉伯之间。面积 780 平方公里，属热带沙漠气候，石油为国家经济的支柱。人口 150 万(2022 年 9 月)，外籍人口占 55%。阿拉伯语为官方语言。伊斯兰教为国教，85%的居民信奉伊斯兰教，其中什叶派占 70%，逊尼派占 30%。

1933 年巴林发现石油，成为海湾地区最早开采石油的国家。巴林奉行自由经济政策，1995 年加入世界贸易组织。注重经济多元化发展，积极进行产业结构调整和扩大对外开放。金融业发达，享有中东地区金融服务中心的美誉。目前，有 400 多家地区及国际金融服务机构在巴林设立办事处。巴林具有较高的人类发展指数(世界排名第 44 位)，亦被世界银行认定为高收入经济体。

二、教育

(一) 教育概况

巴林王国几个世纪以来一直注重教育。基于《古兰经》的传统教育已经存在了数百年，而世俗教育从 20 世纪初开始实行。1919 年，巴林在穆哈拉格北端开设了一所男校(Al-Hidaya Al-Khalifia)，标志着其现代公立学校系统的正式开始。1926 年，教育委员会在麦纳麦开办了第二所公立男校。与该地区的许多国家不同，巴林认识到女性教育同样重要。1928 年，第一所女子公立学校在穆哈拉格开设，巴林成为海湾阿拉伯国家中最早拥有女子学校的国家。由于教育委员会面临财政和管理上的困难，学校于 1930 年由政府直接管理。

巴林建国以来，教育就呈指数级增长，其中最迅速的增长发生在 20 世纪 60 年代后期到 70 年代。1975 年的《教育法》将中学教育从 2 年延长到 3 年，并规定基础教育为义务教育。学校女生人数几乎与男生持平，其中男生数量略居领先地位。

巴林实行9年一贯制免费义务教育制度。教育宗旨是普及和完善教育种类，提高教学水平。巴林文盲率为4.9%，15～25岁青年受教育率达99%，为中东海湾地区受教育程度较高的国家。巴林初等教育和中等教育是免费的，高等教育只象征性地收取费用。与其他缺乏足够高等教育基础设施的中东国家一样，巴林政府积极支持学生赴海外接受高等教育。

（二）教育体系

巴林实行9年一贯制基础教育制度，小学6年，初中3年，高中3年。小学和初中为义务教育，6～14岁儿童必须接受义务教育。学年通常在9月开始，于次年6月结束。巴林教育体系见图1。

（三）详述

1. 基础教育

巴林的基础教育是免费的。政府实行三个阶段的教育模式，从小学开始，至初中毕业结束。小学代表巴林正式学校教育的开始，儿童6岁上小学，持续6年。小学分为两个阶段：第一阶段为低年级，即1～3年级，该阶段采用班主任制，除英语、设计与技术、音乐教育和体育教育外，大部分科目由一名教师教授；第二个阶段为高年级，即4～6年级，该阶段实行学科教师制，每门学科由专攻某一特定学科并获得教育资质的老师任教。小学阶段必修科目包括伊斯兰教育、阿拉伯语、英语、科学技术、数学、社会研究、体育、家庭教育、艺术、音乐和歌曲等。

完成小学六年级后，学生将升级到基础教育的第三个阶段——初中。该阶段招收12～14岁学生，学制3年。这一阶段仍然实行学科教师制，每个学科都由专门从事特定学科并获得相应教育资质的教师教授。初中课程必修科目包括伊斯兰教育、阿拉伯语、英语、科学技术、数学、社会研究、手工艺和体育。

2. 中等教育

高中阶段是学生进入高等教育或直接进入劳动力市场做准备的新阶段，学制3年，共有6个学期。这一阶段被认为是对基础教育的补充。学生15～17岁上高中，高中入学的条件是获得初中毕业证书或同等学力证书。高中分为普通（文、理科）高中、职业技术高中、商业高中三类。

2004年，哈马德·伊本·伊萨·阿勒哈利法国王推出了使用信息通信技术支持巴林K-12教育的项目。该项目被命名为哈马德国王未来学校，目标是将王国内的所有学校用互联网连接起来。除英国中学外，巴林国内还有巴林学校（Bahrain School，简称BS）。BS是一所美国国防部学校，提供包括国际文凭课程在内的K-

年龄	教育阶段		年级
25, 24, 23	博士学位 Doctor 2年		19, 18
22	硕士学位 Master's Degree 1年		17
21, 20, 19, 18	学士学位 Bachelor's Degree 4年	（空）	16, 15
		副学士学位 Associate Degree 2年；专科文凭 Diploma 2年	14, 13
17, 16, 15	普通高中 高中毕业证书 General Certificate of Secondary Education 3年	职业技术高中 职业技术高中毕业证书 Tawjahiya Secondary School Certificate 3年	12, 11, 10
14, 13, 12	基础教育第三阶段 Basic Education Third Cycle 初中毕业证书 Intermediate School Certificate 3年		9, 8, 7
11, 10, 9	基础教育第二阶段 Basic Education Second Cycle 3年		6, 5, 4
8, 7, 6	基础教育第一阶段 Basic Education First Cycle 3年		3, 2, 1

图1　巴林教育体系

12课程。还有一些私立学校提供国际文凭课程或英国 A-Level 课程。

3. 职业教育

巴林的职业技术教育与培训战略主要围绕《巴林2030愿景》制定，该愿景是巴林王国2008年发布的一个综合性经济发展计划。巴林的职业技术教育与培训体系从中等教育阶段开始，学生在完成初中阶段的教育之后，可以选择以下方向：①统招的普通高中方向；②普通中等职业教育，包括技术和商业2个方向；③职业培训，本方向仅限男生；④纺织服装，本方向仅限女生。

巴林中等职业技术教育与培训共分为2种类型。第一种类型为普通中等职业教育，对获得初中毕业证书或同等资格的人开放，该类型也是职业教育的主体。普通中等职业教育有技术和商业2个分支，课程持续3年，学生毕业后可以直接进入劳动力市场或继续接受高等教育深造。普通中等职业教育的教学计划采用学分制，课程类型涵盖以下4个领域：核心课程、专业课程、选修专业课和自由选修课程。第二种类型包括以男生为主的职业培训和以女生为主的纺织服装培训，由技校提供。学生在完成中等教育后，可以在技术学院、大学或者其他高等院校中继续接受职业技术教育或参加职业培训课程，职业培训课程只有2年，学生修满学分方可毕业。

4. 高等教育

巴林建有巴林大学、阿拉伯海湾大学（由海湾合作委员会资助）等4所公立大学，阿赫利亚大学、应用技术大学等15所私立大学。巴林第一所高等教育机构海湾理工学院成立于1968年，前身是海湾技术学院。1986年，海湾理工学院与成立于1979年的大学学院合并，创建了一所提供文学学士学位和理学学士学位的国立大学——巴林大学。巴林大学是该国最大的公立大学，由文学院、理学院、工程学院、教育学院和工商管理学院五个学院和一个英语语言中心组成。阿拉伯海湾大学拥有科学、工程和医学专业，实际上是海湾合作委员会六个成员国与伊拉克之间的合资项目。每个国家和地区分配10%的名额（总计70%），其余30%分配给其他国家和地区。巴林英国大学于2018年成立，巴林美国大学于2019年成立。随着巴林的新兴私立大学不断增加，巴林建立了教育培训质量保障局，以监管和保障大学提供的课程质量。

2014—2015年巴林高等教育机构有超过3.8万名学生，其中65%在国立大学学习。大多数学生（78%）接受本科教育，4.5%学习硕士课程，16%学习短期课程，只有0.6%的学生参加博士研究生教育项目。由于博士学位发展并不充分，目前只有3所大学提供博士学位，分别是巴林大学、阿赫利亚大学和阿拉伯海湾大学。

（四）考试、升级与证书制度

巴林小学实行6年制，儿童6岁上学，接受启蒙教育、公民品德教育、一般文化和技能教育。小学毕业时，通过升学考试者获得小学毕业证书。随后进入预备学校（初中）学习3年，成功完成小学6年学业或扫盲教育的同等学历教育是进入初中阶段的前提条件。学生完成3年初中课程并通过毕业考试,可以获得初中毕业证书(Intermediate School Certificate)。学生凭借该证书可以升入高中。学生进入高中后可以自由选择以下方向:科学与数学、语言与人文科学、商业、工业或专业教育。高中学习实行学分制,以完成高中教育所需的总学分为目标。科学、文学、商业、纺织专业为156个学分,技术课程为210个学分。完成高中课程并通过毕业考试(tawjihi)的学生获得高中毕业证书(General Certificate of Secondary Education)。

只有获得高中毕业证书的学生才能有资格进入高等教育阶段。申请大学需提供高中成绩单以及毕业证书。本科学制4年,硕士研究生学制1年,博士研究生学制2年。2002年,巴林国王颁布规定,高中毕业成绩超过70%的巴林学生有资格进入巴林大学学习。

(五) 成绩评价制度

不同中学成绩评价标准各不相同。最常见的巴林成绩评价制度见表1。

表1 巴林成绩评价制度

成绩	分值	描述	对应中文意义
A	90.00~100.00	excellent	优秀
A−	87.00~89.99	excellent	优秀
B+	84.00~86.99	very good	良好
B	80.00~83.99	very good	良好
B−	77.00~79.99	very good	良好
C+	74.00~76.99	good	中等
C	70.00~73.99	good	中等
C−	67.00~69.99	good	中等
D+	64.00~66.99	fair	及格
D	60.00~63.99	fair	及格
F	0.00~59.99	failure	不及格

(六) 常见教育证书

巴林常见教育证书见表2。

表 2　巴林常见教育证书

序号	证书	证书描述
1	Intermediate School Certificate	初中毕业证书，学制 3 年，完成初中学业并通过考试获得该证书，准入条件为小学毕业
2	General Certificate of Secondary Education	高中毕业证书，完成 12 年基础教育和中等教育并通过高中毕业考试的学生获得该证书，准入条件为获得初中毕业证书
3	Tawjahiya Secondary School Certificate	职业技术高中毕业证书，学制 3 年，准入条件为获得初中毕业证书
4	Diploma in accounting, associate business, associate engineering, commercial studies	专科文凭，在高等教育机构完成 2 年会计、商务、工程、商业等专业相关学业后获得该证书，准入条件为获得高中毕业证书
5	Associate Degree	副学士学位，在高等教育机构完成 2 年学业获得该证书，准入条件为获得高中毕业证书
6	Bachelor's Degree	学士学位，一般学制 4 年，准入条件为获得高中毕业证书
7	Master's Degree	硕士学位，一般学制 1 年，准入条件为获得学士学位
8	Doctor	博士学位，一般学制 2 年，准入条件为获得硕士学位

格鲁吉亚的教育证书评估研究

一、国家概况

格鲁吉亚位于南高加索中西部。北接俄罗斯，东南和南部分别与阿塞拜疆和亚美尼亚相邻，西南与土耳其接壤，西邻黑海。海岸线长309公里。亚热带海洋性气候，1月平均气温3℃～7℃，8月平均气温23℃～26℃。格鲁吉亚面积仅有6.97万平方公里，却拥有372.4万（2022年12月）人口。主要民族为格鲁吉亚族（占86.8%），其他民族有阿塞拜疆族、亚美尼亚族、俄罗斯族及奥塞梯族、阿布哈兹族、希腊族等。格鲁吉亚的官方语言为格鲁吉亚语。格鲁吉亚居民主要信奉东正教，少数信奉伊斯兰教。

19世纪初，格鲁吉亚被沙皇俄国兼并。1918年5月26日格鲁吉亚宣布独立，成立格鲁吉亚民主共和国。1936年12月5日，格鲁吉亚苏维埃社会主义共和国正式成为苏联加盟共和国。1990年11月4日发表独立宣言，定国名为“格鲁吉亚共和国”。1991年4月9日正式宣布独立。1995年8月24日通过新宪法，定国名为“格鲁吉亚”。

格鲁吉亚致力于建立自由市场经济，加快结构调整和私有化步伐，努力将自己打造成连接欧亚的商贸、物流枢纽和交通运输中转中心。根据格鲁吉亚政府颁布的《2020年前经济社会发展规划》，格鲁吉亚将优先发展基础设施、农业水利、制造业、旅游等领域，增加教育、医疗、卫生等民生领域投入，改善投资环境，大力吸引外资，增加就业机会，确保经济可持续发展。

二、教育

（一）教育概况

格鲁吉亚教育部2021年数据显示，格鲁吉亚全国有中小学2 308所，大学54

所(其中国立大学16所,教学型大学20所),在校生624 500人,其中大学在校生159 842人。主要高等院校有第比利斯国立大学、格鲁吉亚技术大学、第比利斯国立医科大学、国立美术学院等。2011年3月,格鲁吉亚政府决定所有大学不再从属于教育部,教育部只通过派驻代表对大学财政进行管理和监督。专业学校有94所(其中国立42所,私立52所),2021—2022年专业学校毕业生11 204人。

(二)教育体系

自2004年以来,格鲁吉亚教育体系经历了全面、颇受争议的现代化改革进程。格鲁吉亚实行小学至初中9年制义务教育。格鲁吉亚的教育体系基于6—3—3模式,即小学6年,初中3年,高中3年。高等教育阶段包括3个级别:本科(4年)、硕士研究生(2年)和博士研究生(3年)。格鲁吉亚学年一般从9月开始,次年6月结束。一学年有2个学期,分为秋季学期和春季学期。格鲁吉亚教育体系见图1。

(三)详述

1. 学前教育

格鲁吉亚政府致力于通过学前教育培养儿童的个性。学前班有两种类型:1～2岁婴儿的托儿所和3～6岁儿童的幼儿园。幼儿园从9月到次年8月开放。许多慈善组织也在为年幼的孩子建立学前班。国营幼儿园会获得政府的一些补贴,但家长仍要支付部分费用。格鲁吉亚教育与科学部成立学前教育发展部,为学前教育提供支持。学前教育部协助市辖区管理和组织学前教育机构,努力促进全国学前教育的普及,为每个孩子提供高质量的学前教育。

2. 初等教育

格鲁吉亚的初等教育属于义务教育,格鲁吉亚儿童6岁上小学,小学学制为6年。小学科目包括格鲁吉亚语、数学、美术、音乐、体育、自然和文学等。一天的上课时间大约为3个小时。小学各年级都有进行课外活动的自由时间。

在格鲁吉亚,初等教育的所有学科都以教师和教科书为中心,而不是通过更积极的学习或以研究为导向的活动来吸引儿童。例如,在四年级,教学方法侧重于模仿、与老师共同或单独完成练习、学习运用规则和记忆规则等。

年龄 27 26 25 24 23 22 21 20 19 18 17 16 15 14 13 12 11 10 9 8 7 6

年级 21 20 19 18 17 16 15 14 13 12 11 10 9 8 7 6 5 4 3 2 1

博士研究生
博士学位
დოქტორის ხარისხი
3年

硕士研究生
硕士学位
მაგისტრის ხარისხი
2年

本科
学士学位
ბაკალავრის ხარისხი
4年

高等职业教育
高等职业教育证书/职业专家证书
პროფესიული დიპლომი (მეოთხე და მეხუთე დონის)/პროფესიული განათლების დიპლომი
4～5年

普通高中
完全中等教育证书
სრული ზოგადი განათლების ატესტატი
3年

职业高中
中等职业教育证书
პროფესიული დიპლომი (პირველი სამი დონის) 3年

初中
基础教育证书
საბაზო ზოგადი განათლების ატესტატი
3年

小学
დაწყებითი სკოლა
6年

图 1　格鲁吉亚教育体系

3. 中等教育

格鲁吉亚中等教育分为 2 个阶段,分别是初级中学教育(3 年)和高级中学教育(3 年)。7～9 年级为初级中学教育阶段,相当于初中。格鲁吉亚初级中学教育为义务教育,向所有学生免费提供。初级中学教育阶段的主要目标是:进一步激发学生学习动机;鼓励学生进一步发展才能和能力;鼓励建立逻辑思维和独立思维;教导学生尊重他人和自然;加强学生的审美价值和公民意识。初中上课时间一天大约为 5～6 个小时，历史、地理、生物、物理、化学、外语等科目在初中都有设置。10～12 年级为高级中学教育阶段，即高中。学生在高中阶段会选择一个学习的主攻方向，包括人文、物理和数学、化学和生物、职业教育或语言。高中生每天上课时间为 6～7 个小时。学生家庭作业的时间一般为 4～5 小时。

4. 职业教育

职业教育的政策是以终身学习原则为基础。职业教育包含中等职业教育和高等职业教育。中等职业教育要求的入学条件是学生应完成初级中等教育。中等职业教育机构（职业技术中学、学院）提供工业、建筑、交通、艺术等各种专业培训。专业的中等职业教育机构提供为期 3 年的课程，完成学业后，学生除获得中等职业教育文凭外，还获得中等教育证书。完成 3 年的中等职业教育后，学生有权参加国家统一考试并进入高等教育机构。

根据 2010 年修订的《职业教育法》，格鲁吉亚职业教育分为 5 个层级。职业教育机构分为公立和私立两种。格鲁吉亚有以下类型的职业教育机构：

A）职业学院：仅提供职业教育前三个层级教育课程的职业教育机构。

B）社区学院：提供职业教育所有层级教育课程的职业教育机构。该机构提供中等普通预科教育、文科教育课程以及职业教育课程，并有权提供格鲁吉亚语言教育课程。格鲁吉亚教育部网站统计数据，格鲁吉亚共有 19 个国立职业和社区学院，7 个政府出资参与的职业和社区学院，40 个私立职业和社区学院。

C）被授权开展前三个层级职业教育项目的普通教育机构。

D）被授权开展各级职业教育项目的高等教育机构。

格鲁吉亚的中等教育机构只被允许进行职业教育前三个层级的教育，高等教育机构被允许实施职业教育所有层级的教育课程。

自 1996 年以来，政府一直致力于为无法上大学的人重建职业技术教育，以此在技术教育系统中培训专家，并为农民、制造商和商人提供课程。20 世纪 90 年代，全国各地建立了教育和工业中心，为失业工人和转行人员提供再培训机会。在职业技术学校学习，毕业生将获得证书，以此获得在相应领域工作的资格。通过特殊高级课程的人员可以继续深造。职业技术学校的毕业生可以获得中级专家证书，从事护士、教师、计算机操作员和其他专业领域的工作。

5. 高等教育

高等教育体系分为 3 个层次，分别为本科、硕士研究生和博士研究生。格鲁吉亚共有 16 所国立和 38 所私立高等教育机构。高等教育机构有 3 种类型：第一种为综合型大学，提供本科、硕士研究生和博士研究生 3 个层次课程；第二种为教学型大学，提供本科和硕士研究生课程；第三种为学院，只提供本科课程。

第比利斯是格鲁吉亚主要高等教育机构的所在地。第比利斯国立大学成立于1918年，至今仍是格鲁吉亚乃至整个高加索地区最古老的大学。其教职员工人数约为5 000人，注册学生超过35 000人。其他位于第比利斯的大学还有格鲁吉亚技术大学、格鲁吉亚大学、高加索大学和第比利斯自由大学。

该国大学过去遵循苏联的5年制本科课程，但现在有4年制学士学位课程。大学通常提供专注于单一学习领域的高度专业化、严格的培训。法律和医学专业学生不上普通大学，而是从高中直接进入法律和医学院。进入法学院需要5年才能完成学业，而医学院需要更久。除公立高等教育机构外，格鲁吉亚还有许多私立高等教育机构，都遵循传统的学士、硕士和博士学位模式。

（四）考试、升级与证书制度

在格鲁吉亚，学生完成小学学业后，学校不颁发证书。初中毕业时，学生获得基础教育证书(საბაზო ზოგადი განათლების ატესტატი，即 Basic Education Certificate)。初中毕业后，学生可选择进入普通高中或进入职业技术学校学习。完成高中学业3年，毕业生获得完全中等教育证书(სრული ზოგადი განათლების ატესტატი，即 Full General Education Certificate)。只有通过全国统一考试的高中毕业生才能根据考试成绩排名进入国家认可的高等教育机构，大约70%的学生被高等教育机构录取。高中毕业后未能顺利升入高等院校的学生，可就读职业技术学校。

高等教育分为3个层级：

(1) 本科层次：学生在高等教育阶段至少修满240学分才能获得学士学位证书，通过全国统一的大学入学考试是攻读学士学位的先决条件。

(2) 硕士研究生层次：学生在这一段阶段至少修满120学分，进入硕士阶段的前提条件是获得学士学位证书或同等学力证书并且通过全国统一的硕士入学考试。取得硕士学位证书后，可以继续攻读博士学位。

(3) 博士研究生层次：学生在这一阶段至少修满180学分，获得硕士学位是进入该项目的前提条件。同时，博士申请者必须具有英语、德语或法语B2或相当水平的语言能力证书或通过博士入学语言考试，并且通过博士入学面试才能攻读博士学位。

（五）成绩评价制度

格鲁吉亚中等教育成绩评价制度见表1。

表 1　格鲁吉亚中等教育成绩评价制度

分数	成绩描述	对应中文意义
10	ფრიადი	优秀
9	ძალიან კარგი	好
8	კარგი	良好
7	დამაკმაყოფილებელი	满意
6	საშუალო	中等
5	ჩაბარა	及格
4	ჩაბარა[პირობითად]	有条件及格
3	ვერ ჩაბარა	不及格

（六）常见教育证书

格鲁吉亚常见教育证书见表 2。

表 2　格鲁吉亚常见教育证书

序号	证书	证书描述
1	Basic Education Certificate/ საბაზო ზოგადი განათლების ატესტატი	基础教育证书，完成 9 年级学业获得该证书，相当于初中毕业
2	Full General Education Certificate/ სრული ზოგადი განათლების ატესტატი	完全中等教育证书，完成 12 年级学业获得该证书，相当于高中毕业，准入条件为获得基础教育证书
3	Vocational Diploma (of the First Three Levels)/ პროფესიული დიპლომი (პირველი სამი დონის)	中等职业教育证书，学制 3 年，准入条件为获得基础教育证书
4	Vocational Diploma (of the Forth, Fifth Levels)/ პროფესიული დიპლომი (მეოთხე და მეხუთე დონის)	高等职业教育证书，学制 4～5 年，准入条件为获得完全中等教育证书或中等职业教育证书

（续表）

序号	证书	证书描述
5	Specialist Diploma/ პროფესიული განათლების დიპლომი	职业专家证书，完成 4～5 年的高等职业教育获得该证书，准入条件为获得完全中等教育证书或中等职业教育证书
6	Bachelor's Degree/ ბაკალავრის ხარისხი	学士学位，学制一般为 4 年，兽医学为 5 年，准入条件为获得完全中等教育证书
7	Master's Degree/ მაგისტრის ხარისხი	硕士学位，完成 2 年硕士研究生学业后获得该证书，准入条件为获得学士学位
8	Doctor's Degree/ დოქტორის ხარისხი	博士学位，学制 3 年，完成博士学业并通过论文答辩获得该学位，准入条件为获得硕士学位

卡塔尔的教育证书评估研究

一、国家概况

卡塔尔国是亚洲西南部的一个阿拉伯国家，位于波斯湾西南岸的卡塔尔半岛上，南面与沙特接壤。海岸线长563公里。人口289万（2022年11月），其中卡塔尔公民约占15%，剩下85%是来自印度、巴基斯坦、东南亚国家和其他阿拉伯国家的外籍人士。居民大多信奉伊斯兰教。官方语言为阿拉伯语，通用英语。首都多哈，人口140万。

石油、天然气产业是卡塔尔经济支柱。近年来，政府大力投资开发天然气，将其作为经济发展的重中之重，卡塔尔是世界第二大液化天然气生产和出口国。卡塔尔是一个绝对君主制的酋长国，自19世纪中叶开始便由"阿勒萨尼家族"领导，日后在英国的保护下发现石油和天然气，取代了原有的采珠业而成为国家最重要的收入来源。由于其丰富的石油资源，使其成为全世界最富有的国家之一。虽然卡塔尔的人类发展指数非常高，国民极其富裕，但因其工业和制造业不发达，一直未被认定为发达国家。

在卡塔尔半岛上，当地居民已经维持了数千年的生产活动，但在前期的大部分时间，也仅仅是一些游牧部落的短期居住。其中，哈里发和萨乌德部落曾席卷过整个阿拉伯半岛（后来他们分别成为巴林和沙特阿拉伯的国王），并沿海岸线定居，进行捕鱼和珍珠养殖。这些部落为了争夺有利的牡蛎饲养场经常相互争斗，使整个领地分分合合，一直没有建立统一的主权。

卡塔尔1916年成为英国保护国，1971年9月独立，具有完全主权。1940年发现石油，第二次世界大战后大规模开采。卡塔尔于1995年成为世界贸易组织成员。根据世界经济论坛（WEF）发布的《2011—2012全球竞争力报告》，卡塔尔全球竞争力居阿拉伯国家及中东国家首位。2012年美国《福布斯》杂志公布的全球最富国家和地区排行榜中，卡塔尔位列第一。2021年国内生产总值为1 692亿美元。

在大力发展能源产业的同时，卡塔尔还推出了旨在实现经济多元化的“2030国家愿景”规划，即到2030年将卡塔尔打造成为一个可持续发展、具有较强国际竞争力、国民生活水平高的国家。

二、教育

（一）教育概况

卡塔尔政府把教育质量体系建设视作减轻对能源经济依赖、提升人力资本竞争力和实现现代化的重要工具。政府重视发展教育事业，实行免费教育，为成绩优异的学生提供留学深造机会，并颁发奖学金。全国共有学校567所，大学十余所。积极开展对外教育合作，已有8所美国和加拿大大学在卡塔尔设立分校。卡塔尔的多哈教育城极负盛名，由卡塔尔基金会创办，内设从幼儿园到大学完整的教育体系，其中最为核心的部分是云集多所高校的大学城。该大学城中除一所本地大学——卡塔尔伊斯兰研究学院（Qatar Faculty of Islamic Studies，QFIS）外，其余均是国外优质大学所开设的分校，包括6所美国大学、1所英国大学、1所法国大学。这些院校的专业包罗万象，涉及艺术、理工、医学、人文等多种学科，而且大多数专业实用性较强。此外，卡塔尔还选派留学生到美国、欧洲及其他阿拉伯国家学习。

自20世纪80年代以来，卡塔尔政府一直重视教育质量的提升，先后进行了多种形式的教育改革，但成效并不显著。2001年，卡塔尔政府聘请美国著名的决策咨询机构兰德公司（Rand Corparation）为其设计教育改革方案，并协助进行整个教育系统的改革，旨在构建一种世界级的教育制度，为青年提供充分参与国家经济、政治和社会生活的能力。教育问责制是卡塔尔新世纪教育政策的核心，针对阿拉伯语、英语进行的一年一度的全国性教育评估是教育问责制的基础。通过教育评估，卡塔尔新教育系统获得了持续的改进。由于大量带有多元文化背景的外籍人士在卡塔尔工作和生活，在一定程度上挑战了源自阿拉伯—伊斯兰文化的传统价值观。教育和培训部门指出，教育的首要任务是加强卡塔尔国家价值观和阿拉伯—伊斯兰文化的融合。这一主导思想是制定教育战略的基础和现阶段各类教育的核心目标。因此，教育部门规定教育体系的各个阶段都要教授阿拉伯语、伊斯兰史和卡塔尔史。

（二）教育体系

卡塔尔的教育目标是培养体格健壮、道德完美、举止端庄、信奉真主、尊重伊斯兰教传统、知识丰富并能为国尽责的国民。1956—1957年开始普及教育，建立第一所国立学校。儿童 6 岁入学，小学 6 年，预备学校（初中）3 年，中学（高中）3 年。高等教育阶段一般本科 4 年，硕士 2 年，博士 3 年。卡塔尔教育体系见图 1。

年龄

27
26
25
24
23
22
21
20
19
18
17
16
15
14
13
12
11
10
9
8
7
6

博士学位
Doctor's Degree
3年

硕士学位
Master's Degree
2年

学士学位
Bachelor's Degree
4年

普通高中毕业证书 General Secondary School Certificate 3年	职业高中毕业证书 Technical Secondary Certificate 3年	宗教高中毕业证书 Religious Secondary Certificate 3年	商业高中毕业证书 Commercial Secondary Certificate 3年

初中（预备学校）毕业证书
General Preparatory Education Certificate
3年

小学毕业证书
Primary School Graduation Certificate
6年

年级

21
20
19
18
17
16
15
14
13
12
11
10
9
8
7
6
5
4
3
2
1

图 1　卡塔尔教育体系

（三）详述

1. 初等教育

卡塔尔学前教育不是必须的。儿童6周岁进入小学学习，课程主要有宗教、阿拉伯语、科学、历史、绘画、地理和体育等。教学语言为阿拉伯语。进入五年级后，所有学生开始学习英语。六年级结束时，学生们必须参加统一考试，为进入初中学习做准备。小学教育为义务教育，公立学校是免费的。同时，国家也积极鼓励私立学校的发展。教育部通过颁布法令规定卡塔尔学校的每一个年级都要教授特定课程，使用教育部开发的教材，整个国家范围内的同一个年级都是使用统一教材进行教学。

虽然卡塔尔在教育领域投入了大量的资源，也一直致力于提高学生的学业水平，但在国际测试中，卡塔尔学生的表现仍低于预期水平。按照2015年的国际数学和科学考试统计，从4年级的数学来看，卡塔尔获得最高分的学生比例仅为3%，而国际比例为6%。同时，35%的学生未达到最低数学水平，达到国际平均水平的只有7%。

2. 中等教育

6年小学学业完成后，紧接着进入3年初中教育。所有公立和私立初级中学都遵循标准课程体系。9年级结束时，学生需参加统一考试（General Preparatory Education Certification Examination）。只有成功通过考试，学生才有机会参加此后3年的高级中等教育。

高中为期3年，在每一学年结束之前，学生必须参加统一考试，获得相应的学分之后才能进入下一学年的学习。高中第一年的课程是综合性的，包含伊斯兰教研究、阿拉伯语、英语、数学、历史、物理、化学、生物和体育，第二年时学生可以自由选择文科或者理科。卡塔尔有19所男生中学，22所女生中学，还有一些私立中学。

3. 职业教育

卡塔尔中学的技术教育和职业培训总入学率相对较低。在2016—2017学年，卡塔尔的专业高中注册学生人数是1 148人，男生占大多数，占比为95.4%。根据国家需求，将建立专业学校和职业学校，为学习者提供各种选择。

专家称，卡塔尔要提升劳动力市场的竞争力，就必须关注职业教育。高等教育研究所最高教育委员会的首席顾问理查德·沃特金斯教授说：与许多西方国家相反，在卡塔尔，职业教育和培训并没有被赋予较高的地位。当前，社会和经济正在发生着巨大的变化，全球经济一体化和技术变革对职业技能提出了更高的要求。

他希望政府能够关注并提高职业教育的地位，并提供职业资格课程来满足卡塔尔劳动市场的需求。一直以来，"技术与职业教育"常常是卡塔尔学生"最后的选择"。因此，政府必须打破这种传统的想法，出台更多优惠政策来吸引学生选择职业技术教育。国家培训和职业发展部提供技术和半技术培训。最近推出了一些培训女孩成为秘书以及一般办公室技能的项目。

4. 高等教育

1973—1974 年，在教育部主持下，高等教育正式拉开帷幕。1977 年，卡塔尔大学成立，设两个校区，一个男生校区，一个女生校区，其学院包括行政与经济、教育、工程、人文与社会科学、科学、技术以及伊斯兰教法和伊斯兰研究。

卡塔尔大学规定，对于所有专业的学生，阿拉伯语都是必修科目，而且大多数专业要求用阿拉伯语教授，阿拉伯语也是大学演讲和会议的官方语言。数学、生命科学和物理科学是知识经济增长的主要切入点，但卡塔尔大学这些专业的入学率较低，2013—2014 学年仅有 18%的卡塔尔大学本科生和硕士研究生获得科学、数学、工程和技术学位。虽然近年来该比例有所增加，但还远远不够。与其他发达国家相比，卡塔尔仍需要提高与知识经济有关的学科入学率。

（四）考试、升级与证书制度

学生的升留级由学年末的考试决定，这种考试由集权化的教师委员会(Committee of Teachers)组织。卡塔尔新世纪教育改革建立了一系列新的教育管理机构和教育实施机构，并制定了一系列新的规范。2002 年 11 月颁布的卡塔尔《第 37 号埃米尔令》规定，在卡塔尔成立教育最高理事会负责制定卡塔尔教育政策，并全权负责卡塔尔基础教育改革。卡塔尔教育最高理事会下属的教育评估局率先着手开发教育评估系统以使学生家长能够衡量不同学校的绩效表现，使教育决策者监控学校的办学质量。

卡塔尔小学生在 6 年级结束时，需要参加地区组织的小学毕业考试(Primary School Standardized Exam)。中学包括两个阶段：第一个阶段 3 年结束后需参加高中入学考试；第二个阶段的中学教育是为学生继续高等教育或接受专业教育而做准备，学生需在高中结束前参加高中毕业证书考试。学生须获得高中毕业证书才可以进入大学学习。

（五）成绩评价制度

卡塔尔采用百分制来评价学生学业成绩。卡塔尔成绩评价制度见表 1。

表 1　卡塔尔成绩评价制度

分数	描述	对应中文意义
95～100	excellent	优秀
90～94		
87～89	very good	良好
83～86		
80～82		
77～79	good	中等
73～76		
70～72		
65～69	pass	及格
60～64		
60 分以下	fail	不及格

（六）常见教育证书

卡塔尔常见教育证书见表 2。

表 2　卡塔尔常见教育证书

序号	证书	证书描述
1	Primary School Graduation Certificate/ الابتدائية المدرسة من التخرج شهادة	小学毕业证书，获得该证书可以升入初中
2	General Preparatory Education Certificate/ الثانو المدرسة من التخرج شهادة	初中（预备学校）毕业证书，学制 3 年，获得该证书可以升入高中
3	General Secondary School Certificate/High School Diploma/ الثانوية الدراسة شهادة	普通高中毕业证书，学制 3 年，准入条件为获得初中毕业证书，学生凭此可升入大学
4	Technical Secondary Certificate/ الفنية الثانوية الشهادة	职业高中毕业证书，学制 3 年，准入条件为获得初中毕业证书，可升入有限的高等院校
5	Commercial Secondary Certificate/ التجارية الثانوية الشهادة	商业高中毕业证书，完成 3 年商业职业中学学业后获得，可升入有限的高等院校

（续表）

序号	证书	证书描述
6	Religious Secondary Certificate/ الشهادة الثانوية الدينية	宗教高中毕业证书，完成3年宗教高中学业，通过相应考试后可进入高等院校的伊斯兰教法和伊斯兰研究专业
7	Bachelor's Degree/درجة البكالريوس	学士学位，学制4年，每年需获得12～18个学分
8	Master's Degree/ماجيستير	硕士学位，学制2年，准入条件为获得学士学位
9	Doctor's Degree/درجة الطبيب	博士学位，学制3年，准入条件为获得硕士学位

科威特的教育证书评估研究

一、国家概况

科威特位于亚洲西部波斯湾西北岸。与沙特、伊拉克相邻，东濒波斯湾，同伊朗隔海相望。面积 17 818 平方公里，首都科威特城。人口 446.4 万(2022 年 6 月)，其中科威特籍人约占 34%。阿拉伯语为官方语言，通用英语。伊斯兰教为国教，居民中 85%信奉伊斯兰教，其中约 70%属逊尼派，30%为什叶派。

公元 7 世纪时科威特是阿拉伯帝国的一部分。1871 年后属奥斯曼帝国。1939 年沦为英国保护国。1961 年 6 月 19 日宣布独立，同年成为阿拉伯国家联盟和联合国成员国。1990 年 8 月 2 日被伊拉克侵吞，1991 年 2 月 26 日复国。

二、教育

（一）教育概况

科威特实行免费教育，全国小学、初中、高中均为四年制。全国现有各类学校 1 489 所，其中公立学校 822 所，私立学校 566 所，其余为成人教育学校和特殊教育学校等。在校学生共 68 万多人，教师为 8.6 万人。教育经费为政府财政预算的 12%左右。

科威特是一个盛产石油和天然气的富国。实行高福利制度，免缴个人所得税，享受免费教育和医疗，并提供就业、物价、房租和结婚等补贴。1961 年独立后，政府对发展教育事业十分重视，内阁通过了五年教育计划，教育经费逐年增加，并逐步实行了免费教育。由教育部主管的公立中小学校的学生，不论国籍入学后都享受同等待遇。学习文具、服装、膳食、交通和医疗费等全部免收。对于家庭困难的学生，政府每月还给予 10～15 第纳尔的奖学金。

尽管科威特所有阶段的公立学校都是免费的，但是大多数科威特公民不送孩子去公立学校，因为他们有能力将孩子送到设施更好的私立学校。大多数科威特人将子女送入科威特英国学校、科威特美国学校和法国学校等私立学校。即使大多数家庭不把孩子送到政府资助的公立学校，政府仍然为公立学校提供慷慨的补贴。

（二）教育体系

科威特实行免费4—4—4教育体系，全国小学、初中、高中均为4年制，小学和初中教育是义务教育。科威特的教育大致可分为大学前教育和大学教育。大学前教育又分为四种类型，一是通识教育，二是职业教育，三是宗教教育，四是特殊人群教育（残障人士）。科威特教育体系见图1。

（三）详述

1. 初等教育

科威特儿童6岁入小学。小学阶段的主要课程有阿拉伯语、伊斯兰教、数学、社会、体育、美术、音乐，每周大致有30节课程。每个学校自行负责对学生4年小学学习进行考核。这个阶段的考试结果被科威特教育部所承认。

2. 中等教育

4年小学学业后，紧接着进入4年初中教育。学生在初中三四年级的时候学习阿拉伯语、伊斯兰教、英语、科学、数学、社会学、体育等，女生还要学习家政课程。初中毕业成绩考核分为两个部分：一是学生平时的课堂表现和课后作业，二是每个学校自行组织的期末考试。

初中学业结束之后，紧接着进入高中阶段的学习。这一阶段，学生主要为进入高等教育和大学做准备。科威特高中学习方向分为科学方向和非科学方向。在前两年，所有学生都学习相同的课程，例如伊斯兰教、阿拉伯语、英语、法语、数学、科学、社会学、美术和计算机等。从三年级开始学生进行分科学习。

3. 职业教育

科威特职业教育为期4年，每周有35个课时。其中15课时学习通识科目，例如伊斯兰教、阿拉伯语、数学、科学、英语等，5课时学习普通技术课程，例如工业基础知识、工业安全等。另外15课时由学生个人来选择不同的课程，例如建筑设计、电子通信、平版印刷、模板工程等。学生在顺利完成此阶段学习之后，会获得职业技术证书，但学生无法凭借此证书继续进行学位学习。

公共卫生学院的目标是培养训练有素的护士，这些护士将在学校或医院工作。进入该学院的学生通常是那些在中学教育证书考试中分数较低的学生。科威特技术学院为国家提供经过训练的技师，包括机械制造学、电学和电子学等专业。为了

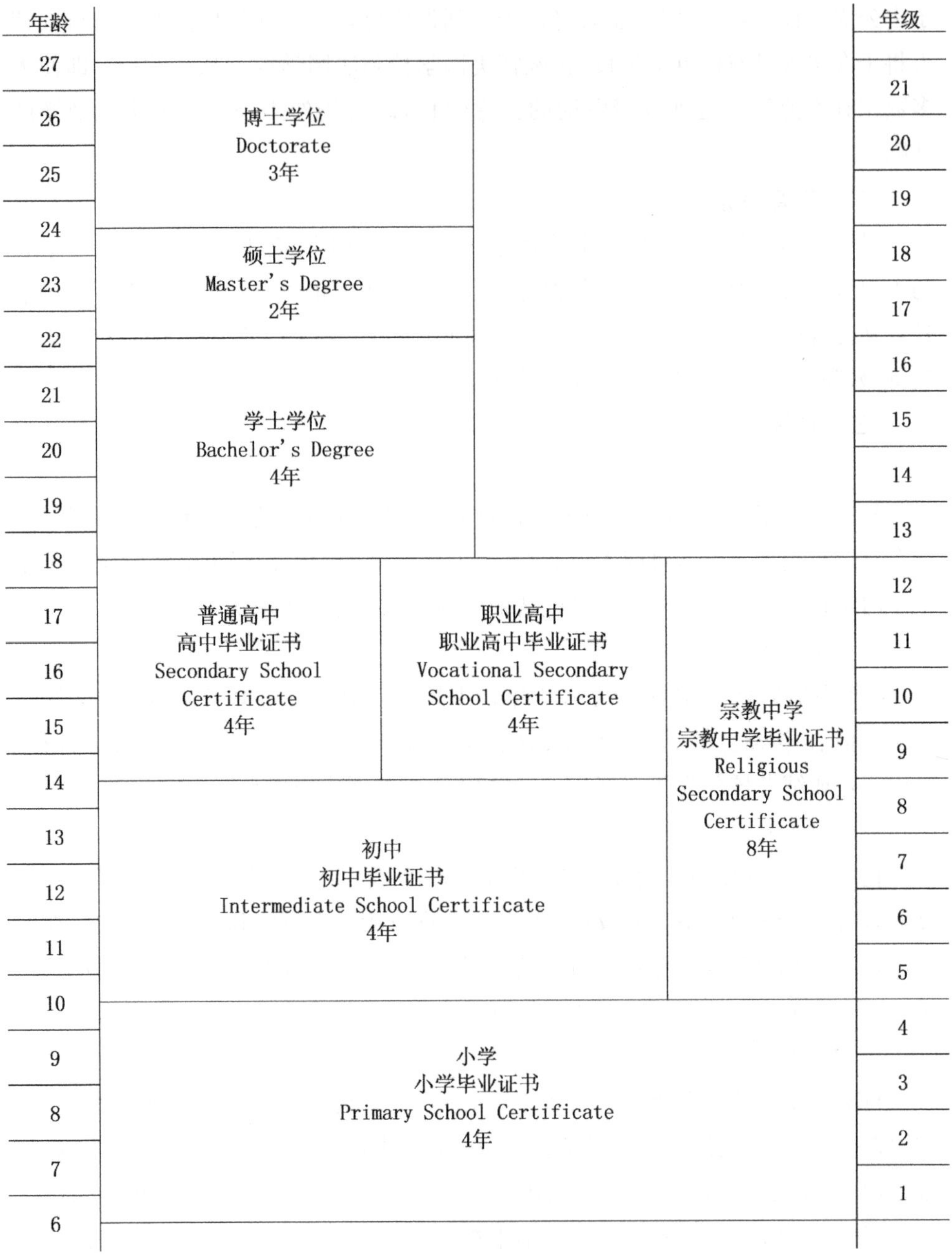

年龄

27 26 25 24 23 22 21 20 19 18 17 16 15 14 13 12 11 10 9 8 7 6

博士学位
Doctorate
3年

硕士学位
Master's Degree
2年

学士学位
Bachelor's Degree
4年

普通高中
高中毕业证书
Secondary School Certificate
4年

职业高中
职业高中毕业证书
Vocational Secondary School Certificate
4年

宗教中学
宗教中学毕业证书
Religious Secondary School Certificate
8年

初中
初中毕业证书
Intermediate School Certificate
4年

小学
小学毕业证书
Primary School Certificate
4年

年级

21 20 19 18 17 16 15 14 13 12 11 10 9 8 7 6 5 4 3 2 1

图 1 科威特教育体系

鼓励年轻的科威特人到技术学院学习，政府为学生们提供每月 200 美元的津贴。优秀的学生在毕业后，将被送到国外学校继续深造，所有学生都可得到全额奖学金。

4. 高等教育

科威特的高等教育事业兴起于20世纪60年代。在这之前,科威特政府只是通过向阿拉伯国家的大学或西方国家派遣留学生来实现本国的高等教育,这严重影响了科威特高等教育的普及和初等、中等教育水平的提高。在20世纪60年代早期,派遣到国外大学学习的科威特学生数量急剧上升,国家对不同领域的专家需求也不断上升。随着经济建设事业的飞速发展,在1966年,即科威特独立后的第五年,政府开始筹建科威特大学。

科威特公立高等教育机构有科威特大学、基础教育学院、高等教育话剧学院和高等教育音乐艺术学院等。此外还有一些私立大学和学院。高等教育系统由应用教育和培训总局统一管理。但科威特大学是科威特第一个政府性研究型大学,归科威特教育部和高教部管辖,在教育部长和高教部部长担任领导的大学理事会的监督下运行。

5. 宗教教育

小学毕业之后可以选择进入8年的宗教教育学习。分为初中和高中两个阶段。初中阶段,每周有33节课,其中18节课学习伊斯兰教和阿拉伯语,15节课学习数学、科学、英语、体育、艺术等科目。到了高中阶段,每周依然是33节课,其中21节课学习伊斯兰教、阿拉伯语,12节课学习数学、科学、英语、体育、艺术等科目。在第四学年,科威特国家教育部会组织一个统一的考试,通过该考试的学生将获得宗教中学毕业证书。

宗教学院接受那些完成了初等教育学业阶段的学生。在进入开罗的伊斯兰教学院,以及开罗的达阿乌鲁(Dar al-Uloom)学校之前,学生在宗教学院准备专攻伊斯兰法学、阿拉伯文学和语言。从1966年起,学生也进入科威特大学、阿沙利亚(Al-Sharia)大学或沙特阿拉伯的宗教学院。宗教学院课程的设计,既提供关于古兰经、伊斯兰传统和伊斯兰法学的通识知识教育,也提供深度的知识教育。

(四)考试、升级与证书制度

科威特小学为期4年,4年级结束时,学生需要参加每个学校组织的小学毕业考试(Primary School Certificate Exam)。

中学包括2个阶段。第一个阶段4年结束后需参加由每个学校自行组织的考试,学生成绩50%来自平时表现和课堂作业,另外50%取决于4年级结束时的期末考试。通过的最低标准是每门科目都必须得到50%以上的分数,平时课堂作业和期末考试也必须得到50%以上的分数。

第二个阶段4年中学教育是为学生继续高等教育或接受专业教育而做准备。中学预备教育有两个方向：科学类（science stream）和非科学类（non-science stream）。除了通用科目计入考试成绩总评之外，体育和家政（仅对女生）成绩并不计入。在最终考核成绩中，50%来自平时课堂作业，50%来自每个学校自行组织的考试。4年级结束时，通过期末考试的学生可以获得由政府颁发的高中毕业证书（Secondary School Certificate）。获得高中毕业证书的学生可以进入科威特大学以及其他应用学院学习。

（五）成绩评价制度

科威特中学阶段采用字母A、B、C、D、F评价学生学业。科威特成绩评价制度见表1。

表1 科威特中学成绩评价制度

字母等级	分值	描述	对应中文意义
A	90%～100%	excellent	优秀
B	80%～89%	very good	良好
C	70%～79%	good	满意
D	60%～69%	pass	及格
F	0～59%	failure	不及格

（六）常见教育证书

科威特常见教育证书见表2。

表2 科威特常见教育证书

序号	证书	证书描述
1	Primary School Certificate	小学毕业证书，完成4年小学学业后获得该证书
2	Intermediate School Certificate	初中毕业证书，完成4年初中学业后获得该证书，获得该证书者可以升入高中
3	Secondary School Certificate	高中毕业证书，完成4年高中学业后获得该证书，准入条件是获得初中毕业证书，获得该证书者可以升入大学
4	Vocational Secondary School Certificate	职业高中毕业证书，完成4年职业高中学业后获得该证书，准入条件为获得初中毕业证书
5	Religious Secondary School Certificate	宗教中学毕业证书，完成8年宗教中学学业后获得该证书，准入条件为获得小学毕业证书

（续表）

序号	证书	证书描述
6	Bachelor's Degree	学士学位，完成4年本科学业后获得该证书，准入条件为获得高中毕业证书
7	Master's Degree	硕士学位，完成2年硕士学业后获得该证书，准入条件为获得学士学位
8	Doctorate	博士学位，完成3年博士学业后获得该证书，准入条件为获得硕士学位

黎巴嫩的教育证书评估研究

一、国家概况

黎巴嫩共和国简称黎巴嫩，位于亚洲西南部地中海东岸，东、北部邻叙利亚，南界巴勒斯坦、以色列，西濒地中海。海岸线长 220 公里。面积 10 452 平方公里。人口约 607 万(2020 年)，绝大多数为阿拉伯人。阿拉伯语为官方语言，通用法语、英语。居民 54%信奉伊斯兰教，46%信奉基督教。首都贝鲁特。

由于黎巴嫩扼守亚非欧战略要道，所以不少民族都曾经占领过黎巴嫩。公元前 2000 年为腓尼基的一部分。7 世纪初并入阿拉伯帝国。1517 年被奥斯曼帝国占领。第一次世界大战后沦为法国委任统治地。1940 年 6 月，法国向纳粹德国投降后，黎巴嫩被德、意轴心国控制。1941 年 6 月英军在自由法国部队协助下占领黎巴嫩。同年 11 月自由法国部队宣布结束对黎巴嫩的委任统治。1943 年 11 月 22 日黎巴嫩宣布独立，成立黎巴嫩共和国。1946 年 12 月英、法军全部撤离。1975 年 4 月，黎巴嫩基督教和伊斯兰教两派因国家权力分配产生的矛盾激化，内战爆发，内战严重损害了经济发展。1989 年 10 月，伊、基两派议员达成《塔伊夫协议》，重新分配政治权力。1990 年，内战结束，但黎巴嫩很多地方已经成为一片废墟。

黎巴嫩实行自由、开放的市场经济，私营经济占主导地位，黎巴嫩主要经济来源是银行业和旅游业，占据黎巴嫩 GDP 的 65%。工业基础相对薄弱，以加工业为主。由于民族特性和多年内战，黎巴嫩是世界上鲜有的国外黎巴嫩裔人口多于国内人口的国家，世界各地的黎巴嫩裔人口约 1 500 万，主要分布在美洲、欧洲、非洲及海湾国家。在黎巴嫩的华人极少。

根据联合国人类发展指数，2014 年黎巴嫩成人识字率为 97.9%，全球排名第 65 位。74.2%的人口(25 岁以上)至少接受过中等教育，38.8%的女性人口至少接受过中等教育。黎巴嫩的识字率在中东最高，其技术人员和大学毕业生一直是推动海湾富裕石油国家经济发展的主要因素。

二、教育

（一）教育概况

黎巴嫩教育体系一直受到外部因素影响，在过去的150年里，黎巴嫩教育系统是由其他国家和宗教所塑造的，这意味着不同学生可能会在不同国家的教育体系中接受教育。例如一个学生可能在法国教育体系中接受教育，而另一个学生可能在美国教育体系中接受教育。黎巴嫩的教育受教育和高等教育部监管。在黎巴嫩，学生从幼年开始就接受英语、法语以及阿拉伯语这三种主要语言的学习。

（二）教育体系

黎巴嫩采用6—3—3教育体系。小学6岁开始上学，小学6年，初中3年，高中3年。黎巴嫩学校一学年有2个学期。第一学期通常8月中旬开学，到12月中旬左右结束。第二学期大致1月中旬开始，5月中旬结束。黎巴嫩教育体系见图1。

（三）详述

1. 初等教育

世界银行数据库显示，2007年基础教育的基本入学率男性为96.8%，女性为93.9%，平均入学率为95.4%。男性初等教育完成率是79.8%，女性是83.3%，平均完成率为81.5%。黎巴嫩小学教育深受法国教育体系影响。小学教育属于义务教育，分为两个阶段，每个阶段为期3年。

阿拉伯语是小学阶段的主要教学语言，英语或法语同样从小学早期开始教授。小学阶段的主要学习科目包括阿拉伯语、公民学、艺术、数学、科学和体育等，宗教不是必修课，但有时会包括在小学课程里。根据法律规定，数学、物理和化学用英语或法语授课。

2. 中等教育

初中教育从12岁开始，学制3年，到15岁结束。初中分为学术和技术两个方向。学术方向主要科目有阿拉伯语、第一外语、第二外语、公民学、地理、历史、艺术、数学、科学、技术和体育。初中第三年的时候，会有一系列全国性考试。和法国的教育体系一样，学生必须通过中考(Brevet)才能升入高中。

高中教育学制3年，从15岁开始，到18岁结束。学生毕业时选择入读学术方向课程还是技术/职业方向课程，最终取决于学生中考成绩。普通高中分人文、经济、生命科学、理学四个学科方向。高中期间学生们主要学习四组课程，包括语言

年龄			年级
23, 22	博士学位 Doctor's Degree 2～5年		18, 17
21	硕士学位 1～2年 Master's Degree	学士学位 Bachelor's Degree/Licence 2～3年	16, 15
20, 19	学士学位 Bachelor's Degree/Licence 3～5年	副学士学位/Associate 普通大学文凭/大学技术文凭 DEUG/DUT 2年	14, 13
18, 17, 16	普通高中 普通中等教育证书 Baccalauréat Libanaise 3年	职业高中 职业技术中等教育证书 Baccalauréat Technique 3年	12, 11, 10
15, 14, 13	普通初中 普通初中教育文凭 Brevet d'Etudes 3年	职业初中 职业初中教育文凭 Brevet Professionnel 3年	9, 8, 7
12, 11, 10, 9, 8, 7, 6	小学 Primary Education 6年		6, 5, 4, 3, 2, 1

图1　黎巴嫩教育体系

(阿拉伯语和外语)、公民学(历史、地理等)、数学和科学以及混合类课程(计算机、艺术、体育)等。第一年是通识教育,所有学生修的课程都一样,包括语言(阿拉伯语和外语)、数学、人文、经济学、生命科学和科学。第二年和第三年所修课程科目对四个学科方向的学生来说大体一致,只是不同方向对每个科目的时间要求有所不同。哲学在第二年被引入为必修科目。第三年课程由人文、经济学、生命科学、通识科学和技术教育组成。但是大多数学校都偏离了该系统。他们通常不提供人文教育,而是将社会经济学作为重点。

3. 职业教育

正规职业技术教育与培训（TVET）从中级开始。中级和高级阶段，职业技术教育进一步细分为技术教育和职业教育，前者以理论、数学和科学为导向，后者更为侧重实用型、应用型教育。在中级阶段，学生完成两到三年的职业教育后，可以获得六个专业之一的职业能力证书（Certificat d'Aptitude Professionnel，简称CAP）。职业能力证书项目对通识教育不做要求，但要求学生必须进行实地实习。获得职业能力证书的学生可以再参加技术文凭考试，从而获得接受普通高等教育和职业技术高等教育的资格。参加技术教育的学生在中级教育的第一年学习通识课程，然后再学习 2 年并通过必要的考试或获得专业能力证书后，即可获得专业资格证书(Brevet Professionnel，简称 BP)。技术文凭项目要求学生接受通识教育，包括阿拉伯语、外语、数学、科学和公民学，然后专攻农业、工业或服务业中的任一科。BP 有 15 个专业，包括酒店、基础会计和美容等。

4. 高等教育

黎巴嫩高等教育受到法国高等教育体系和美国高等教育体系影响，形成了特色分明的法国式和美国式高等教育机构，还有一些教育机构融合了法式和美式教育，甚至有一些还融合了埃及的阿拉伯特色以及当地教育特色。此外，还有小部分教育机构采用了其他国际体系，例如加拿大或德国教育模式。

黎巴嫩拥有 41 所国家认可的大学，大多数大学主要使用阿拉伯语、法语或英语，法语和英语是黎巴嫩使用最广泛的两种外语。黎巴嫩大学是黎巴嫩唯一的国立综合大学，于 1953 年创建。贝鲁特阿拉伯大学创办于 1960 年。贝鲁特美国大学和黎巴嫩美国大学是黎巴嫩的私立美国式高等教育机构，用英语授课，使用美国的学分、等级和学位体系。圣·约瑟大学于 1881 年建立，用法语授课，设有孔子学院。

（四）考试、升级与证书制度

小学教育学制 6 年，为义务教育。初中学制 3 年，学生必须参加并通过初中毕业考试。该考试是全国性考试，顺利通过考试后，学生将获初中教育文凭。学生必须持有普通初中教育文凭(Brevet d'Etudes)或职业技术初中文凭(Brevet Professionnel)才能继续升读高中。高中学制也是 3 年，学生完成 3 年高中教育后，将按照各自的专业方向参加官方的黎巴嫩中等教育证书考试。通过考试的普通中学学生将获得黎巴嫩普通中等教育证书(Baccalauréat Libanaise)，职业技术学校学生将获得职业技术中等教育证书(Baccalauréat Technique)。获得中等教育证书是政府规定的高等教育入学的唯一要求，并保证进入该国唯一的公立大学黎巴嫩大学。其他高等教育机构除此要求外，可能还会设置额外的语言或其他要求。许多机构还为入学新生进行数学和科学分班考试。

一些美国模式的大学根据高中文凭、托福成绩和SAT成绩录取学生（SAT或SAT科目考试）。黎巴嫩式教育体系中高中毕业并获得中等教育证书的学生可以免修美国大学第一学年的学分，直接进入美国大学二年级。但是从文件的层面来看比较难实现，因为许多四年制的学士学位课程从成绩单来看可能很像三年制的课程。

本科教育课程的设置取决于高等教育机构遵循法国模式、美国模式，还是采用两者混合模式。美国模式的教育体系包括美国式学分制，侧重于通识教育课程和选修课。要获得美国教育体系学士学位，通常需要4年的本科学习。但是，许多黎巴嫩式教育体系下的高中毕业生可以凭借中等教育证书成绩获得学分免修，直接进入第二年学习。在美国模式的大学，学生修2年可获得副学士学位，此后再继续学习2年，通常会获得学士学位（Bachelor's Degree）。法国模式高校采用的是更加专业的人才培养模式，一般没有美式的通识课程，完成2年的专业课程学习后获得大学技术文凭（Diplôme Universitaire de Technologie，简称DUT）或普通大学文凭（Diplôme d'Études Universitaires Générales，简称DEUG），其中普通大学文凭更具有学术性，持该文凭可以进一步深造。在这两类文凭的基础上再修2～3年，学生可以获得学士学位（Licence），课程比美国式院校少，并且使用系数代替学分。

美国模式机构的硕士课程通常是在获得学士学位后学习1～2年，最终获得硕士学位，通常是理学硕士或文学硕士。法国模式的大学提供多种硕士水平课程项目：研究型硕士学位（Master de Recherche），或与职业紧密相关的专业硕士学位（Master Professionnel），通常持续2年（120ECTS学分）。不是所有硕士课程都需要期末论文。

博士课程一般要求学生完成硕士学位课程后，继续学习2～5年，最终完成毕业论文通过答辩后获得博士学位。

（五）成绩评价体系

黎巴嫩中学一般采用法国的20分成绩评价制度。黎巴嫩中学成绩评价制度见表1。

表 1　黎巴嫩中学成绩评价制度

等级	描述	对应中文意义
18～20	Très Bien	优秀
15～17	Bien	良好
12～14	Assez Bien	中等
10～11	Passable	及格
0～9	Ajourné	不及格

（六）常见教育证书

黎巴嫩常见教育证书见表 2。

表 2　黎巴嫩常见教育证书

序号	证书	证书描述
1	Brevet d'Etudes	普通初中教育文凭，完成初中 3 年学业，通过考试后获得该证书
2	Brevet Professionnel	职业初中教育文凭，完成职业初中 3 年学业，通过考试后获得该证书
3	Baccalauréat Libanaise	普通中等教育证书，完成 3 年普通高中学业通过考试后获得该证书，自 1990 年开始颁发
4	Baccalauréat Technique	职业技术中等教育证书，完成 3 年职业技术高中学业通过考试后获得该证书
5	Diplôme d'études universitaires générales /DEUG	普通大学文凭，完成 2 年的大学学业后获得该文凭
6	Diplôme universitaire de technologie/DUT	大学技术文凭，完成 2 年的大学技术专业学业后获得该文凭
7	Licence	法式大学学士学位，高中毕业后，继续完成 3～5 年学业，或获得普通大学文凭后继续完成 2～3 年学业颁发的证书
8	Bachelor's Degree	美式大学学士学位，学制一般为 4 年
9	Master's Degree	硕士学位，学制 1～2 年，准入条件为获得学士学位
10	Doctor (Doctorat)	博士学位，学制 2～5 年，准入条件为获得硕士学位

沙特阿拉伯的教育证书评估研究

一、国家概况

沙特阿拉伯王国(以下简称沙特),首都利雅得。位于阿拉伯半岛,东濒波斯湾,西临红海,同约旦、伊拉克、科威特、阿联酋、阿曼、也门等国接壤,并经法赫德国王大桥与巴林相接。从地理位置来看,沙特所在的亚洲西部阿拉伯半岛位于亚非欧三大洲交汇处,俯瞰阿拉伯海、地中海、红海、黑海和里海,沟通印度洋和大西洋,地理位置优越。人口 3 617 万(2022 年),其中本国公民约占 62%。伊斯兰教为国教,逊尼派占 85%,什叶派占 15%。官方语言为阿拉伯语,通用英语。

沙特是君主制王国,禁止政党活动。无宪法,《古兰经》和先知穆罕默德的圣训是国家执法的依据。国王亦称“两个圣地(麦加和麦地那)的仆人”。国王行使最高行政权和司法权,有权任命、解散或改组内阁,有权立、废王储,解散协商会议,有权批准和否决内阁会议决议及与外国签订的条约、协议。

沙特是全球能源大国,是阿拉伯世界的重要国家。沙特经济发展以工业为重点,石油和石化工业是国民经济的命脉,是主要的经济来源。金融体系完善发达,旅游业也比较发达。沙特政府鼓励私有经济的发展,以减少国家经济对石油出口的依赖,同时为快速增长的人口提供更多的就业机会。沙特也使用大量外籍劳工。近年来,沙特推进多元化发展战略,于 2016 年推出“2030 愿景”和“2020 国家转型规划”。2005 年 12 月,沙特正式加入世界贸易组织。

二、教育

(一) 教育概况

沙特政府重视教育和人才培养,各级公立教育都是免费的,小学和初中是义务教育。20 世纪 70 年代初,只有 15%的沙特男性识字,而女性的识字率更低,只有

2%,反映出20世纪60年代之前,女性被排除在正规的非宗教教育之外。在中产阶级男子向政府呼吁,希望与受过教育的沙特妇女结婚后,女性才开始接受正规教育。1970年,入学接受教育的女性人数是男性的3倍多。到2000年,男女入学人数几乎相等。现在的女孩和男孩会以相同的标准被学校录取,上同样的课程。

当前沙特的教育系统面临许多挑战,主要是因为学生人数增加以及学生对教育和培训的需求不断增加。沙特60%的人口未满18岁,沙特国民的平均年龄为21岁,教育供给能力已达到临界水平。政府为学生提供免费教育、书籍和保健服务。大学生还获得经济援助和住宿,女学生经常获得免费交通。然而,由于学校数量不足,将近三分之一的中学毕业生无法继续学业。为此,沙特政府实施奖学金计划,以资助沙特学生到国外学习,同时迅速建设新的中等和高等学校,提高学校的接收能力,以此来满足不断增长的教育需求。

全国共有各类学校2.3万所,其中综合性大学25所、学院78所、高等宗教大学5所。现有教师34万人,在校学生480万人,其中大学生27万余人。负责教育发展人才培养的机构有3个:教育部、女子教育最高委员会和技术职业培训总机构。

(二)教育体系

在沙特,由政府主导的现代教育时间相对较短。传统上,教育由清真寺和宗教学校提供,只有统治精英和富裕家庭的子女才能接受教育。在20世纪30年代之前,沙特只有少数私立小学,没有公立学校这一体系。沙特教育由伊斯兰传统教育演变而来,对伊斯兰教信仰的灌输仍然是沙特教育的核心目标之一。

沙特中小学教育分为3个阶段:小学(6年)、初中(3年)和高中(3年)。儿童6岁入学,小学和初中是义务教育。早期幼儿教育不是义务教育。2017年,只有22%的3~5岁儿童就读于幼儿园,主要在私立机构。小学和中学课程的大部分内容专门用于研究古兰经和瓦哈布主义意识形态(对伊斯兰教的一种解释),甚至大学课程也将伊斯兰教研究列为必修课。

沙特学校学年一般从9月开始,次年6月结束。学生每周上学五天,从周日到周四。在大多数情况下,学年分为2个学期,每学期18周,第一学期为9月~12月,第二学期为次年1月~6月。沙特公立学校的教学语言是阿拉伯语。在高等教育中,阿拉伯语逐渐被英语取代,特别是在医学、工程和科学领域。一些大学,例如阿卜杜拉国王科技大学(King Abdullah University of Science & Technology)使用英语作为唯一的官方教学语言,所有申请者都需要英语语言能力证明才能被录取。沙特阿拉伯教育体系见图1。

年龄

27
26
25
24
23
22
21
20
19
18
17
16
15
14
13
12
11
10
9
8
7
6

博士学位
3年
Darajat al
Doctoorah

硕士学位 2年
Darajat al
Majisteer

学士学位
Darajat al
Bikialriyus
4～6年
医学、工程学、药学、建筑学5年 临床医学6年

副学士文凭 1年
Shahadt Diploma Mutqadem

副学士学位/大专文凭
2～3年
Shahadt Zamalh

普通高中 3年
普通学校中等教育证书
Shahadat Al-Marhalat Al-Thanawiyyat

职业高中 3年
职业学校中等教育证书
Diplom Al-Madaaris Al-ThanawDiplom Al-Madaaris Al-Thanawiyyah Al-Mihaniyyah

宗教高中 3年
宗教学校中等教育证书
Shahadat Al Thanawiyyah Al'Aama Lil Ma'aahid Al Ilmiyya

初中
3年
初中毕业证书
Shahadt Al-Kafa'at Al-Mutawassita

小学
6年
小学毕业证书
Shahadat Al-Madaaris Al-Ibtidaa' iyyah

年级

21
20
19
18
17
16
15
14
13
12
11
10
9
8
7
6
5
4
3
2
1

图 1　沙特阿拉伯教育体系

（三）详解

1. 小学教育

沙特的小学除了进行通识教育外，还侧重于宗教和阿拉伯文化教育，主要课程为阿拉伯语、伊斯兰研究、数学、科学、艺术。英语、社会学和计算机知识在小学高年级阶段被纳入课程。以前，女生与男生的课程略有不同，比如女生不用上体育课，但这种做法已于近年被取消。小学教育主要由公立机构提供，2018 年只有 9% 的小学生就读于私立学校。

2. 中学教育

沙特的中学教育包括 3 年初中（7～9 年级）和 3 年高中（10～12 年级）。1936 年沙特创建了第一所高中，为学生到国外接受高等教育做准备，直到 20 世纪 70 年代之前，中学教育并未出现大幅增长。1970 年，沙特政府推出了一系列五年发展计划，对沙特的公共部门，包括其教育系统产生了变革性的影响。在“三个五年计划”（1970—1985）期间，小学入学人数增加了 192%，初中入学人数增加了 375%，高中入学人数增加了 712%。

沙特初中主要课程包括阿拉伯语、英语、伊斯兰研究、地理、历史、数学、科学、计算机和体育。能否升入下一年级取决于持续性的评估和期末考试。沙特高中阶段教育分为普通高中、宗教高中和职业技术高中。普通高中的学生在 10 年级时学习共同核心课程，然后在 11 年级的时候被分成文科和理科两个方向。伊斯兰教育、阿拉伯语、数学、英语、计算机是必修课。文科方向的学生需要学地理、社会学、管理学、经济学、会计学；理科方向的学生需要学物理、化学、生物和地球科学。宗教高中的学生，除了学习一般的学术核心课程以外，会将更多的时间用在伊斯兰教研究上，毕业生的培养目标是能背诵整部《古兰经》并成为伊玛目（伊斯兰教司职位）。职业技术方向的学生，除学习一般学术科目外，还进行特定职业的理论学习和实践培训。

3. 职业教育

职业教育在沙特分为 2 个阶段：中学教育阶段和中学后教育阶段。9 年级结束后，学生可以选择职业高中；12 年级结束后，一部分学生会进入提供应用文凭和学士学位的职业院校深造。此外，还有各种其他形式的职业教育项目，包括短期证书项目、在职学徒项目、自学项目或监狱囚犯和军人培训项目等。

根据《2030 年愿景改革议程》（Vision 2030 Reform Agenda），沙特政府进行大量投资以建立新的技术学院，目前正在采取的措施包括制定更规范的国家职业资格证书评定标准和引进外国职业技术教育资源。沙特政府在这种模式下支持外国职业技术教育与培训提供者在沙特建立"卓越学院"。即便如此,职业技术教育与培训部门的总体规模仍然相对较小,改革似乎未能达到2020年将职业技术教育的学生人数增加到250 000人的官方目标。

4. 高等教育

沙特高等教育由高等教育部负责。1957年,沙特建立了第一所大学——沙特国王大学(King Saud University,简称KSU)。在1960—1980年期间,又建立了6所新大学,沙特的高等教育体系更加多元化。高等教育入学人数从1969年的6 900人跃升至80年代初的约65 500人,其中约三分之一就读于沙特最大的高等教育机构——沙特国王大学。到2000年,高等教育的毛入学率已从1985年的9%跃升至22%,在2018年飙升至68%。这一比例与加拿大、法国相当。近年来,沙特的高等教育机构数量大幅增长。现有29所公立大学和14所私立大学,还有数百所社区学院和女子学院,以及数量迅速增长的职业技术培训学校。高等教育总入学人数从2013年的136万提高到2018年的162万。

公立大学通常是规模较大的多学科、研究型大学,而私立大学往往规模较小,专业性更强,但对科学研究的重视程度较低。私立大学大多提供工程、计算机科学、医学以及各种商科领域的课程。相比之下,只有少数私立大学提供人文和社会科学课程。总体而言,尽管政府通过提供公共土地和其他措施对私立高校进行补贴,但私立大学数量依然不多。沙特学生在公立大学学习是免学费的,但私立大学对本科课程收取的学费可高达每年25 000美元。尽管沙特政府通过奖学金支持学生在私立大学学习,但私立大学的学生大多还是来自富裕家庭。私立大学比公立大学更频繁地使用英语授课,受到非沙特学生的欢迎。许多私立高等教育机构的录取标准比公立大学更宽松。

几乎所有大学都按性别进行分开教学,并设有专门的女子校园或附属女子学院。大多女子学院只提供本科课程,但有些也提供硕士和博士课程。许多女子学院专门提供教师教育项目。2008年,几所女子学院合并,成立沙特第一所正式的公立女子大学——努拉·宾特·阿卜杜拉赫曼公主大学(the Princess Nourah Bint Abdulrahman University)。如今,沙特女性接受教育的比例与男性基本相同,而且沙特成为穆斯林世界女性受教育程度最高的国家之一。2018年,沙特自然科学、数学和统计学专业的大学毕业生中有66%是女性,但学习研究生课程的女性少于男性。女性的就业率较低。

(四) 考试、升级和证书制度

沙特的小学为6年制(1～6年级),是免费义务教育。六年级结束时,完成学业要求的学生将获得小学毕业证书(Shahadat Al-Madaaris Al-Ibtidaa'iyyah)。

沙特的初中学制是3年(7～9年级),在9年级末,通过考试符合条件的学生将会获得初中毕业证书(Shahadat Al-Kafa'at Al-Mutawassita)。

沙特高中阶段教育(10～12年级)分为普通、宗教、技术职业三个方向。普通高中毕业生通过考试获得普通学校中等教育证书(Shahadat Al-Marhalat Al-Thanawiyyat)。随证书一起发放的还有每学期所有科目的成绩单,可用于申请大学。宗教高中的毕业生可获得宗教学校中等教育证书(Shahadat Al-Thanawiyyah Al-'Aama Lil Ma'aahid Al-ilmiyya),职业技术高中的毕业生可获得职业学校中等教育证书(Diplom Al-Madaaris Al-Thanawiyyah Al-Mihaniyyah)。持有宗教学校中等教育证书或职业学校中等教育证书者,都有机会进入高等院校学习。

一般而言,申请本科的学生需要提供中等教育证书和成绩单。虽然许多大学要求的最终平均成绩为70～75分,但有些大学的入学要求高中平均成绩在90分以上,并要求学生申请与其高中分科所学课程相符的大学专业。除了高中阶段的平均成绩外,许多大学还会要求申请者提供GAT和SAAT成绩。这两项考试都是由教育与培训评估委员会(Education and Training Evaluation Commission,简称ETEC)组织。GAT考试主要考察学生的分析和推理能力,分为语言测试和数学测试。SAAT考试主要面向高中理科方向的学生,考试科目为生物、化学、物理和数学。有些大学还会对英语水平提出单独要求,申请者需要提供托福等英语水平证明材料或者参加大学组织的面试。伊斯兰大学的申请者应为穆斯林。

(五)成绩评价制度

沙特中学成绩采用百分制评价学生学业成绩,具体见表1。

表1　沙特成绩评价制度

字母等级	百分制	描述	对应中文意义
A	90～100	excellent	优秀
B	75～89	very good	良好
C	60～74	good	中等
D	50～59	pass	合格
F	0～49	fail	不合格

(六)常见证书

沙特常见教育证书见表2。

表 2　沙特常见教育证书

序号	证书	证书描述
1	Shahadat Al-Madaaris Al-Ibtidaa'iyyah/ General Elementary School Certificate	小学毕业证书,完成 6 年小学教育后获得该证书,6 岁入学
2	Shahadt Al-Kafa'at Al-Mutawassita/ Intermediate School Certificate	初中毕业证书,完成 3 年初中教育后获得该证书
3	Diplom Al-Madaaris Al-Thanawiyyah Al-Mihaniyyah/Secondary Vocational School Diploma	职业学校中等教育证书,完成 3 年技术职业高中学业后获得该证书
4	Shahadat Al-Marhalat Al-Thanawiyyat/ General Secondary Education Certificate	普通学校中等教育证书,完成 3 年普通高中学业后获得该证书
5	Shahadat Al Thanawiyyah Al'Aama Lil Ma'aahid Al Ilmiyya/Religious Institute Secondary Education Certificate	宗教学校中等教育证书,完成 3 年宗教高中学业后获得该证书
6	Shahadt Diploma Mutqadem/Associate Diploma	副学士文凭,一年制课程(30 学分),准入条件是获得中等教育证书
7	Shahadt Zamalh/Associate Degree/ Junior College Diploma	副学士学位/大专文凭,两年或三年的资格证书(60 到 90 学分),主要由技术学院和大专授予,准入条件是获得中等教育证书
8	Darajat al Bikialriyus/Bachelor's Degree	学士学位,完成大学学业,通常至少获得 120 学分,GPA 至少 2.0 及以上,获得该证书,一般学制为 4 年,工程学、医学、药学、建筑学学制为 5 年
9	Bakaluryus Jirahatan/Bachelor of Medicine/Bachelor of Surgery (MBBS)	临床医学学士学位,通常需要 6 年才能获得该证书,其中包括 1 年临床实习
10	Darajat al Majisteer/Master's Degree	硕士学位,通常取得学士学位、且 GPA 较高的学生才有资格进入硕士研究生项目学习,完成 2 年学业且 GPA 至少 3.0 及以上,才能获得该证书,一般学制 2 年
11	Darajat al Doctoorah/Doctorate/PhD	博士学位,硕士学位后一般再经过 3 年学习并通过博士论文答辩后获得该证书

土耳其的教育证书评估研究

一、国家概况

土耳其共和国地跨亚、欧两洲，邻格鲁吉亚、亚美尼亚、阿塞拜疆、伊朗、伊拉克、叙利亚、希腊和保加利亚，濒地中海、爱琴海、马尔马拉海和黑海。海岸线长7 200公里，陆地边境线长2 648公里。南部沿海地区属亚热带地中海式气候，内陆为大陆型气候。面积78.36万平方公里，其中97%位于亚洲的小亚细亚半岛，3%位于欧洲的巴尔干半岛。人口8 468万(2021年12月)，土耳其族占80%以上，库尔德族约占15%。99%的居民信奉伊斯兰教，其中85%属逊尼派，其余为什叶派(阿拉维派)；少数人信仰基督教和犹太教。官方语言为土耳其语。

土耳其人史称突厥，8世纪起由阿尔泰山一带迁入小亚细亚，13世纪末建立奥斯曼帝国，16世纪达到鼎盛期，20世纪初沦为英、法、德等国的半殖民地。1919年，凯末尔领导民族解放战争反抗侵略并取得胜利，1923年10月29日建立土耳其共和国，凯末尔当选首任总统。

20世纪80年代实行对外开放政策以来，土耳其经济实现跨越式发展，由经济基础较为落后的传统农业国向现代化的工业国快速转变。土耳其是北约成员国，也是经济合作与发展组织创始会员国和二十国集团的成员。拥有雄厚的工业基础，为世界新兴经济体之一，亦是全球发展最快的国家之一。旅游业是土耳其外汇收入重要来源之一。2022年外国游客总数达4 456.4万人次，旅游收入462.8亿美元。特洛伊、以弗所等古城遗址和卡帕多西亚、棉花堡是主要风景名胜地。

二、教育

(一) 教育概况

土耳其自1923年建国后就开始世俗化教育改革，开国领袖凯末尔多次强调

“最重要的责任是在教育领域取得胜利”，努力提高教育水平，逐步实现教育现代化，实行积极的教育西化政策，推动与欧美的教育合作。1924 年颁布的《教育统一法》对教育机构的管理做出明确规定，所有的教育及科研机构统一归教育部管理。2011 年颁布的《教育部组织机构与职责相关法》对教育部的组织架构、各下属职能部门的职责做出了调整，确立了现行的教育行政体制，在组织层次上分为国家、省(市)和县三级。

2012 年 3 月，土耳其议会对义务教育制度进行改革，现行学制为小学 4 年，中学 8 年，中专 2～3 年，大学 4～6 年。小学和中学为义务教育。土耳其共有各类教育学校 6 万余所，在校学生约 2 531 万人，教师约 103 万人。现有大学 207 所。著名高等学府有安卡拉大学、哈杰泰普大学、中东技术大学、比尔肯特大学、伊斯坦布尔大学、海峡大学、爱琴海大学。15 所主要的国立大学位于伊斯坦布尔和安卡拉。

（二）教育体系

在参加小学义务教育之前，土耳其 3～6 岁的儿童可以参加非强制性的学前教育，这一阶段属于非义务教育范畴，由家庭自主决定。2012 年的土耳其教育系统改革确立了“4＋4＋4”的教育模式，即小学 4 年、初中 4 年、高中 4 年，义务教育由 8 年延长到 12 年，入学年龄也从 6 岁半左右(80 个月)提前到 5 岁半(66 个月)。

土耳其的大学课程及学位设置主要采用西方模式，也是国际通用模式，分为大专学历、学士学位、硕士学位和博士学位。大专学制为 2 年，本科学制通常为 4 年，硕士学制为 2 年，博士学制至少 4 年。土耳其教育体系见图 1。

（三）详述

1. 学前教育

1973 年，土耳其《国家教育基本法》(Millî Eğitim Temel Kanunu)实施，学前教育被首次正式纳入土耳其学校教育体系。2004 年，土耳其颁布《学前教育机构法》(Okul Öncesi Eğitim Kurumları Yönetmeliği)，并于 2007 年进行修订。该法令对土耳其学前教育机构的类型、学制、收费、管理等均进行了明确规定。土耳其 3～6 岁儿童可以参加学前教育，学前教育机构主要有幼儿园和托儿班两种，幼儿园为全日制，托儿班为半日制，附设于小学但不属于初等教育体系。除此之外还有不同组织或单位面向内部员工开设的托儿所及儿童看护机构，在一些职业高中或高校也会附设托儿班。土耳其的学前教育机构有公立与私立之分。公立学前教育机构除伙食与清洁材料费外不再收取任何费用，私立学前教育机构则收费较高。

年龄			年级
27			
26		博士学位 Doktora Diplomasi 至少4年	22
25			21
24			20
23			19
22		硕士学位 Yüksek Lisans Diplomasi 1.5～2年	18
21			17
20		学士学位 Lisans Diplomasi 4～6年	16
19			15
18	副学士学位 Önlisans Diplomasi 2年		14
17			13
16	普通高中 普通高中毕业证书 Lise DiplomasiLise Diplomasi 4年	职业技术高中 职业技术高中毕业证书 Meslek Lisesi Diplomasi 4年	12
15			11
14			10
13			9
12	初中 初中毕业证书 Ortaokul Diplomasi 4年		8
11			7
10			6
9			5
8	小学 小学毕业证书 İlköğretim Diplomasi 4年		4
7			3
6			2
5			1

图 1　土耳其教育体系

2. 初等教育

小学一年级、二年级和三年级有 4 门核心课程：土耳其语、数学、生活知识(Hayat Bilgisi)和外语。四年级时，生活知识被科学和社会研究所取代。公立学校一般从二年级开始教英语，有些学校教德语、法语或西班牙语。一些私立学校同时教授两种外语。

3. 中等教育

六年级和七年级有 5 门核心课程：土耳其语、数学、科学、社会研究和外语。八年级时，社会研究被"土耳其革命史和凯末尔主义"所取代。中等教育的目的是确保每个孩子都能获得基本知识、技能、行为和习惯，并按照国家的道德观念成长。初中教育结束后，学生将参加统考，根据需要进入高中阶段学习。

高中分为两类：普通高中和职业技术高中。普通高中分为公立和私立两类，私立高中一般提供更多的外语课程，比如英语、德语和法语。所有九年级的学生都在全国范围内接受相同的课程，这些课程包括：土耳其语、土耳其文学、数学、物理、化学、生物学、几何学、世界历史、地理、宗教和伦理学、体育、外语(大多数情况下是英语)、第二外语(最常见的是德语，但可以是法语、意大利语、日语、西班牙语、阿拉伯语、俄语或汉语)。十年级、十一年级和十二年级的必修课程有土耳其语、土耳其文学、共和历史和宣传。除此之外，学生还可以选择学习以下课程：数学、几何学、统计学、物理、生物学、化学、地理、哲学、心理学、社会学、经济、艺术和音乐、计算机、体育、外语。当学生进入十一年级时，他们通常会选择四个方向中的一个：土耳其语及数学、科学、社会科学和外语。学生会获得相关学术课程文凭，如果他们想在相应领域接受高等教育，会有一定优势，因为大学入学考试的分数是根据学生成绩进行加权的。例如，科学方向的学生在申请医学时比土耳其语及数学方向的学生有优势。

4. 职业教育

职业技术学校强调专业课程学习，培养学生掌握一定的专业技能。学生毕业后可以直接就业或升入 2 年制高等职业学校。职业学校主要教授某些职业知识与技能，可以是工业、公共卫生、商业、农业、气象等。技术课程包括电力、电子、化学、机械、电机、建筑学等。

5. 高等教育

土耳其的高等教育由 1981 年军政府设立的高等教育委员会全权负责。根据土耳其宪法和高等教育法规定，高等教育委员会负责土耳其高等教育制度的规划、协调和治理，下设大学理事会、大学校长联席会和高等教育监事会等分支机构。土耳其 2001 年加入博洛尼亚进程之后，高校数量和招生人数都出现了大幅增长，根据进程目标、内容等着手加快高等教育改革的步伐，高等教育质量问题开始真正受到社会关注。

截至 2017 年 4 月，土耳其有普通高校 183 所，其中公立大学 118 所，私立大学 65 所。2016 年，土耳其高等教育在学规模已达到 547 万人，在学规模年均增长率达到 9%。土耳其高等教育已经进入世界高等教育发达国家行列。2015 年的《泰晤士报高等教育副刊》世界大学排行榜中，土耳其有 4 所大学位列世界前 200 名：中东科技大学第 85 名，海峡大学第 139 名，伊斯坦布尔科技大学第 165 名，萨班齐大学第 182 名。

土耳其的大学新学年通常在每年 9 月开始，第二年 6 月结束，寒假较短，只有 2 周左右，暑假则长达 3 个月，因此一些大学也提供暑期学习的机会。

（四）考试、升级与证书制度

土耳其儿童从 5 岁半开始可以接受为期 4 年的小学教育，每学期结束会有考试，但是小学结束没有升学考试，小学毕业后直接升入初中。

土耳其初中学制为 4 年，第 4 年结束时学生需参加 Liseye Gecis Sinavi（简称 LGS）考试，考试通过后可以升入高中。LGS 考试为初中升高中考试，每年 6 月举行，考试科目为数学、历史、土耳其语、科学、英语、宗教。

土耳其高中学制也是 4 年，4 年级结束后学生需参加土耳其学生选拔与安置中心（TÜRKİYE CUMHURİ ÖLÇME, SEÇME VE YERLE TİRME MERKEZİ BA KANLIĞI）集中组织的全国性大学入学选拔考试。该考试分为两个阶段：所有考生均须参加第一阶段基本能力测试（Temel Yeterlilik Testine，简称 TYT）；第一阶段考试达到 150 分者，可进入第二阶段专业领域测试（Alan Yeterlik Testleri，简称 AYT），或放弃第二阶段考试直接升入 2 年制大专院校；第二阶段考试达到 180 分，可进入大学本科的录取。2018 年新一轮高考改革将考试周期由 3 月和 6 月考试调整为仅在 3 月举行考试，由分散的 5 天考试变为集中在 2 天完成考试。第一阶段考试从原来的 160 题减少到 120 题，第二阶段考试从原来的 340 题减少到 160 题。在第一轮 TYT 考试中，土耳其语和基础数学为核心考查科目，分值分别占第一轮考试总分的 33%。在第二轮 AYT 考试中，数学、土耳其语与文学—社会科学Ⅰ均为核心选考科目，但数学占第二阶段考试总分的 30%，土耳其语与文学—社会科学Ⅰ占第二阶段考试总分的 18%，其他科目所占总分比例根据具体模块叠加类型确定。

大学分为大专、本科、硕士和博士阶段。大学第一阶段教育为大专和本科教育。土耳其大专学制为 2 年,从职业技术高中毕业的学生无须参加考试可以直接进入大专课程的学习,学生完成 2 年大专课程可以获得副学士学位。大学本科学制基本为 4 年,牙医和兽医专业为 5 年,其他医学专业需要 6 年。大学第二阶段教育为硕士学位教育。土耳其硕士学位项目学制一般为 2 年,包括课程与毕业论文。非论文类的课程硕士学制为 1.5 年。大学第三阶段教育为博士层次教育。申请博士项目的学生必须具有硕士学位且参加博士入学考试,至少学习 7 门课程并获得 21 学分,通过专业水平考试,完成论文的开题、撰写和答辩才能最终申请学位。博士项目学制一般为 4 年,包括 2 年课程和博士论文。

(五) 成绩评价制度

土耳其中学阶段采用 5 分制来评价学生学业成绩,5 分最高,2 分及格,0～1 分不及格。土耳其中学阶段成绩评价制度见表 1。

表 1　土耳其中学阶段成绩评价制度

等级	对应的百分制(%)	描述	对应中文意义
5	85～100	excellent	优秀
4	70～84	good	良好
3	55～69	satisfactory	中等
2	45～54	passing	及格
1	25～44	failing	不及格
0	0～24	failing/not included	不及格

(六) 常见教育证书

土耳其常见教育证书见表 2。

表 2　土耳其常见教育证书

序号	证书	证书描述
1	İlköğretim Diplomasi/Primary Education Diploma	小学毕业证书,完成 4 年小学学业后获得该证书
2	Ortaokul Diplomasi/Lower Secondary School Diploma	初中毕业证书,完成 4 年初中学业并且通过考试获得该证书

（续表）

序号	证书	证书描述
3	Lise Diplomasi/General Secondary School (Lyceum) Diploma	普通高中毕业证书，完成4年普通高中学业并且通过考试获得该证书，准入条件为初中毕业并且通过高中入学考试
4	Meslek Lisesi Diplomasi/Vocational Secondary School (Lyceum) Diploma	职业技术高中毕业证书，完成4年职业技术高中学业并且通过考试获得该证书，可以直接进入大专
5	Önlisans Diplomasi/Associate's Degree	副学士学位，完成2年大学课程获得该证书，准入条件为高中毕业并且通过大学入学选拔考试
6	Lisans Diplomasi/Bachelor's Degree	学士学位，学制一般为4年，牙医和兽医专业学制为5年，其他医学专业学制为6年，准入条件为高中毕业并且通过大学入学选拔考试
7	Yüksek Lisans Diplomasi/Master's Degree	硕士学位，学制一般为2年，非论文类的课程硕士学制为1.5年，准入条件为获得学士学位
8	Doktora Diplomasi/Doctoral Degree	博士学位，学制一般为4年，准入条件为获得硕士学位并且通过博士入学考试

叙利亚的教育证书评估研究

一、国家概况

阿拉伯叙利亚共和国，简称叙利亚，位于亚洲西部、地中海东岸，北与土耳其接壤，东同伊拉克交界，南与约旦毗连，西南与黎巴嫩、以色列为邻，西与塞浦路斯隔地中海相望，首都大马士革。面积 185 180 平方公里（包括被以色列占领的戈兰高地约 1 200 平方公里）。人口 1 929 万（2022 年）。其中阿拉伯人占 80%以上，还有库尔德人、亚美尼亚人、土库曼人等。阿拉伯语为国语，通用英语和法语，少数叙利亚人仍使用古老的阿拉米语。居民中 85%信奉伊斯兰教，14%信奉基督教。穆斯林人口中，逊尼派占 80%（约占全国人口的 68%），什叶派占 20%，在什叶派中，执政的阿拉维派占 75%（约占全国人口的 11.5%）。

叙利亚在公元前 3000 年时就有原始城邦国家存在，公元前 8 世纪起，先后被亚述帝国、马其顿帝国、罗马帝国、阿拉伯帝国、欧洲十字军、埃及马穆鲁克王朝和奥斯曼帝国统治。第一次世界大战后沦为法国委任统治地。1946 年 4 月 17 日获得独立。1963 年起由阿萨德家族领导的阿拉伯复兴社会党执政至今。从 2011 年年初开始，爆发了叙利亚政府与叙利亚反对派之间旷日持久的冲突。

叙利亚原本是中等收入国家，地处世界石油天然气最丰富的中东中心位置，经济来源主要是农业、石油、加工业和旅游业。2011 年叙利亚局势动荡后，美国等西方国家对叙利亚实施制裁，叙利亚承受石油出口中断、外汇收入锐减、货币贬值、物价上升、失业率高企等多重压力，经济形势日益严峻。

二、教育

（一）教育概况

叙利亚普及小学义务教育，初中基本实行义务教育。男生大学毕业后要到军队服役2年才能拿到文凭，女生毕业后即可拿到文凭。

叙利亚中央分别设教育部和高等教育部。教育部负责初、中等教育的行政管理，制定教育政策，编制全国统一的课程和教科书。教育部部长在4位副部长的协助下负责教育计划的实施。高等教育部管理全国的高等学校和一些科研机构，负责制定、实施和评估高等教育政策、法律和法规。重大事务由高等教育理事会负责。

2009年，叙利亚GDP的5.1%用于教育。所有基础教育和中学教育都是免费的，并且由政府资助。公立高等教育也是免费的，但是在某些情况下可能会收取费用。例如，中学毕业考试分数较低的学生可以付费参加某些高等教育课程学习。政府对私立教育机构不提供财政支持。

2011年叙利亚战争大大影响了教育的正常开展。2012年，仅有57%的学生继续上中学，远低于上一年度的98%。在持续冲突爆发之前，基础教育入学率接近93%。2015年，约200万叙利亚儿童失学，约5 000所学校由于战争而被摧毁或破坏，无法使用。

（二）教育体系

叙利亚的教育制度为6—3—3制。基础教育9年，其中第一阶段6年，第二阶段3年。中等教育（高中）3年。大学本科学制通常为4年，硕士学制2年，博士学制至少3年。阿拉伯语是叙利亚的教学语言。在基础教育中，英语或法语作为第二语言从一年级开始教授。在基础教育和中学教育阶段，学年9月开始，次年6月结束。高等教育学年从10月开始，次年6月结束，分为2个学期。叙利亚教育体系见图1。

（三）详述

1. 基础教育

尽管叙利亚是一个贫穷的国家，但它拥有坚实的基础教育体系，教育支出逐渐增加。4～5岁的叙利亚儿童在国家管理的幼儿园进行学前教育，幼儿园主要促进儿童的身心健康和社会能力发展。儿童完成学前教育后，6岁可以就读小学。基础教育9年制，第一阶段6年，第二阶段3年。基础教育属于义务教育，是免费的，由教育部主管。叙利亚97%的小学为公立小学，3%为私立小学。基础教育阶段学生统一学习宗教教育、阿拉伯语、英语、数学、社会研究、科学与健康教育、音乐、美术、体育，旨在使学生从体质、心理、社交、道德、民族情感和情操方面得到全面、平衡发展，为在现实生活中的生产劳动作好准备，或为继续升学打下基础。

年龄			年级
27	博士学位 Doctorate 至少3年		21
26			20
25			19
24	硕士学位 Master’s Degree 2年		18
23			17
22	学士学位 Bachelor’s Degree 4～6年		16
21			15
20		专科文凭 Associate Degree 2年	14
19			13
18	普通高中 普通中等教育证书 General Secondary Education Certificate 3年	职业高中 职业技术中等教育证书 Technical/Vocational Secondary Education Certificate 3年	12
17			11
16			10
15	基础教育第二阶段—初中 基础教育证书 Basic Education Certificate 3年		9
14			8
13			7
12	基础教育第一阶段—小学 Basic Education(First stage) 6年		6
11			5
10			4
9			3
8			2
7			1
6			

图1　叙利亚教育体系

2. 中等教育

叙利亚学生16岁读中学，中等教育有普通中学和职业技术中学2种，学制3

年，不属于义务教育。叙利亚94%的初中为公立初中，6%为私立初中。普通中学学生10年级学习统一的课程，11年级开始分文科或理科方向。文科学生侧重学习阿拉伯社会（包括经济学原理、哲学）、地理、艺术、统计等科目，理科学生侧重学习数学、生物、化学、物理、信息学、逻辑与人文等科目。无论文科学生还是理科学生都需要学习阿拉伯研究和哲学、外语、军事训练（男生）和体育。

3. 职业教育

职业技术中学学生可以在以下专业中选择：商业（会计、行政、广告、簿记、商法、计算、经济学、金融数学、秘书技能、统计和税务）、女性艺术（地毯制作、儿童保育、服装和纺织品、制衣、刺绣和家政）、工业（计算、电路、电子产品、电视和广播、卫星维护和录像机）。学生在职业技术中学毕业后可以直接就业或继续学习2年以获得专科文凭。

叙利亚的职业学校学生比例相对较高。在20世纪90年代，政府为了增加职业教育的入学率，决定将70%的初中毕业生分配到职业学校。2000年的新政策规定，普通中学和职业中学学生分配比例为50∶50。后来职业中等教育比例降低到40%。2004年约有36%的中学生在职业学校学习。

4. 高等教育

叙利亚高等教育机构由国家管理和资助，受教育部严格控制。高等教育部成立于1966年，负责监督科学和教育机构。如果学生在大学入学考试中取得足够好的成绩，大学将收取适度的费用，如每年10至20美元。如果没有取得足够好的成绩，学生可以选择支付更高的费用来注册，如1 500～3 000美元。叙利亚也有私立学院，但学费要高得多。

叙利亚最古老的大学是大马士革大学，高等院校还有阿勒颇大学、十月大学和复兴大学等。与艺术、法律或商业相比，工程、医学和科学方面的技术教育得到更多的重视。

（四）考试、升级与证书制度

叙利亚的基础教育由教育部负责监督并给予资助，儿童6岁入小学。在基础教育周期结束时，学生将参加全国统一考试，合格者将获得基础教育证书（Shahadet Al-Taleem Al-Asasi）。学生考试成绩将决定其是否有资格进入普通中学或职业技术中学。

高中学制3年，从10年级到12年级，学生必须通过所有课程才能继续进入下一个年级。普通中学的全日制课程旨在为学生接受高等教育做准备，所有学生均需在高中毕业前参加教育部组织的国家考试，通过考试的学生获得普通中等教育证书(Al-Shahâda Al Thânawiyya-Al'Amma/Baccalauréat)。未通过国家考试的学生有机会重考一次。文科类考试的最低及格分数为102分(满分240分),理科类考试的最低及格分数为104分(满分260分)。这些考试成绩决定学生上什么大学、学院和具体专业。教育部内部的大学招生委员会根据学生考试结果和学生的选择来决定是否录取学生。学生通常会选择与他们的高中课程相对应的学科。

职业技术中学在各个领域提供专业知识学习,主要为学生就业做准备。学生的GPA最低需要达到50%才能毕业,顺利毕业的学生可获得职业技术中等教育证书(Shahâda Al Thânawiyya Al-Fanniyya)。技术中学的毕业生可以选择立即就业,或继续进入2年制技术学院攻读大专。大专毕业考试成绩优异的少部分学生亦有资格申请学士学位项目。

高等教育入学竞争非常激烈。尽管获得普通中学毕业证书的学生都能被高等教育机构录取,但中学毕业考试的成绩决定了学生可以进入哪类学校。综合性大学招收普通中学毕业生。本科学位通常为4年,建筑、工程、牙科、药学和兽医学等课程需要5年,医学需要6年。学生的GPA最低需要达到50%(有的专业为60%,具体取决于专业)才能毕业。在工程学院,包括建筑学院,根据最后一年的考试成绩和实践项目成绩决定是否颁发学士学位。

硕士项目分为学术硕士和专业硕士,通常学制2年,GPA至少需要达到60%才能获得学位。学术硕士毕业生有资格继续攻读博士学位。博士项目要求获得硕士学位后继续学习3~5年,就读博士期间,学生需要完成研究工作并通过论文答辩,博士毕业要求GPA至少达到60%。

(五)成绩评价制度

叙利亚采用百分制成绩评价制度,中学阶段的阿拉伯语科目最低及格分为50%,其他科目最低及格分数为40%。叙利亚成绩评价制度见表1。

表1 叙利亚成绩评价制度

成绩(%)	描述	对应中文意义
90.00~100.00	honors	优秀
80.00~89.00	distinction	卓越
65.00~79.00	very good	良好
50.00~64.00	good	中等
40.00~49.00	passing	及格
0.00~39.00	fail	不及格

（六）常见教育证书

叙利亚常见教育证书见表 2。

表 2　叙利亚常见教育证书

序号	证书	证书描述
1	Shahadet Al-Taleem Al-Asas/Basic Education Certificate	基础教育证书，学制 9 年，完成基础教育并通过全国统一考试获得该证书
2	Al-Shahâda Al Thânawiyya-Al'Amma/Baccalaureate/General Secondary Education Certificate	普通中等教育证书，完成 3 年高中学业并通过全国统一考试获得该证书，准入条件是获得基础教育证书
3	Shahâda Al Thânawiyya Al-Fanniyya/Technical Baccalaureate/Technical or Vocational Secondary Education Certificate	职业技术中等教育证书，完成 3 年职业技术高中学业获得该证书，准入条件是获得基础教育证书
4	Musaed Mujaz/Associate Degree	专科文凭，在职业技术学院学习 2 年获得该证书，准入条件是获得普通中等教育证书或职业技术中等教育证书
5	Al-Ijaaza/Bachelor's Degree	学士学位，学制 4～6 年，准入条件是获得普通中等教育证书
6	Majster/Master's Degree	硕士学位，学制 2 年，准入条件是获得学士学位
7	Docotrah/Ph.D or Doctorate	博士学位，至少完成 3 年博士学业通过论文答辩后获得该学位，准入条件为获得硕士学位

亚美尼亚的教育证书评估研究

一、国家概况

亚美尼亚共和国,简称亚美尼亚。位于亚洲与欧洲交界处的外高加索南部的内陆国。西接土耳其,南接伊朗,北临格鲁吉亚,东临阿塞拜疆。面积 2.97 万平方公里。人口 296.1 万(截至 2022 年 1 月 1 日),首都为埃里温。亚美尼亚族约占全国人口总数的 98.1%,其他主要民族有俄罗斯族、乌克兰族、亚述族、希腊族、格鲁吉亚族、白俄罗斯族、犹太人、库尔德族等。官方语言为亚美尼亚语,居民多通晓俄语,主要信仰基督教。

亚美尼亚独立后,经济受基础薄弱及"纳卡"战争和阿塞拜疆、土耳其对其封锁等因素影响连年下滑。2001 年开始回升,至 2007 年 GDP 连续保持两位数增长,国民生活水平有所提高。2008 年第四季度起,受国际金融危机影响,经济增速放缓。2009 年以来亚美尼亚政府采取调整产业结构、扩大内需、加快基础设施建设、大力扶植农业等措施,努力消除金融危机影响,收到一定成效。2021 年,国内生产总值为 139 亿美元,同比增长 5.7%。

二、教育

(一) 教育概况

2020 年,亚美尼亚公共教育支出占 GDP 的比重为 2.7%,高于上一年的2.6%。2020 年,成人识字率为 99.8%,在世界范围内领先,其中男性和女性的识字率几乎相同。高识字率有助于提高小学和中学的入学率。2015 年,亚美尼亚初等教育入学率为 91.8%,中等教育入学率为 86.5%。到 2019 年,高等教育总入学率达到 51.5%。高等院校有埃里温国立大学、亚美尼亚国立理工大学等。

（二）教育体系

在脱离苏联独立之前，亚美尼亚的教育体系遵循苏联模式，以俄语作为教学语言。1990 年，亚美尼亚语取代俄语成为主要教学语言，而俄语成为第二教学语言。1999 年，亚美尼亚进行教育改革，建立了更接近西方高等教育模式的新体系。

亚美尼亚教育体系包括学前教育、中小学普通教育、职业教育和高等教育。中小学实行免费教育制度，大学向国家计划内的大学生提供免费教育。

《亚美尼亚共和国教育法》(1999)规定，通识教育的主要目标是使学习者和儿童的心理、精神、身体和社会能力得到全面和谐发展，培养适当的举止和行为。亚美尼亚通识教育实施 4—5—3 教育体系。6～15 岁儿童参加 9 年制义务教育。儿童入学年龄为 6 岁，进入小学后开始接受 4 年的小学教育，然后接受为期 5 年的初中教育。完成 9 年制义务教育后，学生可选择进入普通高中或职业技术学校学习。高中学制为 3 年，顺利完成学业后，学生可以继续接受高等教育。学年从 9 月 1 日开始，到 5 月结束。每学年有 2 个学期，分为秋季学期和春季学期。亚美尼亚教育体系见图 1。

（三）详述

1. 学前教育

儿童 2～6 岁为学前教育阶段。为了支持家庭，国家设立各类学前机构：托儿所(2～3 岁儿童)、幼儿园(3～6 岁儿童)、托儿所—幼儿园(联合)。学前教育为儿童德、智、体等方面的成长和发展奠定基础。该阶段注重培养儿童的母语沟通技巧和外语学习能力，同时还注重培养儿童的基础计数能力，为接受学校教育做好准备。学前教育机构通常是国家资助运作的。

2. 初等教育

在亚美尼亚，初等教育学制为 4 年(1～4 年级)，属于义务教育。学生入学年龄为 6 岁。小学的主要目标是发展智力、精神和身体能力，培养语言思维、读写能力、逻辑基础和基本工作技能。初等教育为学生提供必要的知识学习，以达到继续接受中学教育所需的水平。

3. 中等教育

亚美尼亚的中等教育包括两个阶段。第一阶段为完成小学教育后的 5 年初中教育，另一阶段是为期 3 年的高中教育。

初中教育(5～9 年级)培养学生对世界和自然的科学理解，注重科学和健康生活，并培养学生的独立意识。中学的主要目标是培养学生掌握关于人类、自然和社会的知识，以及在生活中应用这些知识的能力。初中主要科目有亚美尼亚语与历

年龄 年级

理学博士学位
Գիտությունների դոկտոր
至少3年

理学副博士学位
至少3年
Գիտությունների թեկնածու

硕士学位
Մագիստրոսի աստիճանի դիպլոմ
2年

学士学位
Դիպլոմ Բակալավրի Աստիճան
4年

高等职业技术学院 2～3年
初级专业人员证书III
Դիպլոմ կրտսեր մասնագետի III

通识教育（普通高中）
普通中学完全教育证书
Վկայական միջնակարգ լրիվ ընդհանուր կրթության/հասունության Վկայական
3年

通识教育（职业技术高中）
初级专业人员证书II 3～4年
Դիպլոմ կրտսեր մասնագետի II
初级专业人员证书I 2年
Դիպլոմ կրտսեր մասնագետի I

通识教育（初中）
基础教育证书
Վկայական Հիմնական Ընդհանուր Կրթության
5年

通识教育（小学）
4年

图 1　亚美尼亚教育体系

史、数学和外语，其他还有自然科学类的化学、物理和生物，社会科学类的地理、法律、政治、经济，以及文化、音乐、美术等各类课程。

高中教育(10～12 年级)为学生接受高等教育或未来职业做准备。高中教育的主要目标是为学生提供某一特定领域的知识和技能，以培养学生独立生活所需的专业知识、技能和能力。

4. 职业教育

职业教育提供特定领域的专业教育，亚美尼亚有许多职业学校和技术学院。学生读完初中获得基础教育证书后，或读完高中获得高中教育证书后，均可进入职业教育机构深造。

职业教育包括初级职业教育、中级职业教育。初级职业教育旨在培养具有初级职业(手工业)资格的技师，一般培训周期为 6 个月～3 年。中级职业教育在基础通识教育的基础上培养具有中级职业资格的专家，学习周期一般为 2～5 年。职业教育可以通过不同的教学形式实施，如现场教育、异地教育、远程学习或外部学习、个人职业指导(学徒制)等。初级职业(手工业)教育一般由职业学校、其他职业教育机构、教育中心、监狱机构等开展，中级职业教育由大学和高等教育机构负责实施。

5. 高等教育

亚美尼亚高等教育普及面很广。在 1989 年前苏联的总人口普查中，亚美尼亚的教育程度排名第一。目前，亚美尼亚私立大学每年招收约 20 000 名学生，而公立高等院校能为 34 000 名学生提供受教育机会。

亚美尼亚有许多国立和私立大学，供学生修读本科和研究生课程。亚美尼亚高等院校包括埃里温国立大学、亚美尼亚国立理工大学、埃里温国立医科大学、亚美尼亚国立农业大学、布留索夫国立大学以及埃里温科米塔斯国立音乐学院等。其中，最负盛名的三所大学是埃里温国立大学、亚美尼亚美国大学和俄罗斯—亚美尼亚(斯拉夫)大学。埃里温国立大学是亚美尼亚最古老的高等院校，成立于 1919 年，有 110 个系，超过 3 000 名员工，其中约有 1 200 名教师，在校生数量接近 10 000 人。亚美尼亚美国大学(American University Of Armenia)是亚美尼亚高等教育领域中的一支重要补充力量。该校于 1991 年开始招生，开设英语授课的商务、工程学、政治学、生命科学和法律学课程，并对外提供英语培训服务，学费每年近 1000 美元。俄罗斯随后于 1998 年在亚美尼亚开设了俄罗斯—亚美尼亚(斯拉夫)大学，法国也于 2000 年在亚美尼亚开设了亚美尼亚法国大学。

亚美尼亚国家科学院成立于 1943 年，汇集了全国最顶尖的学者和研究人员，科学院下设 50 多个科学类和其他类型的分支机构。科学院现有院士 116 人，理学博士 337 人，理科研究专家 1 152 人。

(四) 考试、升级与证书制度

亚美尼亚小学 4 年制，学生完成 4 年小学学业后直接升入初中。初中学制 5 年，学生完成 5 年初中学业后，获得基础教育证书(Վկայական Հիմնական Ընդհանուր Կրթության)。学生凭此证书可以升入普通高中，也可以进入中等职业技术学校。高中学制 3 年，完成 3 年普通高中学业后，学生将获得中学毕业证书(հասունություն Վկայական或Վկայական միջնակարգ լրիվ ընդհանուր կրթության)。凭借中学毕业证书，学生可以进入高校进一步深造。进入职业学校学习的学生完成相应学业后，获得初级专业人员证书(Դիպլոմ կրտսեր մասնագետի)。大学本科学制一般为 4 年，警察或军事专业至少需要 3 年，医学专业至少需要 5 年完成学业，完成本科学业后获得学士学位。此后，学生可以继续攻读硕士学位，硕士学制 2 年。硕士学位获得者可以申请博士项目，博士学制至少 3 年。

2005 年，亚美尼亚政府通过了教育质量评估改革方案，并且成立了一个独立的测试和评估中心(TEC)，目的是建立一个独立、客观评价学生成绩的系统，以统一考试的形式将毕业生的最终评定和大学入学考试结合起来。

从 2007 年起，亚美尼亚开始举行统一考试，2008 年举行亚美尼亚语、数学、外语的统一考试，从 2009 年起，举行所有科目的统一考试。该考试属于国家级考试，由国家授权的机构组织，确保对学生成绩进行认证。

义务教育和中等教育学生的最终评测属于国家级考试，适用对象为 9 年级毕业生和 12 年级毕业生。这类考试的题型多为多项选择题和简答题。对于 12 年级中学毕业生的国家考试以两种形式进行：为计划进入高等教育机构的学生举行的综合单项考试，以及为不计划进入高等教育机构的中学毕业生举行的最终评估。全国性统一考试的目的是评估课程内容的完成情况，并选拔接受高等教育的学生。测试的 A 部分为多选题或简答题，B 部分为相同形式的问题，难度会增加。

全国性的国家考试属于统一考试，适用对象为计划升入高等院校的 12 年级毕业生。

(五) 成绩评价制度

亚美尼亚成绩评价采用 1～10 分制。亚美尼亚中等教育成绩评价制度见表 1。

表 1　亚美尼亚中等教育成绩评价制度

成绩	成绩描述	对应中文意义
9.00～10.00	գ ե ր ազ ան ց	优秀
7.00～8.99	լ ավ	良好
5.00～6.99	Բավ ար ար	中等
5	Ստո ւ գ վ ած	及格
0.00～4.99	ան բ ավ ար ար	不及格

(六) 常见教育证书

亚美尼亚常见教育证书见表 3。

表 3　亚美尼亚常见教育证书

序号	证书	证书描述
1	Վկայական Հիմնական Ընդհանուր Կրթության	基础教育证书，完成 9 年义务教育后获得该证书
2	Դիպլոմ կրտսեր մասնագետի (I)	初级专业人员证书(Ⅰ)，完成职业技术高中 2 年学业后获得该证书，准入条件为获得基础教育证书
3	Վկայական միջնակարգ լրիվ ընդհանուր կրթության	普通中学完全教育证书，完成 3 年普通高中学业后获得该证书，准入条件为获得基础教育证书
4	Դիպլոմ կրտսեր մասնագետի (II)	初级专业人员证书(Ⅱ)，完成职业技术高中 3～4 年的学业后获得该证书，准入条件为获得基础教育证书
5	Դիպլոմ կրտսեր մասնագետի (III)	初级专业人员证书(Ⅲ)，在高等职业技术学院完成 2～3 年学业后获得该证书，准入条件为获得中学教育证书
6	Դիպլոմ Բակալավրի Աստիճան	学士学位，学制 4 年，准入条件为获得中学教育证书，并且通过大学入学考试
7	Մագիստրոսի աստիճանի դիպլոմ	硕士学位，完成 2 年的硕士研究生学业和论文答辩后获得该证书，准入条件为获得学士学位证书
8	Գիտությունների թեկնածու	理学副博士学位，学制至少 3 年，完成研究和学位论文答辩后授予该证书，准入条件为获得硕士学位证书

（续表）

序号	证书	证书描述
9	Գիտությունների դոկտոր	理学博士学位，学制至少 3 年，在亚美尼亚科学院的研究机构完成研究并通过论文答辩后获得该证书，准入条件为获得理学副博士学位

也门的教育证书评估研究

一、国家概况

也门共和国位于阿拉伯半岛西南端，与沙特、阿曼相邻，濒红海、亚丁湾和阿拉伯海，海岸线长 1 906 公里。1990 年 5 月由阿拉伯也门共和国（北也门）和也门民主人民共和国（南也门）合并组成。面积 52.8 万平方公里。人口 2 980 万，绝大多数是阿拉伯人，官方语言为阿拉伯语。生活在也门的阿拉伯人以部落为基本单位，全国共有 190 多个部落，其中 150 多个位于山区。哈希德、巴基尔、哈卡和穆德哈基是四个最主要的部落。识字率为 50.2%。阿拉伯语是国家官方语言和教学语言，英语仅在涉外政府部门和其他领域小范围应用。也门国教为伊斯兰教，99%的居民信奉伊斯兰教，什叶派占 20%～25%，逊尼派占 75%～80%。

也门拥有 3 000 多年文字记载的历史，是阿拉伯世界古代文明摇篮之一。也门经济落后，是世界最不发达国家之一，2021 年人均国内生产总值 691 美元，国内生产总值增长率为-2.1%。经济发展主要依赖石油出口收入，粮食不能自给，约1/2 依靠进口。

二、教育

（一）教育概况

也门全国中小学实行免费教育。小学实施义务教育制度，并致力于扩大基础、技术、职业教育。2005 年 3 月，作为“基础教育国家战略”的一部分，也门政府启动了“发展基础教育项目”，世界银行、荷兰、英国和也门政府分别出资。尽管也门的教育投入巨大，但仍无法解决也门教育体系薄弱、人口分散以及基本教育服务机构能力不足等问题。

2015 年也门内战开始至今，至少四分之一学校被摧毁、部分损坏或用于非教育目的；三分之二的教师无法按时收到工资以至于不得不兼职增加收入，影响了日常教学进度。根据联合国教科文组织数据，现在也门有将近 200 万学龄儿童因战争和贫困等原因辍学。

（二）教育体系

也门教育制度为 6—3—3 制度。基础教育为 9 年(包括小学 6 年，初中 3 年)，高中 3 年，大学本科 4 年。基础教育从 6～15 岁，是免费义务教育，但学校对学生的出勤并没有硬性要求。也门学校学年通常为 9 月至次年 6 月，一共 34 个教学周。上课时间是星期六到星期三。大部分学校将男学生与女学生的上课时间错开。中小学阶段的教学语言是阿拉伯语。在大学阶段的某些技术领域中，英语被用作教学语言，已成为学生学习最常见的第二语言。也门教育体系见图 1。

（三）详述

1. 基础教育

也门南北统一后形成了 9 年免费义务教育制度。基础教育分为两个阶段：1～6 年级为一个阶段，7～9 年级为第二个阶段。基础教育课程包括古兰经、英语、阿拉伯语、数学、科学、社会、历史、美术等。正常情况下，学生的入学年龄为 6 岁，但实际上只有 20%的学生能按时入学。世界银行的调查显示，学生不能按时入学的主要原因是贫困导致的营养不良。因为发育不良，一些偏远地区的学生直到七八岁依然被推迟入学。

很多也门基础教育学校只能提供 1～6 年级教育，这种情况在农村地区更普遍。同时，也门学龄儿童的辍学率也相对较高。数据显示，2010 年也门学生 6 年级完成率仅为 53.3%。女童的辍学率比男童更高。以也门内战发生前的 2008 年为例，农村地区男童的入学率比女童高 23.8%。

2. 中等教育

中等教育阶段一共 3 年，学生在第一年学习通识课程，第二年开始分文科和理科。由于理科在选择大学专业时选择面更广，大部分也门学生会选择理科。

曾有数据显示，仅 23.9%的 15～17 岁也门学生接受中等教育，男生总体入学率为 29.9%，女生仅有 18.1%。虽然在全国范围内，女生的入学率远低于男生，但是在城市地区，女生的入学率为 38.9%，略高于男生的 36.3%。

3. 职业教育

也门的职业教育归属技术和职业培训部管辖。职业教育机构和学校可为完成基础教育和中等教育的学生提供不同的培训项目。对于完成基础教育的学生，他们可以接受 2～3 年的职业培训，从而成为技术工人。虽然政府正在努力拓展职业

年龄

24
23
22
21
20
19
18
17
16
15
14
13
12
11
10
9
8
7
6

文学/理学硕士学位
Master of
Arts/Science
2年

工程学硕士学位 1年
Master of Engineering

文学/理学/法律学士学位
Bachelor of
Arts/Science/Law
4年

工程学/医学学士
Bachelor of
Engineering
/Medicine
5～6年

教师证书
Teacher's
Certificate
2年

专科文凭
Diploma
2年

普通高中
3年
高中毕业证书
Certificate of Secondary School Study

职业高中
2～3年
技术工人证书
Certificate of Technician

初中
3年
初中毕业证书
Intermediate School Certificate

小学
Primary Education
6年

年级

18
17
16
15
14
13
12
11
10
9
8
7
6
5
4
3
2
1

图1　也门教育体系

教育，但是职业教育规模仍相对较小。值得一提的是，职业教育学生中只有不到1%是女性。

4. 高等教育

也门目前只有 7 所公立大学和 13 所私立大学。1970 年成立的萨那大学是也门最早的正规高等学府,坐落于也门首都萨那。萨那大学前身是萨那师范学院,大学成立之初只招收了 64 名学生。经过多年发展,萨那大学学生和专业数量都有了显著的增加。2007 年萨那大学学生人数为 97 146,共有 24 个学院,涵盖了绝大多数专业。也门大学中大部分专业学制为 4 年,但工科和医科专业正常情况下需要5～6年才能毕业取得学位。

2001 年,也门政府成立了高等教育与科研部,负责制定高等教育发展规划,管理教育研究中心、大学、出国留学和研究所等。同时,高等教育与科研部还负责改善课程质量、提升也门高等教育水平以及根据社会需要制定和培养高等人才发展计划。

(四) 考试、升级与证书制度

九年制基础教育分为 2 个周期,一是初级教育周期(1～6 年级),一是预科周期(7～9 年级)。自动升级政策适用于 1～3 年级。在九年级结束时,通过考试获得初中毕业证书(Intermediate School Certificate)的学生升入高中学习。普通高中学制 3 年,第一年学习通识课程,第二年进行文理分科。文科课程一共 8 门:古兰经、伊斯兰教育、阿拉伯语、英语、统计、地理、历史和政治;理科课程也是 8 门:古兰经、伊斯兰教育、阿拉伯语、英语、统计、物理、化学和生物。全国高中统一考试中,文理科满分均为 800 分,每门课满分均为 100 分。只有取得满分成绩 70%及以上的学生才有机会申请大学,参加大学组织的入学考试。

在申请大学过程中,如果一所大学的申请人数较少,学生将有机会凭借全国高中统一考试成绩直接入学。如果申请的人数较多,学生则需要参加所申请大学自行组织的入学考试。学生最终的大学入学成绩 50%为全国高中统一考试成绩,另外 50%为大学入学考试成绩。

也门的全国高中统一考试一般在每年的 6 月举行,10 月公布成绩。在成绩公布后学生开始报考大学,并在必要的时候参加大学的入学考试。每所大学一般会在次年的 7 月完成招生工作,被录取的学生将在次年 9 月进入大学正式学习。

(五) 成绩评价制度

现在的也门成绩评价采用百分制。也门成绩评价制度见表 1。

表 1　也门成绩评价制度

成绩	成绩描述
95～100	非常优秀
90～94	优秀
80～89	良好
70～79	好
60～69	中等
50～59	及格
0～49	不及格

（六）常见教育证书

也门常见教育证书见表 2。

表 2　也门常见教育证书

序号	证书	证书描述
1	Intermediate School Certificate	初中毕业证书，完成 9 年义务教育（小学和初中）学业并通过考试后颁发
2	Certificate of Secondary School Study/Al Thanawiya	高中毕业证书，完成高中 3 年学业并通过考试获得该证书，准入条件为获得初中毕业证书
3	Certificate of Technician	技术工人证书，在职业技术高中完成 2～3 年的职业培训获得该证书，准入条件是获得初中毕业证书
4	Teacher's Certificate	教师证书，高中毕业后在教师培训学院完成 2 年学业后获得该证书，毕业生可作为基础教育教师，准入条件为获得高中毕业证书
5	Diploma	专科文凭，高中毕业后完成 2 年高等专科学业获得该证书，准入条件为获得高中毕业证书
6	Bachelor of Arts/Science/Law	文学/理学/法律学士学位，完成 4 年本科学业后获得该证书，准入条件为获得高中毕业证书
7	Bachelor of Engineering	工程学学士学位，完成 5 年工程学本科学业后获得该证书，准入条件为获得高中毕业证书
8	Bachelor of Medicine	医学学士学位，完成 6 年大学医学学业后获得该证书，准入条件为获得高中毕业证书

（续表）

序号	证书	证书描述
9	Master of Engineering	工程学硕士学位，完成 1 年工程学硕士研究生学业后获得该学位，准入条件为获得学士学位
10	Master of Arts/Science	文学/理学硕士学位，在完成 2 年文学/理学硕士研究生学业后获得该学位，准入条件为获得学士学位

伊拉克的教育证书评估研究

一、国家概况

伊拉克共和国，简称伊拉克，位于亚洲西南部，北接土耳其，东临伊朗，西毗叙利亚、约旦，南接沙特、科威特，东南濒波斯湾。幼发拉底河和底格里斯河自西北向东南流贯全境。面积 43.83 万平方公里。人口 4 335 万(2022 年)，其中阿拉伯民族约占 78%(什叶派约占 60%，逊尼派约占 18%)，库尔德族约占 15%，其余为土库曼族、亚美尼亚族等。官方语言为阿拉伯语和库尔德语，通用英语，东部地区有些居民讲波斯语。居民中 95% 以上信奉伊斯兰教，少数人信奉基督教等其他宗教。

伊拉克所处的底格里斯河、幼发拉底河两河流域具有悠久的文明。公元前 4700 年就出现了城邦国家。公元前 3000 年中叶，两河流域最早的居民苏美尔人创造楔形文字、60 进制计数法和圆周分割率。公元前 2000 年阿摩利人建立了世界四大文明古国之一的巴比伦王国。位于巴格达西南 90 公里、幼发拉底河右岸的巴比伦是与古代中国、印度、埃及齐名的人类文明发祥地，盛传的“空中花园”被列为世界七大奇迹之一。2019 年 7 月 6 日，联合国教科文组织世界遗产大会上，伊拉克巴比伦古城遗址入选世界遗产名录。

伊拉克的石油工业是其经济支柱，原油储量排名世界第四，仅次于委内瑞拉、沙特阿拉伯和伊朗。伊拉克战争后，经济重建任务繁重。联合国安理会于 2003 年 5 月通过第 1 483 号决议，取消对伊拉克除武器禁运以外的所有经济制裁。伊拉克重建重点是恢复和发展能源、教育、卫生、就业、供电、供水、食品等领域。但由于安全局势不稳，基础设施严重损毁，经济重建进展缓慢。

二、教育

（一）教育概况

1951年前，依据1940年的王国教育法实施高度中央集权的统一学制。1958年建立共和体制后，将学前教育和初等教育管理权移交地方当局。1974年1月伊拉克执政党——阿拉伯复兴社会党制定教育目标：①消除文盲；②为全体公民提供各级各类免费教育，重点是小学教育；③与国家发展需要结合。

曾经的伊拉克凭借丰富的石油资源，不仅人民富足，而且教育体系在中东地区也是首屈一指的，其教育制度被认为是该地区最好的教育制度之一。在萨达姆时期，伊拉克建立了较为完善的社会保障体系，而且教育也是免费的。当时的伊拉克教育体系发达完备，基础教育的入学率几乎达到100%，而且识字率很高，高等教育的比例能占到50%以上。

但是，经年累月的战火摧残了这个中东国家，教育遭受了巨大破坏。伊拉克教育经费不足，师资严重匮乏。同时，由于人民生活困难，伊拉克适龄儿童和青年（6～23岁）入学率大幅下降，教育严重滑坡。伊拉克实施6年制义务教育，适龄儿童小学入学率为98%，中等和高等院校入学率为45%和15%。成人识字率约80%。全国共有20所大学和44所专科院校。在2021年底美国从伊拉克撤军之际，中国与伊拉克签订了援建1 000所学校的协议，拟使伊拉克恢复较为完善的教育体系。伊拉克政府打算修建7 000座校舍，中方为伊拉克重建教育系统的国家计划提供支持。据联合国儿童基金会统计，伊拉克约320万学龄儿童目前没有学上。

为应对识字率下降的情况，伊拉克政府成立了扫盲高级委员会。该委员会负责全国扫盲运动，该运动旨在恢复识字率，并在除库尔德斯坦（识字率最低的地方）以外的所有省份开设专门的扫盲中心。

（二）教育体系

伊拉克的教育体制为6—3—3制。学生从6岁开始上学，参加6年制的小学义务教育。中等教育机构由3年制的中间学校（初中）、升学预备学校（普通高中）和职业技术（农业、工业、商业）高中构成。本科学制4～6年，硕士通常为2年制。伊拉克学校基本在9月开学，次年6月结束。一个学年包括2个学期，每个学期16周。学生每周上学5天，从周日到周四。课程长度通常为45分钟。伊拉克教育体系见图1。

年龄

29
28
27
26
25
24
23
22
21
20
19
18
17
16
15
14
13
12
11
10
9
8
7
6

年级

23
22
21
20
19
18
17
16
15
14
13
12
11
10
9
8
7
6
5
4
3
2
1

博士学位证书
كتور
3年及以上

硕士学位证书
ماستر
2年

学士学位证书
بكالوريوس
4～6年

高等职业技术学院
技术人员文凭 2年
فنية دبلوم شهادة

职业技术高中
职业技术高中毕业证书
技术员证书 3年
المهنية الشهادة

普通高中
高中毕业证书
الاعدادية شهادة
3年

初中
中等教育证书(初中毕业证书)
الشهادة المتوسطة
3年

小学
小学毕业证书
لشهادة الابتدائية
6年

图1 伊拉克教育体系

（三）详述

1. 初等教育

学生在 6 岁入小学，在此之前是非义务的 2 年学前教育阶段(4～5 岁)。长期战争影响，经济困难，小学教育遭受重创，导致家长要么不送孩子上学，要么让孩子早早辍学。此外，由于工资低、教科书和教具严重短缺，教师和家长之间的沟通不畅，教师的职业幸福感很低。失学率高是小学教育最突出的问题之一。学生失学的原因包括：缺乏合格的教师、学校条件差、缺乏教科书和教材、孩子们为了增加家庭收入而工作以及教室资源较少等。

自 2003 年以来，基础教育领域发生了一些变化，课程和教授的科目得到修订。现在一年级就引入英语，过去五年级才开始学习英语。此外，在 2003 年之前，没有私立小学，而 2012 年就有多达 1 200 所私立学校获得了教育部的许可。这些学校必须遵守教育部的规定，提供与公立学校相同的课程，但通常会教授额外的课程，例如更多的外语课程。与资金不足的公立学校相比，私立学校的质量往往很高，但它们通常收取极高的费用，只有富裕的精英才能负担得起。

六年级学习的科目包括阿拉伯语、英语、数学、科学、历史、地理、伊斯兰研究和国民教育。在库尔德斯坦地区，库尔德语是课程的一部分。学生每天都要完成家庭作业，通常需要通过学期中的笔试和口试(取决于年级)考试，此外还有学期末的期末考试。

2. 中等教育

中学教育分为两个阶段，每个阶段学制 3 年，分别为初中阶段(12～15 岁)和高中阶段(15～18 岁)。高中分为普通高中和职业技术高中，普通高中为学生接受高等教育做好准备，而职业技术高中则非常重视实践培训，旨在为毕业生直接进入劳动力市场做好准备，职业技术高中毕业生也有接受高等教育的途径。中学生每周上 34 节课，初中课程包括伊斯兰教育、阿拉伯语、英语、科学(物理、化学和生物)、历史、地理、社会研究、数学、美术教育和军事体育。高中阶段会增加一些选修课，如库尔德语、社会学、经济学和爱国主义教育。女学生还上家庭教育方面的额外课程。夜校没有体育和军事训练课程，但会组织一些课外活动。普通高中在二年级初分为理科和文科两个方向。2015 年，教育部将理科又分为两个独立的方向：应用科学和生命科学。应用科学专业的毕业生可以在工程学院、技术大学、行政学院以及科学、农业、教育、经济与管理学院接受高等教育。生命科学专业的毕业生可以在医学院、牙医学院、药学院、护理学院和兽医学院、医疗机构和理学院(生物学、化学、生物技术)、农业和教育学院(生物学、化学)接受高等教育。

据教育部称，伊拉克的中学教育面临着严重的问题，如学校和教育机构缺乏基础设施，缺乏合格的教师，缺乏教科书和教具（一些中学存在五六名学生共用同一本教科书的情况），课程不能紧跟全球学术标准的发展等。

3. 职业技术教育

职业技术教育是教育系统的一个分支。学生可以在初中毕业之后选择职业技术教育，而不是继续接受普通高中的学术教育。职业技术教育有 3 个方向：工业、农业和商业。农业学校为学生在农田中更好地工作做准备，工业学校为学生在汽车机械、金属制品或其他工业部门工作做准备，而商科学校则为学生在工商管理或会计方面的工作做准备。课程强调实践培训，以便毕业生直接进入劳动力市场，但职业技术高中毕业生也可继续接受高等教育。中等职业技术教育学制 3 年，第 3 年结束时学生参加全国统一考试。成绩排名前 10%的学生可以继续进入高等教育机构学习。虽然在伊拉克教育系统中有职业教育的选择，但因其教育质量差，很少有学生选择职业技术教育。

4. 高等教育

截至 2017 年，伊拉克（库尔德斯坦以外）有 35 所公立大学和 55 所私立大学或学院。穆斯塔西里耶大学（Al-Mustansiriya University）建于 1280 年，办学以来培养了一批著名的宗教学者、法官、医生等专门人才，被称为伊斯兰世界最古老的大学之一。在库尔德斯坦地区的 15 所公立大学和 15 所私立大学中，有 9 所公立大学和 2 所私立大学同时得到了库尔德斯坦高等教育部和巴格达联邦高等教育与科学研究部的认可。库尔德斯坦的其他私立机构仅得到库尔德斯坦高等教育部的认可。高等教育机构面临的主要问题包括：实验室和图书馆等基础设施不足，工程、科学和技术学院的设备不足，与国外大学的交流渠道缺乏，高等教育、毕业生与劳动力市场之间的联系非常薄弱等。

（四）考试、升级和证书制度

4～5 岁的儿童在幼儿园接受学前教育。6 岁开始，学生接受 6 年小学教育，是免费义务教育，学生毕业前需要通过教育部主管的全国考试，获得小学毕业证书(لشهادة الابتدائية)。

初级中学学制 3 年（7～9 年级），在第三学年末，学生通过国家考试后将获得中等教育证书(الشهادة المتوسطة)。高级中学学制 3 年（10～12 年级），学生在 12 年级结束时参加全国统一考试，通过考试后获得高中毕业证书(شهادة الاعدادية)。这项考试成绩决定了学生高等教育入学资格。如果学生在第一次考试中没有通过，可以再上一年学，再次尝试通过考试。如果第二次考试仍旧没有通过，学生就失去进入任何大学或学院的资格。这项严格的规定导致很多学生走向街头，极易步入恐怖组织，因为他们没有能力找到工作赚取工资。

中等职业教育学制3年，由中等职业技术学校提供。入学需要通过入学考试，学业完成时，需要参加考试，考试通过后学生会被授予职业技术高中毕业证书（الشهادة المهنية）或技术员证书（الشهادة الفنية）。

大学多数本科专业学制为4年，建筑学、兽医学、牙科医学、药学学制为5年，医学为6年，入学要求为获得高中毕业证书。硕士专业学制一般为2年，至少1年，其入学要求为获得学士学位。博士专业学习时间为3年及以上，入学要求为获得硕士学位。论文答辩通过后，学生被授予博士学位。伊拉克的中学教师必须持有教育学士学位，这是在大学获得的四年制学位。普通学士学位的持有者也可以通过完成一年的高级教育文凭来获得教学资格。教师培训机构提供的小学教育文凭目前正在逐步取消，因此小学教师很快也将被要求拥有学士学位。

（五）成绩评价制度

伊拉克中学阶段采用百分制成绩评价制度，具体见表1。

表1　伊拉克中学阶段成绩评价制度

成绩（百分比）	描述	对应中文意义
90%～100%	excellent	优秀
80%～89%	very good	良好
70%～79%	good	较好
60%～69%	medium	一般
50%～59%	pass	及格
0～49%	fail	不及格

（六）常见教育证书

伊拉克常见教育证书见表2。

表2　伊拉克常见教育证书

1	Elementary Certificate(Elementary Baccalaureate Certificate)/ الشهادة الابتدائية	小学毕业证书，学生6岁进入小学，完成6年小学教育并通过全国性考试后获得该证书

（续表）

2	Intermediate Certificate(Intermediate Baccalaureate)/ الشهادة المتوسطة	中等教育证书，即初中毕业证书，完成3年初中学业并通过全国性考试后获得该证书，准入条件为获得小学毕业证书
3	Upper-secondary Preparatory Certificate (Preparatory Baccalaureate Certificate)/ شهادة الاعدادية	高中毕业证书，完成3年普通高中学业并通过全国性考试后获得该证书，准入条件为获得中等教育证书
4	Vocational Baccalaureate/ الشهادة المهنية	职业技术高中毕业证书，完成3年职业技术高中学业并通过考试后获得该证书，准入条件为获得中等教育证书
5	Certificate of Technician/ الشهادة الفنية	技术员证书，完成3年职业技术高中学业并通过考试后获得该证书，准入条件为获得中等教育证书
6	Diploma of Technician in (field of study)/ شهادة دبلوم فنية	（研究领域的）技术人员文凭，在高等职业技术学院完成2年学业后获得该文凭，准入条件为获得职业技术高中毕业证书
7	Bachelor's Degree/ بكالوريوس	学士学位，在大学完成4～6年学业后获得该证书，准入条件为获得高中毕业证书
8	Master's Degree/ ماستر	硕士学位，完成2年研究生学业后获得该证书，准入条件为获得学士学位
9	Doctoral Degree/ دكتور	博士学位，完成3年及以上博士研究生学业并通过论文答辩后获得该证书，准入条件为获得硕士学位

伊朗的教育证书评估研究

一、国家概况

伊朗伊斯兰共和国，简称伊朗，面积164.5万平方公里。伊朗位于北半球的东部，在亚洲的西南部，是中东国家之一。同土库曼斯坦、阿塞拜疆、亚美尼亚、土耳其、伊拉克、巴基斯坦和阿富汗相邻，南濒波斯湾和阿曼湾，北隔里海与俄罗斯和哈萨克斯坦相望，素有“欧亚陆桥”和“东西方空中走廊”之称。

伊朗人口为8 502万(2022年)，官方语言是波斯语，土耳其语、阿拉伯语、库尔德语、洛里语等在该国各地都通用。伊斯兰教为国教，98.8%的居民信奉穆斯林，其中91%为什叶派，9.8%为逊尼派。伊朗是一个多民族的伊斯兰国家，其中波斯人占66%，阿塞拜疆人占25%，库尔德人占5%，其他为阿拉伯人、土库曼人等少数民族。伊朗是具有四五千年历史的文明古国，史称波斯。公元前6世纪，建立了世界历史上第一个领土横跨欧亚非三大洲的帝国，古波斯帝国盛极一时。

伊朗盛产石油，石油产业是经济支柱和外汇收入主要来源之一，石油收入占外汇收入一半以上。近年来，美国制裁等因素对伊朗经济增长构成较大影响。石油、天然气和煤炭蕴藏丰富。截至2019年底，已探明石油储量居世界第四位，天然气已探明储量居世界第二位。其他矿物资源也十分丰富，可采量巨大。

二、教育

(一) 教育概况

伊朗是一个基于伊斯兰意识形态的神权国家，中央政府对教育实行强有力的控制。中央政府通过教育部实施对中小学的筹资和管理。教育部负责监督中小学国家考试、监管教育标准、组织教师培训、开发课程和教材，建立并维护学校运行等。教育政策由包括伊朗议会和内阁在内的多个机构批准和监督。文化革命最高委员会(the Supreme Council of the Cultural Revolution)是教育事务的最高权力机构,由伊朗最高领导人任命并向其报告。值得一提的是,伊朗的公共教育体系是一个高度集中的教育体系,是仿照19世纪拿破仑时代的法国教育体系建立起来的。在这一体系中,伊朗教育部是权力中心。

伊朗实行中、小学免费教育。6岁以上受教育人口占全国人口的82.5%。伊朗的识字率很高,与许多处于类似发展水平的其他国家相比,伊朗是一个国民受过良好教育的国家。根据教科文组织统计,2016年伊朗的成人识字率达86%,而全球平均水平为85%。15～24岁年龄段的识字率甚至更高,达到98%(2015年)。2015年小学净入学率为99.1%,中学的毛入学率是89.17%。2014年的小学毕业率达到97.53%。

伊朗重视高等教育,通过提供贷款和给予物质、政策支持等措施鼓励民办高等教育。截止2023年10月全国共有高等院校2 515所,大学生近440万人。德黑兰大学是伊朗成立最早、规模最大的高等学府。

(二)教育体系

2012年伊朗教育制度改革改变了过去一直实施的5—3—3教育体系,现行教育体系为6—3—3,义务教育扩展到9年,包括6年小学和3年初中。义务教育后为3年高中教育,之后再进行1年的预科学习,学生通过全国性标准化大学入学考试(Konkur或Concours)后进入大学学习。在伊朗,学年9月开始,次年6月结束,包含2个学期。每年3月20日至4月初,在诺鲁孜节(Nowruz)期间,所有学校都关闭,以庆祝伊朗新年。第一学期(秋季)一般9月中旬开始,次年1月结束。第二学期(春季)1月中旬开始,6月结束。每个学期包含15周的教学时间和2周的考试时间。伊朗教育体系见图1。

(三)详述

1. 初等教育

学生从6岁开始上学。自2012年起基础教育扩展到9年,该阶段属于免费义务教育,包括6年小学和3年初中。在小学期间,学生每周上课24小时。科目包括伊斯兰教研究、波斯语研究(阅读、写作和理解)、社会研究、数学和科学。学生在每学年结束时都需参加考试,以此作为升入下一年级的依据。同时,小学最后一年结束时学生需要参加全国考试,考试合格者才有资格进入下一学习阶段。

2. 中等教育

初中学制3年,学生每周上课的时间增多,更多学校引入诸如历史、职业学习、阿拉伯语和外语等科目。初中课程是全国统一的,所有学校教学大纲一致。

年龄

28 27 26 25 24 23 22 21 20 19 18 17 16 15 14 13 12 11 10 9 8 7 6

博士学位
Doctora
3年以上

硕士学位
Karshenasi Arshad
2年

学士学位
Karshenasi
4年
副学士学位
Kardani
2～3年

副学士学位
Kardani
2年

大学前预科教育
Peesh daneshgah-ii 1年

普通高中/技术高中
高中毕业证书
Diplom-Motevaseteh
3年

职业高中毕业证书
Diplom Fanni va
Herfe-ii
3年

初中
初中毕业证书
Diplom-Sickl
3年

小学
Primary Education
6年

年级

22 21 20 19 18 17 16 15 14 13 12 11 10 9 8 7 6 5 4 3 2 1

图 1　伊朗教育体系

高中学制 3 年，不是义务教育，但公立学校是免费的。这一阶段，学生被分到 3

类学校：普通高中（Nazari）、技术高中（Fani Herfei）和职业高中（Kar Danesh）。具体被录取到哪类学校，取决于学生自己的意愿和初中毕业时的考试成绩。

普通高中和技术高中的前2年不分科，第3年开始分科，专注于不同的教学计划。普通高中第3年分为4个方向：人文文学方向、数学物理方向、实验科学和伊斯兰教神学方向。技术高中第3年分为3个方向：技术（工业）方向、商业和职业（服务工业）方向或农业方向。子方向包括木工、汽车机械、建筑建造、食品工业、健康服务和裁缝等。传统上，学生更喜欢上普通高中。

3. 职业教育

职业教育以应用为导向，为学生提供400多个专业领域的熟练或半熟练就业培训。一些初中毕业的学生直接进入五年制职业技术学院。伊朗合作劳动与社会福利部（Ministry of Cooperatives, Labor and Social Welfare）下属的职业技术培训组织（Iran's Technical and Vocational Training Organization，简称 TVTO）负责监管600多家职业技术院校。

高等教育阶段的职业培训由伊朗公共技术和职业大学、应用科学与技术大学附属的拥有执业资格培训的私人培训机构和技术机构提供。这些技术机构提供非正式的短期职业培训项目以及资格证书项目。

4. 高等教育

在伊朗，医科大学由健康、医疗和医学教育部监管，高等职业教育由技术职业培训组织监管，其他高等教育机构由科学、研究与技术部监管，私立大学的所有课程都必须得到文化革命最高委员会的批准，并得到科学、研究与技术部的认可。高等教育机构的质量保障由科学、研究和技术部负责。

伊朗的公立大学有相对较好的声誉，尤其是工程学本科教育方面。德黑兰大学是伊朗著名的高等学府，在世界大学学术排名中位列世界前400位。20世纪80年代，年轻人人口激增使伊朗政府重新考虑是否对私立大学实施禁令，并在1988年开始允许非营利性私立大学申请特许经营。政府于1989年制订高等教育5年发展计划，通过提供贷款和给予物质、政策支持等措施鼓励民办高等教育。尽管科学、研究与技术部没有公布私立大学的数据，但一些报告显示，私立大学的数量由2005年的50所增长到2014年的354所。伊朗绝大多数学生都在私立大学学习，超过三分之一的学生在最大的半私立大学伊斯兰阿扎德大学（Islamic Azad University）学习。私立教育机构的绝大多数课程属于本科课程，目前伊朗研究生教育机会短缺，这也是导致学术精英外流的一个重要因素。

（四）考试、升级与证书制度

在小学阶段，学生在每学年末都需参加考试，以此作为就读下一年级的重要依据。在六年级结束时，学生参加全国考试，通过考试才有资格进入初中。初中阶段结束时参加的评估考试决定学生进普通高中、技术高中还是职业高中。考试在学年结束前的 6 月举行，由省级教育部门组织。考试通过的学生会获得初中毕业证书（Diplom-Sickl）。不及格的学生可以再重读一年，第二年再参加一次考试。如果学生第二次不及格，他们不得不接受基础职业培训或找工作。

普通高中与技术高中学生在顺利完成学业并通过国家考试后被授予高中毕业证书（Diplom-Motevaseteh）。毕业生可以选择继续一年的大学前预科教育完成预科学年 30 学分的学习，也可以选择进入劳动力市场，或进入副学士学位。大学前预科教育主要为通过全国性标准化大学入学考试（Konkur 或 Concours）。这是一项长达 4.5 小时的多项选择题综合考试，对考生要求很高。该考试测试波斯语和文学、历史、外语和数学等知识内容。考试未通过的学生可以再次参加考试，直到他们考试通过。顶尖的学生通常进入工程和医学领域学习。由于考试竞争相当激烈，提供考试准备课程的补习行业在伊朗蓬勃发展，也因此引起了公众对考试的广泛批评和对学校教学的负面影响，学校教学的最后一年主要集中在参加和通过考试上。为此，当局正考虑改革该考试制度，其中一种方案是用高中三年期末考试的累积绩点来代替全国性标准化大学入学考试。

副学士学位（Kardani，相当于专科）项目不需要参加全国性标准化大学入学考试即可入学，但有的项目会组织单独的入学考试。如半私立的伊斯兰阿扎德大学有其独立的入学考试，但其入学考试的竞争没有公立大学激烈。副学士学位项目可以在完成初中学业后入学，再完成 5 年学业，也可以在完成高中学业后入学，再完成 2 年学业。但如果后续拟在大学副学士学位的基础上获得学士学位，则必须要完成大学前预科教育并通过全国性标准化大学入学考试。2 年期间完成 72～78 学分课程才能获得副学士学位，一个学分相当于每周 45 或 50 分钟，持续一学期的课程。副学士学位由大学、高等教育机构和技术学院等颁发。

本科学士学位（Karshenasi）项目学制一般为 4 年。获得副学士学位的学生可以再学习 2 年，进一步获得学士学位（Karshenasi Napayvesteh，译为非连续性学士学位），学位名称上与高中毕业通过全国性标准化大学入学考试进入本科阶段学习后获得的学士学位有所区别。本科学习期间，学生至少获得 130 学分，平均绩点达到 12（满分绩点为 20）及以上，才能获得学士学位。牙科、药学、兽医学、建筑学的学制为 6 年，医学学位需要 6～7 年，包括实习培训和论文。硕士学位（Karshenasi

Arshad)项目通常学制 2 年,学生需要修 28～45 个学分,具体取决于课程,并且需要完成论文。博士学位(Doktura)项目学制从 3 年到 6 年不等。学生通常需要完成 12～30 学分的课程学习,通过综合考试以及完成研究论文的发表和答辩,并且学位课程绩点达到 14 分(满分绩点为 20 分)及以上,才能获得博士学位。

(五) 成绩评价制度

伊朗各教育层次的成绩评价都以 0～20 分为标准。一般 10 分为及格分。伊朗成绩评价制度见表 1。

表 1 伊朗成绩评价制度

成绩	等级	描述(阿拉伯语)	描述(英语)	对应中文意义
16.0～20.0	A+, A-	عالی	excellent	优秀
14.0～15.9	B+, B-	خوب خ یلی	good	良好
12.0～13.9	C, C-	خوب	ok	中等
10.0～11.9	D, D-	ق بول ق ابـ ل	pass	及格
低于 10.0	F	مردود	fail	不及格

(六) 常见教育证书

伊朗常见教育证书见表 2。

表 2 伊朗常见教育证书

序号	证书	证书描述
1	Diplom-Sickl	初中毕业证书,完成初中 3 年学业,通过考试获得该证书
2	Diplom-Motevaseteh	高中毕业证书,完成普通高中和技术高中 3 年学业,获得 96 个学分,通过国家考试后获得该证书,准入条件为获得初中毕业证书
3	Diplom Fanni va Herfe-ii/ Diplome Kardanesh	职业高中毕业证书,获得 60 个学分,完成职业高中学业,获得该证书,准入条件为获得初中毕业证书
4	Peesh-daneshgahii	大学前预科证书,学制 1 年,完成预科学年 30 个学分,获得该证书后有资格参加全国性标准化大学入学考试,准入条件为获得高中毕业证书
5	Kardani	副学士学位,相当于专科,参加由理工学院提供的 2～3 年制专科项目,完成 72～78 个学分课程后获得该证书,准入条件为获得高中毕业证书

（续表）

序号	证书	证书描述
6	Karshenasi	学士学位，学制一般4年，就读期间至少完成130个学分课程，GPA达到12/20及以上获得该证书，准入条件为获得高中毕业证书，同时完成大学前预科项目并通过全国性标准化大学入学考试
7	Karshenasi-Arshad	硕士学位，学制2年，学生需要完成28～45个学分课程，GPA达到14/20及以上获得该证书，准入条件为获得学士学位
8	Doctora	博士学位，学制3年及以上，完成12～30个学分的课程学习，通过综合考试，完成研究论文的发表和答辩，并且GPA达到14/20及以上，准入条件为获得硕士学位

以色列的教育证书评估研究

一、国家概况

以色列位于亚洲西部。东接约旦，东北部与叙利亚为邻，南连亚喀巴湾，西南部与埃及为邻，西濒地中海，北与黎巴嫩接壤，是亚、非、欧三大洲结合处，海岸线长198公里。1948年宣布独立，人口959万(2022年9月)，其中犹太人约占74.4%，阿拉伯人约占21%，其余为德鲁兹人等。以色列是世界上唯一以犹太人为主体民族的国家。犹太人多信奉犹太教，其余民族信奉伊斯兰教、基督教等。希伯来语为官方语言，通用英语。

犹太人远祖是古代闪族支脉，起源于约4 000年前的美索不达米亚平原，后因躲避自然灾害迁徙至埃及尼罗河三角洲东部，因而得名“希伯来人”(意为“渡来之人”)。公元前13世纪末开始从埃及迁居巴勒斯坦地区。公元前1000年左右，建立以色列国。此后先后被亚述、巴比伦、波斯、古希腊和罗马帝国征服。公元70年被罗马人赶出巴勒斯坦地区，开始长达近2 000年的“大流散”。19世纪末，犹太复国主义运动兴起，犹太人开始大批移居巴勒斯坦地区。第一次世界大战结束后，英国对巴勒斯坦地区实行委任统治。1917年11月，时任英国外交大臣阿瑟·詹姆士·贝尔福致信英国犹太复国主义同盟主席莱昂内尔·罗斯柴尔德，表示英国政府“赞同地看待在巴勒斯坦建立一个犹太人的民族家园”，史称“贝尔福宣言”。1947年11月29日，联合国大会通过决议，决定在巴勒斯坦地区分别建立一个阿拉伯国和一个犹太国。1948年5月14日，以色列国根据该决议正式成立。

以色列是中东地区唯一一个自由民主制国家。以色列工业化程度较高，以知识密集型产业为主，高附加值农业、生化、电子、军工等部门技术水平较高。总体经济实力较强，竞争力居世界先列。此外，以色列也是中东地区经济发展程度、商业自由程度、新闻自由程度和整体人类发展指数最高的国家。以色列对于科学和科技的发展贡献相当大。自从建国以来，以色列一直致力于科学和工程学的技术研发,以色列的科学家在遗传学、计算机科学、光学、工程学以及其他技术产业上的贡献都相当杰出。以色列的研发产业中最知名的是军事科技产业,在农业、物理学和医学上的研发也十分知名。

二、教育

(一)教育概况

以色列有着中东地区以及西亚最高的平均受教育年数,与日本并列为整个亚洲平均受教育年数最高的国家,全世界排名第22位。以色列的识字率为97.1%,是中东地区识字率最高的国家。政府重视教育事业,3至16岁儿童享受义务教育,免费教育至高中毕业。以色列教育经费长期占国内生产总值的8.5%左右。著名高等院校有希伯来大学、特拉维夫大学、海法大学、以色列工程技术学院、魏茨曼科学研究院、巴伊兰大学、本—古里安大学等。依据韦伯麦特里克斯网(Webometrics)2006年的调查,中东地区最好的10所大学里,有7所位于以色列,其中前4所都是以色列的大学。但在2007年1月,韦伯麦特里克斯网将以色列(以及土耳其)大学与欧洲大学并列计算。耶路撒冷希伯来大学(Hebrew University of Jerusalem)是中东地区唯一一所在韦伯麦特里克斯网统计里排名前200的大学。另外,在所有中东和西亚国家中,以色列拥有最多的耶鲁大学校友。

(二)教育体系

犹太人素有重视教育的传统。以色列教育事业发达,全国形成了中小学教育、劳动和职业教育、高等教育以及成人教育的完整网络。1977年,以色列通过法律在全国实行12年义务教育。1999年将义务教育扩至学前教育,走在世界前列。以色列现行教育体系为6—3—3—3+,小学教育为1～6年级,初中教育为7～9年级,高中教育为10～12年级。学年从9月1日开始(如果9月1日是星期六,则为9月2日),小学6月30日结束(如果6月30日是星期六,则为6月29日),初中和高中6月20日结束(如果6月20日是星期六,则为6月19日)。以色列教育体系见图1。

年龄

25 24 23 22 21 20 19 18 17 16 15 14 13 12 11 10 9 8 7 6

博士学位
Doctor' s Degree
2～3年

硕士学位
Master' s Degree
2年

学士学位
Bachelor' s Degree
3～4年

职业学院
中等专科文凭
Teudat
2～3年

普通高中
高中毕业证书
Teudat Gemer Tichonit/Teudat
Hagamar Hatichonit
3年

职业技术高中
职业技术/实用型/常规型
高中毕业证书
Teudat Gemer Maslul Miktzoi
MASMAM/Ragil-MASMAR/
Tichon-MASMAT/3年

初中
Junior High School
3年

小学
Primary Education
6年

年级

19 18 17 16 15 14 13 12 11 10 9 8 7 6 5 4 3 2 1

图 1　以色列教育体系

（三）详述

1. 初等教育

在以色列，3～5 岁的儿童会接受免费且强制的学前教育。6 岁开始接受正规的初等教育，6～12 岁为 6 年制小学阶段。无论公立学校、私立学校、宗教学校还是阿拉伯学校，都很注重教授人文和自然学科等基础知识。小学设自然科学、数学、历史、地理、社会科学、英语或法语、体育、音乐、工艺美术和农业等科目，强调将犹太民族的思想意识贯彻到各科教学中。以色列的小学课外活动很多，每周 1～2 次，他们会去各种博物馆、展览馆参观或研学。尽管义务教育免费，但书本费、活动费也不菲。书本费每年 200～500 美元，活动费 100 多美元。

2. 中等教育

完成 6 年小学学业后，紧接着进入 3 年的初中教育。初中课程为各类基础课程，包括数学、物理、化学、生物、历史、宗教、政治、电脑、英语、地理、体育等。

15～18 岁为高中教育阶段。高中分普通高中和职业技术高中两类。高中在初中课程的基础上，增加法语、阿拉伯语、心理学、电影艺术等选修课，采取学分制，一共分 5 级。中等教育主要学习以色列大学入学考试规定的课程，为大学入学考试做准备。大学入学考试由多个科目组成，一有必考科目(希伯来语、英语、数学、圣经教育、公民学、文学)，也有选考科目(如化学、音乐、法语)。选修课程越多，级别分也就越高，达 5 级毕业考试 70 分(百分制)以上，可以加 25 分。在职业技术高中，学术课程占 40%，职业技术课程占 60%。攻读普通或职业技术高中者可互相转学，毕业时均可参加全国毕业考试。

3. 职业教育

职业教育既为学习者提供未来职业所需的实用技能，又为学习者进入职业技术类高等院校进一步深造奠定工程或科学基础。他们的职业技能使他们成为国家工业未来发展的栋梁。中等职业教育和培训由工业学校提供并受工业、贸易和劳工部监管，主要培养电工、汽车修理工、厨师、发型师和计算机技术员等，实践是课程的重要组成部分。

中等教育后的职业教育体系设技术、商业、护士、医务辅助、办公室工作等各类小型专业学校和培养学前及小学教师的师范学院，学制 2～3 年，学生中学毕业后无须参加全国毕业考试即可入学。

4. 高等教育

高中毕业后，除了宗教和部分阿拉伯学生，其余学生均须服兵役，男生 3 年，女生 2 年。以色列的大学生经历 2～3 年军队洗礼、甚至生死考验，都显得较成熟自立。

以色列的高等教育制度构成较为独特，可细分为以下四种既有区别又互相交织的类型：

(1) 大学。以色列大学服务于双重目标，即教学和科研。每所大学(魏茨曼科学院除外)在艺术、文学和理学的所有学科范围内均具有学士、硕士、博士学位授予权。另外,在国内的 8 所公立大学中均设有这些领域中最基本的研究室,以便各领域专家开展科学研究,促进以色列教育对现代技术的贡献并加以完善。

(2) 地区性学院。由大学委托管理的校园,为住在远离中央位置大学的学生提供补充教育的机会。一些地区性学院提供全部学位课程,一些地区性学院提供部分学位课程,其余课程在主办大学的主要校园内完成。

(3) 专业与职业学校。此类学校中有些是国家出资的,有些是私立的,它们在一些特定的专业方面主要提供大学水平的教学。有些学校集中于法律、管理、技术和师范专业,有些学校则提供护理专业,如视力学、放射学、牙齿保健等领域的教育,另一些学校则致力于在运动、文化以及烹调技术等领域培养人才。

(4) 外国大学。近年来很多外国大学在以色列建立校园,以利用以色列的资源办学。它们的教学既服务以色列学生,也服务外国学生,此类跨境高等教育对以色列高等教育的迅速发展做出了巨大贡献。截至目前,此类学校在以色列大约已经有 30 多所。

(四) 考试、升级与证书制度

在以色列的公立学校,小学升初中、初中升高中都没有类似会考或中考之类决定性的大规模标准化测验。尽管国家标准与评估局于 2 年级、5 年级及 8 年级举行标准化测试,但这些考试的目标仅限于评估学生的学习成效。在以色列,真正会影响升学的考试为教育部主办的大学入学资格考试,即高中毕业考试。在高中教育结束时,学生要参加大学入学考试 (Bagrut),他们必须通过考试才能申请并进入大学。

以色列高中主要有两种类型:普通高中和职业技术高中。以色列的高中毕业考试并不只是一场考试,而是许多场针对必修和选修课程测验的统称。考试科目覆盖了大多数学术课程,有些科目会早在 10 年级就组织毕业考试,而其他大多数科目的毕业考试在 12 年级进行。每一门学科的难度用"学习单位"(Yehidot Limud)表示,1 为最低、5 为最高。必修课(希伯来语、英语、数学、圣经和文学)考试及格的学生,至少要获得总数 21 个学习单位,并且至少通过难度为 5 个学习单位的一门科目的考试,才能得到入学许可。在以色列,高中毕业考试的成绩以及能否获得毕业考试证书会影响学生的未来,比如是否能被理想的军事单位、大学录取等。2003 年,56.4% 的以色列中学毕业生获得了大学入学许可,在希伯来区为 57.4%,在阿拉伯区为 50.7%。不同职业技术高中毕业生参加不同毕业考试,职业技术高中毕业后可获得职业技术高中结业证书或毕业证书。

高中毕业成绩占大学入学分数的一半，还有一半是大学入学考试的成绩。拥有高中毕业证书的学生需要获得高等教育入学考试证书（Matriculation Certificate，即 Bagrut）以及通过入学心理测试（Psychometric Entrance Test），这是进入大学学习的前提条件。高考每 2 个月一次，考 3 小时，满分是 800 分。一般学生服役期满后要花费 1 200～1 700 美元上复习班然后再参加高考。

大学本科学制最少 3 年，一般 3～4 年，毕业后获得学士学位证书，可继续攻读硕士。硕士项目学制一般为 2 年，学生完成硕士学业后获得硕士学位证书。

硕士毕业后可申请博士项目，攻读博士学位课程通常要求硕士课程的平均成绩至少为 80 分，论文成绩为 85 分及以上。博士学制一般 2～3 年，完成博士阶段学业并通过论文答辩方可获得博士学位证书。

（五）成绩评价制度

以色列采用 10 分制的成绩评价制度，10 分最高。以色列成绩评价制度见表 1。

表 1　以色列成绩评价制度

等级	分值（%）	描述	对应中文意义
10	95.00～100.00	מצוין/excellent	优秀
9.00～9.99	85.00～94.99	טוב מאוד/very good	良好
8.00～8.99	75.00～84.99	טוב/good	中等
7.00～7.99	65.00～74.99	טוב כמעט/almost good	一般
6.00～6.99	55.00～64.99	מספיק/sufficient	及格
5.00～5.99	45.00～54.99	בקושי מספיק/ almost satisfactory	接近及格（通常意味着不及格）
0.00～4.99	0.00～44.99	בלתי מספיק/נכשל/ insufficient，fail	不及格

（六）常见教育证书

以色列常见教育证书见表 2。

表 2　以色列常见教育证书

序号	证书	证书描述
1	Teudat Gemer Maslul Miktzoi-MASMAM	实用型技术职业高中毕业证书，凭借该证书，学生可以直接进入相关行业就业
2	Teudat Gemer Maslul Miktzoi Ragil-MASMAR	常规型职业技术高中毕业证书，这类高中课程中普通学术课程和技术课程各占一半，毕业考试没有实用型职业技术高中的毕业考试那么严格，学生凭借该文凭可以进入高等技术院校深造，也可以直接进入相关行业就业
3	Teudat Gemer Maslul Miktzoi Tichon-MASMAT	职业技术高中毕业证书，这类高中的课程中普通学术课程占 60%，技术专业课程占 40%，学生可以选择参加高等教育入学考试，而不参加职业技术教育入学考试，凭借该文凭学生可以进入高等技术院校深造
4	Teudat Gemer Tichonit/Teudat Hagamar Hatichonit	高中毕业证书，该证书由教育文化与体育部授予，是学生获得的高中最终证书
5	Teudat Bagrut	高等教育入学考试证书，普通高中和职业技术高中学生的大学入学考试证书，6 门科目必须获得至少 21 个“学习单位”才能获得该证书，这是中学教育的最终证书
6	Technai	技师证书，准入条件为获得常规型职业技术或职业技术高中毕业证书，持有常规型职业技术高中毕业证书的学生需要一年预备课程
7	Teudat	中等专科文凭，学制 2～3 年，准入条件为获得常规型职业技术高中毕业证书
8	Bachelor's Degree	学士学位，完成 3～4 年大学本科学业后获得该证书，准入条件为通过大学入学考试与入学心理测试
9	Master's Degree	硕士学位，完成 2 年硕士研究生学业后获得该证书，准入条件为获得学士学位
10	Doctorate	博士学位，完成 2～3 年博士研究生学业后获得该证书，准入条件为获得硕士学位证书

约旦的教育证书评估研究

一、国家概况

约旦哈希姆王国，简称约旦，位于亚洲西部，阿拉伯半岛西北，西与巴勒斯坦、以色列为邻，北与叙利亚接壤，东北与伊拉克交界，东南和南部与沙特阿拉伯相连，西南一角濒临红海的亚喀巴湾是唯一出海口。人口 1 105 万（含巴勒斯坦、叙利亚、伊拉克难民，2022 年 9 月），98%的人口为阿拉伯人，还有少量切尔克斯人、土库曼人和亚美尼亚人。国教为伊斯兰教，92%的居民属逊尼派，2%的居民属于什叶派和德鲁兹派。信奉基督教的居民约占 6%，主要属希腊东正教派。官方语言为阿拉伯语，通用英语。

约旦原是巴勒斯坦的一部分。公元 7 世纪初属阿拉伯帝国版图。公元 1517 年归属奥斯曼帝国。一战后沦为英国委任统治地。1921 年以约旦河为界，西部仍称巴勒斯坦，东部称外约旦酋长国。1946 年 3 月 22 日，外约旦独立。1950 年 4 月，外约旦同西岸合并，改称约旦哈希姆王国。约旦系发展中国家，资源较贫乏，可耕地少，依赖进口。国民经济主要支柱为侨汇、旅游和外援。1999 年加入世界贸易组织。2009 年以来，受国际金融危机影响及西亚北非地区局势动荡冲击，经济增长速度下滑，政府加大对经济调控力度，并在金融、基建、招商引资、争取外援等方面采取相应措施，取得一定成效。2020 年新冠肺炎疫情发生后，约旦经济受到严重冲击。之后，约旦进出口贸易、外汇收入逐步反弹。

二、教育

（一）教育概况

约旦公民文化素质较高。国家重视教育事业，实行 10 年免费义务基础教育。高中教育为非义务性专业学习，学制 2 年。全国共有 10 所公立大学和 19 所私立大学,主要有约旦大学、雅尔穆克大学、约旦科技大学、哈希姆大学、穆塔大学、艾勒·贝塔大学、侯赛因大学、拜勒加应用大学等。另有 51 所中专院校。

2019 年,约旦在教育领域的投入占国内生产总值的 3.6%。政府积极鼓励私人和国际社会办学,1987 年允许私人兴办大学。现在已形成幼儿园教育以私人为主、基础和中学教育以国家为主、高等教育公私并举的三结合局面。另外,约旦还推行师范教育、扫盲与成人教育、难民教育、函授教育、夜大等,在全国设立了 114 个知识站,向 13 万居民提供 ICT 技术教育。

(二)教育体系

约旦政府对教育事业高度重视,相关教育法制定早、普及广,从学前教育到职业教育、高等教育,教育门类齐全。约旦的教育体系比较完备,政府设立了两个部门进行教育管理:教育部负责学前教育(2 年,非义务教育)、中小学基础教育(10 年,义务教育)、高中教育(2 年,非义务教育)的管理;高等教育和科学研究部负责高等教育机构及其科研的管理。高等教育机构包括各类大学、独立学院和社区学院。大学本科学位项目一般学制 4 年,硕士学位项目学制 2 年,博士学位项目学制 3～5 年。一学年由两个主要学期组成。第一学期课程从 10 月的第一周开始,到次年 1 月结束。第二学期课程从 2 月开始,到 6 月结束。约旦教育体系见图 1。

(三)详述

1. 基础教育

在约旦,幼儿园为三岁零八个月以上的儿童提供非强制的学前教育,为他们进入小学打下良好基础。基础教育共 10 年,小学 6 年,初中 4 年,均属于免费义务教育。6 岁儿童可入小学,小学必修课很多,主要有阿拉伯语、宗教教育、地理、历史、算术。此外,还有科学、公民、刺绣和艺术。从五年级开始,增设英语、科普与技术教育课。因此,小学生负担很重。小学毕业后,学生可以自动升入初中。初中亦称预备学校,除续设小学各科课程外,还增设社会科学和职业课程。男生必须学习职业科目,女生学习家政课。

2. 中等教育

高中学制 2 年,属于非义务教育。高中通常分为普通高中(学术型)和职业高中(技术型)。在高中结束时,学生在相应的分支机构参加普通中等教育毕业考试,通过考试的学生将获得普通中等教育证书(Tawjihi)。普通高中(学术型)的学生有资格进入大学,而职业高中(技术型)的学生在通过两门加试科目的基础上有资格进入社区学院或大学,也可以直接就业。

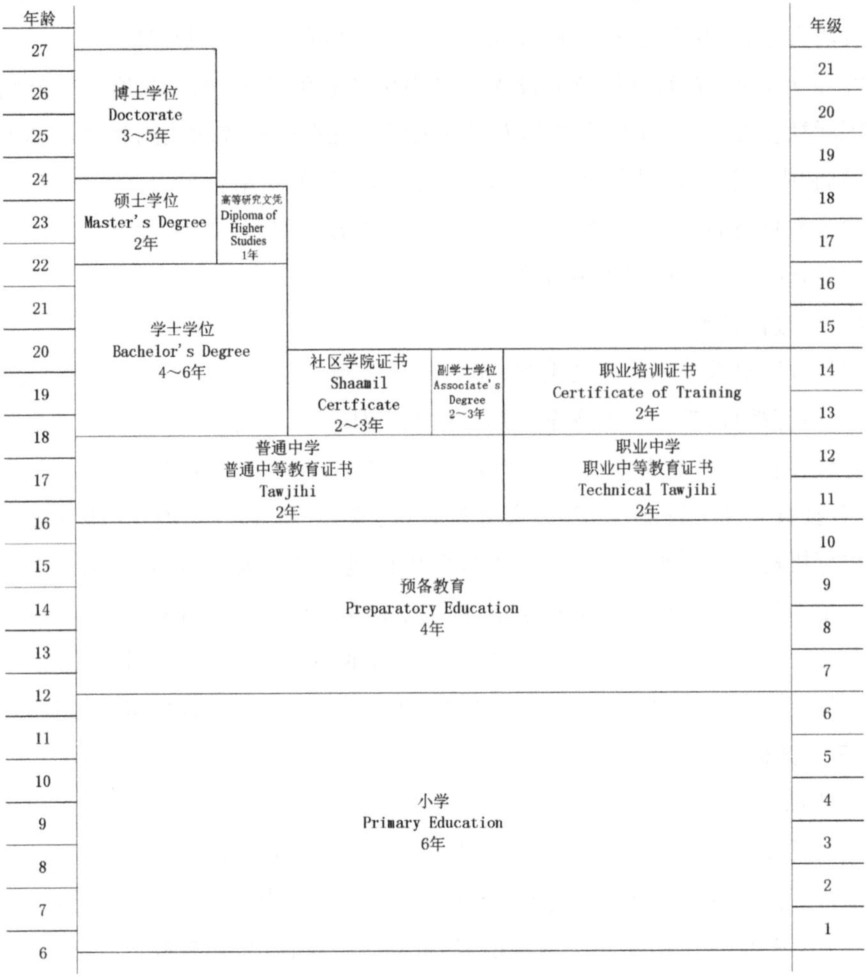

年龄

27 26 25 24 23 22 21 20 19 18 17 16 15 14 13 12 11 10 9 8 7 6

博士学位
Doctorate
3～5年

硕士学位
Master's Degree
2年

高等研究文凭
Diploma of Higher Studies
1年

学士学位
Bachelor's Degree
4～6年

社区学院证书
Shaamil Certficate
2～3年

副学士学位
Associate's Degree
2～3年

职业培训证书
Certificate of Training
2年

普通中学
普通中等教育证书
Tawjihi
2年

职业中学
职业中等教育证书
Technical Tawjihi
2年

预备教育
Preparatory Education
4年

小学
Primary Education
6年

年级

21 20 19 18 17 16 15 14 13 12 11 10 9 8 7 6 5 4 3 2 1

图1　约旦教育体系

3. 职业教育

为满足社会对熟练劳动力的需求，政府大力提倡并发展职业教育。20 世纪 80 年代后，增设 3 所职业学校。完成初中教育的学生可以选择在中专学校参加 2 年的职业培训。在这里，他们会接受密集的职业培训，也包括学徒培训。学生毕业后有进入社区学院或大学继续学习的机会。社区学院培养中、小学教师，亦承担社区中、小学在职教师的培训，此外也提供工程、商业、农业等方面的职业培训。

4. 高等教育

高等教育机构包括大学和社区学院。公立大学在约旦的高等教育中占据主体地位,在办学规模和质量上相比私立大学都有较大优势。早期成立的公立大学成为约旦高等教育的名片。在公立大学中,约旦大学和约旦科技大学是最有影响力的2所大学。约旦的私立大学注重特色发展,专业设置符合时代发展潮流,而且并不都是学费高昂,比如苏美雅公主技术大学、安曼阿拉伯大学、中东大学等就是非营利性私立大学。社区学院是多学科的正规教育机构,提供2～3年的课程,包括100多个专业领域,如工程、商业、辅助医务、农业、公共饮食业、社会和教育领域等。

根据高等教育与科研部2018/2019年度的统计,约旦高校的学生总数为342 104人,其中公立大学245 877人,约占总数的72%;私立大学96 227人,约占总数的28%;还有来自105个国家的4.2万多外国学生在约旦的公立和私立大学学习。社区学院(大专)的学生人数为31 602人。

(四)考试、升级与证书制度

在约旦,小学毕业生直接升入初中。中小学基础教育结束后,学生进入普通高中或职业高中学习。高中一年级设基础学术和文化课程。学生根据第一年的学习成绩和个人志愿分流,分别学习商科、文科、理科3类专业课程。两年高中学习结束时,学生在相应的分支机构参加中等教育毕业考试,通过的学生将分别获得普通中等教育证书(Tawjihi)和职业中等教育证书(Technical Tawjihi)。普通高中(学术型)和职业高中(技术型)学生均可通过国家的中等教育毕业考试进入高等教育机构。普通高中(学术型)的毕业生具备入读大学的资格,而职业高中(技术型)毕业生则可以选择直接就业,也可在社区学院或大学继续接受教育。

约旦教育体制是开放式的,除了在中等教育结束时参加教育部组织的普通中等教育毕业考试外(旨在对进入高等教育的学生数量进行控制),不存在其他全国性或普遍性考试。中等教育结束时,学校证书也会相应发放给学生。获得普通中等教育证书(或同等学历)的学生可以申请大学入学,医学和牙科系的平均成绩不低于85分,工程和药学系不低于80分,其他系不低于65分。

大学实行学分制,赋予学生根据学习计划选择课程的权利。在为期2～3年的课程结束时,学生需要参加综合考试(Al-Shamel),通过考试的学生将获得副学士学位/文凭。学士学位通常需要4年,牙科、药学和工程学领域学制5年,医学领域学制为6年,实习1年。学士学位项目一般126～257个学分不等,具体取决于学习领域。获得学士学位后可以继续攻读硕士学位项目,学制2年,完成硕士学业即可获得硕士学位。硕士学位既可以通过课程学习和完成论文获得(课程 24 个学分,论文 9 个学分),也可以通过课程学习(33 个学分)和综合性考试获得。获得硕士学位的学生在相关领域经过 3～5 年的进一步科学研究,并通过论文答辩后获得博士学位。博士课程和论文各 24 个学分。

(五) 成绩评价制度

约旦中小学采用百分制成绩评价制度,约旦成绩评价制度见表 1。

表 1　约旦成绩评价制度

成绩(%)	成绩描述	对应中文意义
90～100	excellent	优秀
80～89	very good	良好
70～79	good	中等
60～69	acceptable	及格
50～59	poor	差
0～50	fail	不及格

(六) 常见教育证书

约旦常见教育证书见表 2。

表 2　约旦常见教育证书

序号	证书	证书描述
1	Tawjihi	普通中等教育证书,完成 2 年普通高中(学术型)学业并通过普通中等教育证书考试后获得该证书,准入条件为完成 10 年基础教育学业
2	Technical Tawjihi	职业中等教育证书,在职业高中(技术型)完成 2 年学业后获得该证书,准入条件为完成 10 年基础教育学业
3	Certificate of Training/ Completion	职业培训证书/结业证书,完成 2 年职业培训课程后颁发的证书
4	Shaamil Certificate or General Community College Diploma	社区学院证书,在 2 年或 3 年的公立或私立社区学院完成课程并通过综合考试后获得该文凭,准入条件为获得中等教育证书

（续表）

序号	证书	证书描述
5	Associate's Degree	副学士学位，在大学完成 2～3 年学业并通过综合考试后获得该证书，准入条件为获得普通中等教育证书
6	Bachelor's Degree	学士学位，完成 4 年大学本科学业后获得该证书，牙医、药学、工程学等专业学制为 5 年，医学专业学制为 6 年，准入条件为获得普通中等教育证书
7	Diploma of Higher Studies/ Education Diploma	高等研究文凭/教育证书，获得学士学位后在某个专业领域继续学习并完成 1 年(24 个学分)学业后获得该证书，准入条件为获得学士学位
8	Master's Degree	硕士学位，完成 2 年硕士学业后获得该证书，准入条件为获得学士学位
9	Doctorate	博士学位，完成 3～5 年博士课程并通过论文答辩后获得该证书，准入条件为获得硕士学位

参考文献

[1] 外交部[EB/OL].https://www.mfa.gov.cn/web/gjhdq_676201/gj_676203/yz_676205/,2023-03-01.

[2] T.N.波斯尔斯韦特.教育大百科全书——各国(地区)教育制度(下)[M].重庆:西南师范大学出版社,2011.

[3] Country. The Electronic Database for Global Education. American Association of Collegiate Registrars and Admissions Officers[DB/OL]. https://www.aacrao.org/edge,2023-03.

[4] Education System Profile. World Education News+Reviews[EB/OL].https://wenr.wes.org/,2023-03.

[5] World Higher Education Database. International Association of Universities[DB/OL]. https://www.whed.net/home.php,2023-03.

[6] Central Intelligence Agency. The World Factbook[DB/OL]. https://www.cia.gov/the-world-factbook/countries/,2023-03.

[7] Scholaro Database.Countries[DB/OL].https://www.scholaro.com/db/Countries,2023-03.

[8] Education-Free Encyclopedia Search Engine[DB/OL].https://education.stateuniversity.com/,2023-03.

[9] 斯日其玛. 蒙古国职业教育发展面临的问题及对策[D]. 呼和浩特:内蒙古师范大学,2017.

[10] 朝鲜2016年将全面实施十二年义务教育[EB/OL].http://news.cri.cn/2016118/6cd5388c-b219-6c4c-81a7-7d8da4417c78.html,国际在线.

[11] 朝鲜最真实的高中生活[EB/OL]. https://baijiahao.baidu.com/s? id=1549853781757116&wfr=spider&for=pc,2023-02-01.

[12] North Korea education[EB/OL]. https://www.studycountry.com/guide/KP-education.htm,2023-02-01.

[13] North Korea Secondary Education[EB/OL]. https://education.stateuniversity.com/pages/1115/North-Korea-Secondary-Education.html,2023-02-01.

[14] PEC Attestation, Apostile & Embassy Legalization Services[EB/OL]. https://pecattestation.com/north-korea-attestation,2023-02-01.

[15] Ministry of Education[EB/OL]. https://english.moe.go.kr/main.do? s=english,2023-02-02.

[16] 赖秀龙,陈茜依.从单一考试到综合评价:韩国高考改革历程及启示[J].中国考试,2020(06):57-62.

[17] Education. Ministry of Education, Culture, Sports, Science and Technology-Japan[EB/

OL]. https://www.mext.go.jp/en/policy/education/index.htm,2023-02-02.
[18] 2019 最新日本大学"录取分数线".沪江日语[EB/OL]. https://jp.hjenglish.com/daxue/p1280609/,2023-02-03.
[19] 李芬. 浅谈日本国立小学教育[J]. 学周刊,2019(33).
[20] Department of Education, Philippines[EB/OL].https://www.deped.gov.ph/,2023-02-05.
[21] What is K12. CIIT College of Arts and Technology [EB/OL]. http://k12philippines.com/.2023-02-06.
[22] Ministry of Education, Youth and Sport, Cambodia[EB/OL],http://moeys.gov.kh/en/education/,2023-02-06.
[23] International Bureau of Education[EB/OL]. http://www.ibe.unesco.org/fileadmin/user_upload/Publications/WDE/2010/pdf-versions/Cambodia.pdf,2023-02-10.
[24] Situational Analysis [EB/OL].https://www.unicef.org/laos/media/331/file,2023-02-22.
[25] Consult Compendium[EB/OL].https://asem-education.org/compendiums/204-lao/,2023-02-22.
[26] Education Malaysia[EB/OL] https://educationmalaysia.gov.my/,2023-02-23.
[27] 李俊,Lai Chee Sern,白 滨.马来西亚职业技术教育的现状与挑战[J]. 职教论坛,2016(36).
[28] Ministry of Education[EB/OL].https://moe.nugmyanmar.org/en/,2023-02-25.
[29] World Data on Education: Seventh edition 2010-11 [EB/OL].http://www.ibe.unesco.org/fileadmin/user_upload/Publications/WDE/2010/pdf-versions/Myanmar.pdf.2023-02-26.
[30] 吴明娇.泰国高校入学招生制度实施研究[D].长春:东北师范大学,2019.
[31] 郭贤,卢双双.泰国新高考"TCAS"制度研究[J].教育现代化,2018(18).
[32] 冯增俊.泰国基础教育[M].广州:广东教育出版社,2004(4).
[33] The education system of Thailand[EB/OL].https://www. nuffic. nl/sites/default/files/2020-08/education-system-thailand.pdf,2023-03-03.
[34] 泰国高等教育[EB/OL] https://internationaleducation. gov. au/International-network/thailand/PolicyUpdates-Thailand/Documents/Thailand%.20Education% 20Policy% 20Update_HE_FINAL.pdf,2023-03-04.
[35] 文莱教育部[EB/OL].https://www.moe. gov. bn/SitePages/Education% 20System. aspx,2023-03-05.
[36] Ministry of Education,Singapore[EB/OL].https://www.moe.gov.sg/,2023-03-09.
[37] Education in Singapore[EB/OL].https://in-singapore.education/system-of-education-in-singapore/,2023-03-10.
[38] Minstry of Education, Culture, Research, and Technology, Indonesia[EB/OL]. https://partnership.kemdikbud.go.id/,2023-03-11.
[39] Minitry of Education and Training, Vietnam[EB/OL]. https://en.moet.gov.vn/,2023-03-20.
[40] 齐小鹍.越南高等教育质量保障的历史变迁与制度体系[J].世界教育信息,2018 31(23):46-493.
[41] Education in Vietnam. World Education Profiles[EB/OL]. https://wenr.wes.org/2017/11/education-in-vietnam,2023-03-16.
[42] Ministry of Federal Education and Professional Training, Government of Pakistan[EB/

OL].http://www.mofept.gov.pk/,2023-03-19.
[43] 巴基斯坦学校教育系统的概况、现状及特点研究[J].世界教育信息,2021(5).
[44] Ministry of Education and Skills Development[EB/OL].http://www.education.gov.bt/,2023-03-19.
[45] Bhutan Council for School Examinations and Assessment[EB/OL]. https://www.bcsea.bt/,2023-03-22.
[46] Ministry of Education, Republic of Maldives[EB/OL]. https://www.moe.gov.mv/en/page,2023-03-22.
[47] 袁礼.马尔代夫职业教育现状与发展趋势研究[J].深圳职业技术学院学报,2018,(04).
[48] 刘进,陈成."一带一路"沿线国家的高等教育现状与发展趋势研究(二十七)——以马尔代夫为例[J].世界教育信息,2019(9).
[49] Ministry of Education, Bangladesh[EB/OL].http://www.moedu.gov.bd/,2023-03-24.
[50] Information. Bangladesh University [EB/OL]. http://www. bu. edu. bd/information/,2023-03-26.
[51] World Data on Education: Seventh edition 2010-11.联合国教科文组织国际教育局[EB/OL].http://data. uis. unesco. org/Index. aspx? DataSetCode = EDULIT _ DS&popupcustomise = true&lang=en,2018-08-27.
[52] 刘进,陈成."一带一路"沿线国家的高等教育现状与发展趋势研究(十四)——以尼泊尔为例[J].世界教育信息,2018(19):27-35.
[53] Ministry of Education, Sri Lanka[EB/OL].https://moe.gov.lk/,2023-03-29.
[54] 官品.斯里兰卡教育现状[J].东南亚南亚研究,2017(1).
[55] 斯里兰卡指南[EB/OL]. https://www. justlanded. com/english/Sri-Lanka/Sri-Lanka-Guide/Education/Secondary-schooling-in-Sri-Lanka.2023-03-30.
[56] 联合国教科文组织[EB/OL]. http://www. ibe. unesco. org/fileadmin/user _ upload/Publications/WDE/2010/pdf-versions/Sri_Lanka.pdf,2023-03-31.
[57] 斯里兰卡资格框架[EB/OL]. http://www. ugc. ac. lk/attachments/1156 _ Sri _ Lanka _ Qualifications_Framework.pdf,2022-12-03.
[58] Ministry of Education, Republic of India[EB/OL].https://www.education.gov.in/,2022-12-04.
[59] 皇甫倩,刘倩,王建蓉.印度中等教育证书考试制度及启示[J].教育测量与评价,2020(8):42-50.
[60] 武学超,宋梦佳.印度高等教育转型发展的改革向度及基本逻辑——《国教教育政策 2020》述评[J].外国教育研究,2021(10):85-97.
[61] 阚悦.中等教育普及化与新世纪印度高中教育改革[J].比较教育研究,2010(6):37-42.
[62] Council For The Indian school Certificate Examinations[EB/OL]. https://cisce.org/,2023-04-06.
[63] Ministry of Education of the Republic of Kazakhstan[EB/OL]. https://www.gov.kz/memleket/entities/edu? lang=en.2023-03-19.
[64] Ministry of Science and Higher Education of the Republic of Kazakhstan[EB/OL].https://www.gov.kz/memleket/entities/sci? lang=en,2023-03-18.
[65] Ministry of Education and Science of Kyrgyz Republic[EB/OL]. https://edu.gov.kg/,

2023-03-20.
[66] http://www.education.tj/,2023-03-20.
[67] Primary school starting age(years)-Tajikistan [EB/OL]. https://data.worldbank.org/indicator/SE.PRM.AGES? locations=TJ,2023-03-20.
[68] Ministry of Education of Turkmenistan[EB/OL].https://education.gov.tm/en/,2023-03-20.
[69] Ministry of preschool and school education of the Republic of Uzbekistan[EB/OL]. https://uzedu.uz/en,2023-04-09.
[70] 中华人民共和国驻乌兹别克斯坦共和国大使馆[EB/OL].http://uz.china-embassy.gov.cn/wzgk/201808/t20180817_1828092.htm,2023-04-09.
[71] Country Basic Information, the Republic of Uzbekistan[EB/OL]. http://www.ibe.unesco.org/fileadmin/user _ upload/archive/Countries/WDE/2006/ASIA _ and _ the _ PACIFIC/Uzbekistan/Uzbekistan.htm,2023-04-11.
[72] 乌兹别克斯坦中等教育[EB/OL].https://education.stateuniversity.com/pages/1652/Uzbekistan-SECONDARY-EDUCATION.html,2023-04-12.
[73] Ministry of Education, Afghanistan[EB/OL]. https://moe.gov.af/en,2023-04-13.
[74] Ministry of Higher Education, Afghanistan[EB/OL].https://mohe.gov.af,2023-04-15.
[75] Kardan University[EB/OL].https://kardan.edu.af/Admissions/admission_requirements.aspx,2023-04-17.
[76] United Arab Emirates Ministry of Education[EB/OL]. https://www.moe.gov.ae/En/Pages/Home.aspx,2023-04-16.
[77] Calendar, United Arab Emirates University[EB/OL]. https://www.uaeu.ac.ae/ar/calendar/,2023-04-18.
[78] Education in the UAE[EB/OL]. https://www.expatica.com/ae/education/children-education/education-system-in-the-united-arab-emirates-71237/,2023-04-19.
[79] Embassy of the United Arab Emirates, Cultural Division in Washington,DC[EB/OL]. http://www.uaecd.org/k-12-education,2023-04-20.
[80] Ministry of Education,Oman[EB/OL].https://home.moe.gov.om/? GetLang=en,2023-04-20.
[81] Ministry of Higher Education, Research and Innovation[EB/OL].https://www.moheri.gov.om/default.aspx? culture=en,2023-04-21.
[82] 刘进,王艺蒙."一带一路"沿线国家的高等教育现状与发展趋势研究(三十二)——以阿曼为例[J].世界教育信息,2019(16).
[83] Schooling and Education, Azerbaijan [EB/OL].https://www.angloinfo.com/how-to/azerbaijan/family/schooling-education,2023-04-24.
[84] Technical and Vocational Education in Azerbaijan [EB/OL].https://unevoc.unesco.org/fileadmin/user_upload/pubs/iug013e.pdf,2023-04-29.
[85] 中国驻阿塞拜疆大使馆商务经贸参赞处.对外投资合作国别(地区)指南——阿塞拜疆[OL].商务部,2014.
[86] 魏明.阿塞拜疆共和国职业教育现状与发展趋势[J].深圳职业技术学院学报,2018(4).
[87] World Data on Education, Palestine[EB/OL]. http://www.ibe.unesco.org/fileadmin/

user_upload/Publications/WDE/2010/pdf-versions/Palestine.pdf,2023-04-30.
[88] Unesco Institute of Statistics, Palestine[EB/OL].http://uis.unesco.org/en/country/ps, 2023-05-01.
[89] Ministry of Education, Bahrain[EB/OL].https://www.moe.gov.bh/? lan=en, 2023-05-04.
[90] Bahrain-Education[EB/OL].https://www.nationsencyclopedia.com/Asia-and-Oceania/Bahrain-EDUCATION.html,2023-05-04.
[91] Bahrain Secondary Education [EB/OL]. https://education.stateuniversity.com/pages/111/Bahrain-SECONDARY-EDUCATION.html,2023-05-06.
[92] 李亚昕.巴林职业教育的现状与发展趋势[J]. 深圳职业技术学院学报,2018(5).
[93] Ministry of Education and Science of Georgia[EB/OL]. https://mes.gov.ge/? id=&lang=eng,2023-05-20.
[94] Enic-Naric gateway to recognition of qualifications[EB/OL].https://www.enic-naric.net/documents/page-homepage,2023-05-06.
[95] General Education, National Statistics Office of Georgia[EB/OL].https://www.geostat.ge/en/modules/categories/59/general-education,2023-05-07.
[96] Education System, National Center for Educational Quality Enhancement [EB/OL]. https://eqe.ge/en/page/static/7/ganatlebis-sistema,2023-05-12.
[97] On Higher Education, Legislative Herald of Georgia[EB/OL].https://matsne.gov.ge/ka/document/view/32830? publication=97,2023-05-18.
[98] Ministry of Education and Higher Education,Qatar[EB/OL].https://www.edu.gov.qa/en/Pages/HomePage.aspx,2023-05-20.
[99] 郭勇.卡塔尔新世纪基础教育政策内容分析[J].宁波大学学报(教育科学版),2011(07).
[100] 刘磊.《卡塔尔国家发展战略(2017—2022)》中的教育发展战略探析[J].阿拉伯研究论丛,2020(06).
[101] Lebanese Republic Ministry of Education and Higher Education[EB/OL]. https://www.mehe.gov.lb/en,2023-05-20.
[102] Ministry of Education, Saudi Arabia[EB/OL].https://moe.gov.sa/en/Pages/default.aspx,2023-05-20.
[103] Republic of Turkey, Ministry of National Education [EB/OL].https://www.meb.gov.tr/en/,2023-05-20.
[104] 周红.土耳其学前教育的特色、发展目标及启示[J].外国教育研究,2013(6).
[105] 刘军,王亚克.土耳其教育体制与汉语国际教育研究[J].云南师范大学学报(对外汉语教学与研究版),2019(3).
[106] 李政云.博洛尼亚进程中的土耳其高等教育改革[J].高等教育研究,2012(7).
[107] 杨滢.土耳其高校招生考试改革新动向[J].中国考试,2020(4).
[108] Ministry of Education,Syria[EB/OL].http://www.syrianeducation.org.sy,2023-05-21.
[109] Ministry of Higher Education[EB/OL].http://www.mohe.gov.sy,2023-05-21.
[110] K12 academics[EB/OL]. https://www.k12academics.com/,2023-05-21.
[111] The ministry of Education, Science, Culture and Sports of the republic of Armenia[EB/OL].https://escs.am/en,2023-03-29.

[112] The Armenia K-12 Education System-Primary and Secondary [EB/OL].https://www.armeniaeducation.info/k12/armenian-k-12-education-system.html,2023-03-29.

[113] World Data on Education, Yemen[EB/OL]. http://www.ibe.unesco.org/sites/default/files/Yemen.pdf,2023-04-10.

[114] Iraq Education[EB/OL].http://www.irfad.org/iraq-education/,2023-04-10.

[115] Ministry of Education, Government of the Islamic Republic of Iran[EB/OL].https://irangov.ir/cat/547,2023-04-11.

[116] Ministry of Higher Education and Scientific Research, the Hashemite Kingdom of Jordan[EB/OL].https://www.mohe.gov.jo/Default/En,2023-04-11.

[117] University Of Jordan Application Requirements [EB/OL].https://www.gotouniversity.com/university/university-of-jordan/application-requirements, 2023-05-11.

[118] 刘晖.约旦高等教育发展历程及面临的挑战[J].比较教育研究,2021(7).

[119] The Jordanian Higher Education System[EB/OL].https://www.jordaneducation.info/higher-education,2023-04-12.

[120] 刘宝莱.约旦发达的教育及其面临的挑战[EB/OL]. http://memo.cfisnet.com/2013/1011/1297235.html,2023-04-12.